オノラ・オニール

正義の境界

神島裕子訳

みすず書房

BOUNDS OF JUSTICE

by

Onora O'Neill

First published by Cambridge University Press, 2000

マーティン・ホリス（一九三八—九八）に捧ぐ
理性、正義、そしてそれ以外のすべてについての素晴らしい会話を偲んで

正義の境界　目次

凡例

一、本書は、Onora O'Neill, *Bounds of Justice*, Cambridge University Press, 2000 の全訳である。

一、文中の（ ）は原著者によるものである。

一、原文中の引用符は「 」で括った。

一、原文中でイタリック体で記された箇所は、原則として傍点を付した。

一、原文中で固有名詞として記された箇所は、一部「 」で括った。

一、原文中の（ ）、——については、一部取り外して訳出した。

一、文中に訳者が挿入した語句および簡単な訳注は〔 〕で示した。

一、引用文献中で邦訳のあるものは適宜参照したが、訳文はかならずしもそれに拠らない。訳文を引用した場合には、原注に邦訳書の頁数を記した。

一、邦訳の書誌情報は原則として最新のものを優先した。

緒　言

本研究を手助けしてくれた人びとへの恩義と感謝を述べるにあたって、どこからはじめたらよいのかわからない。一九九〇年代を通じて私は、たくさんの聴衆、同僚、学生、そして友人に助けられてきた。これらの方々の御名前の長いリストは、必然的にいろいろな意味で協同の企てにおいて私が受けている恩恵を、矮小化してしまうだろう。心からの感謝を申し上げるほかない。本書の献詞が想起させるのは、私が絶えず学ばせてもらった、ある特定の、長年にわたる、そしてとても懐かしい、哲学的会話と友情である。

序　論

二〇世紀の最後の三〇年のあいだに、開発された世界の至るところで、またその世界を越えて、正義に関する著述が盛んになり、増加した。この知的な展開は、紛れもなく有名なジョン・ロールズの『正義論』[1]によって先陣を切られ、綿密かつ鋭敏な粘り強さでさまざまな問題点を熟考してきた他の何百という著述家によって補強されてきた。彼らの膨大な研究は、法学と社会科学におけるアカデミックな研究との深いつながりと、さまざまな政治的動向に関するより実践的な活動との深いつながりという、少なくとも二通りのやり方で、見事に取り組まれてきた。人権および戦争の正義、アパルトヘイトおよび共産主義の終焉、そして第三世界の開発および福祉国家に関する議論が、正義の要求事項についての抽象的な著述に、次々と結びつけられてきた。抽象的な著述が真剣な議論の対象となり、多様で、入念で、有用なものとなってきたのである。これは大きな賞賛に値する。

それでもなお、理解されるべきことと探究されるべきことが、さらに多くあると思われる。正義に関して現在なされている論争の先には、正義に関する著述の哲学的および概念的な境界についてと、正義にかなった制度の政治的およびその他の境界についてとの、未解決で時に話題にもあがっていない諸問題がある。本書に収められた諸々の小論は、新しい正義論を提示するものではないが、正義に関する研究において前提とされている境界についての問題を提起し、またそうした問題にアプローチする別の仕方を提案するものである。[2]

正義に関する近年の論争に登場する主唱者のほとんどは、（さまざまな形態の）広い意味での「カント的」な規範的結論に到達する正義論を案出するというジョン・ロールズの課題を受け入れている一方、他方で「理にかなった経験論という規範《カノン》」の内部に留まり続けている。[3] 彼らは、知識はもちろんのこと理性、行為、自由、そして動機づけに関する経験論的な見解を、ほとんど例外なしに受け入れてきた。真剣に受け取られることを望むどの正義論も、経験的所見を尊重しなければならないことは、言うまでもない。だがこのことは、「理にかなった経験論という規範《カノン》」を受け入れることと同じではない。「カント的」な正義の理論家は、自らは帰結主義者であるに違いないとの結論を下すことなく、倫理と政治に関する推論が行為の帰結を考慮に入れなければならないことを受け入れている。そうであれば彼らは、自らは理性、自由、および行為についての経験論的な見解を採らねばならないとの結論を下すことなく、経験的所見を尊重することもできるだろう。

本書に収められた諸々の小論は、正義に関する論争では一般に辿られていない理路のいくつかを探究するものである。正義論は広い意味での「カント的」な帰結を達成目標としうるし、またそうすべきだというジョン・ロールズの思想を私は重要視してきたけれども、他方で理性、自由、行為、また判断についての経験論的構想だけに基づかない方がその達成目標によりかなうだろうとも提案してきた。そうした構想とは非常に異なる、カントが最初の「カント的」な正義の説明に到達するために依拠した理性、自由、行為、そして判断についての見解を引き合いに出すことも有用であるとも、これまで幾度か見いだしてきた（対して知識に関するカントの見解は、「理にかなった経験論という規範《カノン》の内部」に断固として横たわっている）。しかし本書はカントに関する研究書ではまったくないし、カントの正義論に具体的に取り組むものでもない。カントの政治哲学に関する優れた研究はここ二〇年のあいだに発表されてきており、私の理解ではそれらの大半がカントの立場を理解する際の一助となる。けれども本書では、カントが行った研究の諸々の側面を、正義の哲学的・政治的な境界に関するオルタナティブな説明を突きとめまた探究するために用いることにしたい。

私がカントを重要視する理由は、理性、自由、行為、また判断力についての彼の構想と、正義についての「カント的」な結論とのあいだに、十分なつながりがあると無理なく想定できることだけではない。カントが同時代の多くの著述家たちとは異なり、十分に適切な正義の説明はコスモポリタン的なものでなければならないと主張し、またそのために国境に関する正義について最近の「カント的」な著述家たちの多くほど絶対的な見解を採ってはいなかった、ということだけでもない。意外かもしれないが、カントの見解の多くが、特に行為、原理、および判断力に関するある一定の日常的な前哲学的見解にきわめてよく合致している、というのも理由となっている。

正義に関する現代の研究の背景にある行為の経験論的構想はしばしば、人間という行為者を、選好、信念、そしてもっぱら道具的な合理性の構想によって突き動かされるものとして描いている。道理性（理にかなっていること）や実践理性といった追加の構想を導入する人びと——たとえば、後期の著述の多くにおけるロールズや、デモクラシーの熟議的構想に関心を寄せる人びと——は、概して理性に関するこうした構想を、共有された世界観や同朋市民による議論に根づかせており、それによって実践理性の道具的構想に規範的構想を加えている。そうすることで彼らは、経験論的行為論の諸側面を退けることができるかもしれないが、正義についてのどの普遍的主張をも疑問に付してしまうという代償を払うことになる。逆説的にではあるが、リージョナリーゼーションとグローバリゼーションのプロセスが急伸する一方、他方で政治的推論の深層構造はますます、普遍的な用語ではなく、国家的・市民的な（civic）用語で描かれるようになっている。

もしかすると、これは重要な問題ではないのかもしれない。倫理学と政治学における普遍主義は、本書に収められた小論の多くが論じる諸々の理由から、幅広い層の哲学者のあいだで不評を買ってきた。しかし私の見解では、国境が財、資本、理念、そして人びとの移動に対してますます透過的になっており、また国家主権がますます制限されているような世界に対して関連性を有する正義論があるべきならば、倫理学と政治学のために、理にかなった普遍主義の形態を提示する努力がなされるべきである。これは容易ではないだろう。なぜなら、もし諸国家がグローバルな義務を果たすべきならば、国家が正義の第一義的なコンテクストであるという思想によって案出された正義の構想は、多くの拡張と改造を必要とするだろうからである。現代世界において説得力がありかつ有用な正義論においては、倫理的・政治的な推論の射程範囲に関する問題と、正義にかなった制度の境界に関する問題を、単なる補足として扱うことはできない。

倫理学における普遍主義の批判者はこれまでかなり多様であったが、彼らの批判はそうではない。コミュニタリアンと徳倫理学者、ポストモダニストとある種のフェミニスト、ヴィトゲンシュタイン主義者とニーチェ主義者、そして精妙な個別主義者は、概して一九八〇年頃から、きわめてよく似た根拠に基づいて、普遍主義の倫理学を攻撃してきた。大まかに言って、こうした批判者が主張してきたのは、普遍的な射程範囲を持つ原理からスタートする倫理的思考は無駄に抽象的なものとなり、また事例間の差異に鈍感なものとなるだろうというものであった。なかには、原理の重視はどれも規則の重視となり、ゆえに責務、権利、そして（おそらくは）咎めの重視になると指摘した人びともいた。バーナード・ウィリアムズが自ら「道徳システム」と呼ぶものに対して行った論難は、こうした疑念を特によく示している。[4]「道徳システム」は、原理、規則、および咎めを道徳生活の中心と見なすことで、責務と権利に焦点を合わせた懸案事項以外の倫理的な懸案事項を排除している、というのだ。ウィリアムズの見解では、こうした一連の主張はうまく確立されているが、哲学的な整合性に欠いており、また倫理的に腐敗している。この整合性の欠如が生じているのは、想定されている責務が互いに衝突するからであり、またそうした責務が突きつける要求事項が不確定だからである。この腐敗が生じているのは、原理が差異や多様性を考慮に入れていないか、あるいは道徳生活の基本である人びとのあいだの特別な関係性を考慮に入れていないからである。道徳的思考は身内《ホーム》に近いところから始まるものでなければならないと、ウィリアムズは結論づけている。「私は、現にある私という地点から熟慮しなければならないのである」、と。[5]

倫理的普遍主義に対して浴びせられたこれらの批判や他の類似の批判は、正義に関するより最近の研究において少なからぬ注目を集めてきた。またしても、ロールズによる研究がそれを例証してくれる。[6] ロールズは普遍主義の希求を拒絶しておらず、他方で埋め込まれた社会規範が倫理的・政治的な推論にとって適切な出発点を形成するというコミュニタリアニズムの見解を受け入れてもいないが、後期の研究では、理にかなっていることに関する適切な構想と、またゆえに政治的正当化において、同朋市民の合意がきわめて重要であると主張してきた。他の多くの思想家も、市民の言説《ディスコース》や討論が正義にとって必須であると理解している。もし私たちが、正義の説明はおのれがいずれかの国家の、あるいは（ロールズの言葉では）「有界化された社会」の同朋市民であるということを、つまり正義についての共通の議論を分かち合える身内《インサイダー》であるということを前提としてもよいことを当然視するならば、この思想には説得力があるように思われるかもしれない。だがこのアプローチは、部外者《アウトサイダー》の窮状と、諸国家に分割された世界、すなわち私たちの一人ひとりにとって大半の他者が断じて同朋市民ではない世界の正義とについて、奇妙にも沈黙している。私にはこれとは反対に、適切な正義の説明には、苛酷であることが多い排除という現実が、それがすべての国家のシティズンシップからの排除であろうと、より強力でより繁栄した国家のシティズンシップからの排除であろうと、真剣に考慮に入れられるべきだ、と思われる。なぜ国境は、その正義が評価されるべき制度としてではなく、正義の前提として、見なされなければならないのか？

本書に収められた小論のいくつかは、ほぼここに収められた形態で他において発表されたものである。かなり大幅な修正を施したものもあれば、書き下ろしたものもある。収録される小論の選択と修正に際しては、議論の整合性を損なわずに重複や反復を減らすことを試みた。これらの小論はすべて、倫理的・政治的な推論の役割に関する統合的見解から生まれたものであるため、反復の回避を完全になしえたとは言えないだろう。

論題の順序はかなり単純である。本書の第一部「哲学的な正義の境界」に収められた小論は、いくつかの哲学的な正義の境界に関するものである。実践理性から自由と行為、そして原理と判断へと焦点を移した後で、正義のいくつかの側面を取り上げる。

第一章「実践的推論の四つのモデル」では、倫理学と政治学の著述でよく用いられている実践的推論のさまざまな構想の構造と権能（authority）を調査し、各構想が何を前提としており、理性の部分的な構想もしくは完全な構想と見なされるためにどのような主張を行っており、さらに正義の構想を含む規範的結論をどのように形成し根拠づけうるのかについて考察する。

実践的推論と規範性はどちらも、行為者がいなければ、役割を持たない。第二章「行為者性と自律」では、〈行為の選好基底的モデル〉に依拠するならば生じる権利および正義についての思想に関する問題のいくつかと、またこのモデルのオルタナティブである〈行為の原理基底的構想〉に依拠することの有利性のいくつかとを、考察する。

第三章「原理、実践的判断力、制度」では、具体的な制度、方針、行為において、正義原理とその実現のあいだには、つながりがないのではないかという懸念を取り上げる。またその際、原理からスタートする実践的推論、つまり行為と方針決定へ向けて働く実践的推論において用いられる熟考の構造の考察を試みる。特に、原理基底的な判断が用いる実践的判断力の構想と、行為の評価あるいは査定を狙いとする、疑似知覚的で遡及的なものとしての、驚くほど影響力のある倫理的判断の構想との違いについて論じる。

第四章「カントの正義とカント主義の正義」では、カントによる研究のいくつかの特徴と、現代のカント主義者による研究の諸側面との対照を通じて、前三つの小論の論題をコンテクストに落とすことを試みる。その際、抽象化と理想化の違いに関する縺れをほどき、またカントと現代カント主義者による研究との両方に対してなされている批判の多くの背後にはそれらの融合があることを論じる。

第一部の最後の二つの小論は、前四つの小論で議論された行為および実践的推論に関する修正的見解が正義論に対して有するいくつかの含意に着目する。正義の説明はどれも、強制的行為を非強制的行為から区別する何らかの方法を有している必要があるが、「理にかなった経験論という規範《カノン》の内部」に留まろうとする人びとが支持する行為論の内部では、その方法を案出するのは意外と難しい。その内部では、脅迫と賄賂といったものが、あまりに単刀直入に、選好順序を変える単なるインセンティブとして見えてしまう。第五章「あなたが拒否できない申し出はどちらか？」は、強制について考察する別の仕方を提案する。読者には、私が強制に関する哲学的文献についてではなく、マフィアとテロリズムについて論じているとわかってもらい、安心して欲しい。第六章「女性の権利——誰の責務か？」では、行為者性を真剣に考慮に入れるならば、正義について考える場合に権利よりも責務の原理の方をより基本的なものとして扱うべきことが判明する理由が、詳しく述べられる。この議論は女性の権利に関する論争の考察を通じてなされるが、その論証は正義の他の側面にも拡張適用しうるものである。

本書の第二部「政治的な正義の境界」では、正義の政治的・制度的な境界を取り上げる。制度には一般に境界がある。場所と時間、始まりと終わり、そしてしばしば端と中央がある。したがって制度に関する思考はつねに、射程範囲に関する問題を提起する。包摂されるのは誰で、排除されるのは誰か？　物理的・時間的な正義の境界は何か？　近現代では、正義は通常、国境の内部に制度化されかつ限定されるものとして考えられてきた。正義の向上と後退は通常、国家の歴史における歴史的出来事と、重ね合わされてきた。この問題についての楽観的見解では、諸国家はそれぞれのメンバー全員に対して正義を保証してきたことになる。しかしグローバル化のプロセスが経済的・政治的な生活を変え始めるにつれて、こうした想定はますます疑われるようになった。私は本書で、国境はもはや正当な正義の境界として見なしえないと論じる。それ自体が制度である国境の正義は疑われうるものであり、またしばしば疑われるべきものである。

第七章「トランスナショナルな経済的正義」では、ある一定の正義論の国家中心主義の想定が、急速にグローバル化している経済生活の現実にいかに向き合えていないかを提示する。第八章「正義、ジェンダー、インターナショナルな境界」では、境界とそれらが不可避的にもたらす排除とによってつくりだされる脆弱性が、どのように正義を危うくしうるのかを考察する。適切な正義の説明は、国境とジェンダー上の区分がどのように周縁化と排除をもたらし、またそれによって脆弱性を生みだし、またそれによって不正義が跋扈するコンテクストを準備してしまうのかを、考察しなければならない。第九章「アイデンティティ、境界、国家」では、国境を正当化するために長らく用いられてきたいくつかの議論を検討すると同時に、アイデンティティ（の感覚）を有界化された領域に結びつけようとする議論がしばしば考えられているほど堅牢ではないことを示す。国家とその境界が正当化しうるのは、それが排除する者たちに対して不正義を生みださない場合のみである。国家とその境界が不正義を生みだす場合には、補償がなされるべきことを正当化する議論も成り立つ。第一〇章「遠くの見知らぬ人、道徳的地位、透過的な境界」では、国家の見地からではなく個々の行為者の見地から、政治的境界の正義に立ち向かう。完全な道徳的地位を与える理由があるのはどの他者に対してであるのか、また特にどの遠くの他者に対してであるのかを定める方法を提案する。

こうしたすべての議論の背後にあるもっとも基本的な思想は、倫理学もしくは政治学における実りある研究は実践的でなければならない、というものである。実りある研究は、すでに行われたことを評価したり品定めしたりする方法を探している観察者のニーズではなく、まだ行為をしておらず、なすべきことを考えだそうとしている行為者のニーズに取り組まなければならない。この実践的な課題は、行為者を自らの選好の囚人として、あるいはさらには自らが（多かれ少なかれ）受け入れている規範やコミットメントの囚人として見なすことでは、進捗しない。この実践的な課題が要求するのは、行為者がもつ能力とケイパビリティに関して、また行為者が他者に対してどのように脆弱であるかに関して、また既存の制度がどのように弾力的もしくは脆弱であるのかに関して、経験的に現実的な見解である。正義を相対的に弱い人びとに対しても確実なものとする健全で頼りになる制度の構築がなされるべきなのは、このコンテクストにおいて他ならない。

第一部　哲学的な正義の境界

第一章　実践的推論の四つのモデル[1]

説得力のある正義論はどれも理性に関する何らかの構想に基づいている。とはいえ、理性について自覚的に考えれば考えるほど、理性は何を要求するのかについて、あるいはそうした要求事項にはどんな権能（authority）があるのかについて、自分は知っているのだという自信は薄らいでゆく。日々の暮らしや科学、そして政治における論争において、理性に訴えかけることを躊躇する人はほとんどいないし、相手の言動に理由が欠けているとの否定的な所見を述べることを躊躇する人もほとんどいない。私たちは、論争の権能ある裁定者として、理性に訴えかける。だがこの自信の正当性を示すよう求められると、自信を失くしてしまう。これは至極当然である。もし理性がすべての正当性の基礎であるならば、いかにして理性は正当化しうるのか？　もし道理しか示さないとすれば、〔相手を説得するという〕どの試みも――何かしら不合理なことを持ちだす場合に、あるいは循環論に陥った場合に――失敗に終わるのではないだろうか？

この尊ぶべきジレンマはあるものの、理性の正当化については多くのことが言えると、私は確信している。ここでの私の関心は主に、行為のコンテクストで試みられる種類の推論にあるため、理論的推論についてはほとんど言うことがない。それによって探究が限定されないことを望むが、多くは推量によるものとなるだろう。というのも私は、理論理性が実践理性を基礎づけるということも、理論的推論それ自体は何の正当化も必要としない

ということも、想定しないからである。それどころか私は、理論的推論の適切な正当化はどれも、実践的推論の

正当化を要求するのではないかとにらんでいる。しかしこれについての説得的な主張もここではできない。[2] 理論

理性に特有の諸問題は本章の目的に照らして単純に括弧に入れておき、実践理性を正当化するために何がなしう

るかを考察することにしたい。

実践理性の四つの構想に関する考察を中心に、私の思考を体系化するとしよう。これら四つの構想の各々には、長い歴史と多くの変型があるだけでなく、同時代の支持者と反対者がいる。この体系化に際しては、理性が実践もしくは理論に与えうると期待できるかもしれないものに関する、ある種の直観的な理解に頼ることにする。まずは、この理解を特徴づけることから始めよう。この期待は、何かが（実践）理性として見なしうるのかどうかについて懐疑的な人びとが反論しそうなものではない。彼らの懐疑論は結局のところ、理性の基準に見合うものは何もないという主張だからである。理性について懐疑的な人びとは、理性が与えてくれるだろうものについての見解を持たないわけではない。そのようなものは与えられないと単純に考えているのである。[3]

理性主義者と懐疑論者はおそらく、二つの点に関して合意するだろう。彼らは第一に、筋の通ったものとして見なしうるものはどれも、無原則な動きはしないだろうと考える。人は論理的に考えるとき、諸々の想定を無原則には導入しないし、ある点から別の点へと無原則に移ることもない。この定式は、理性は無原則ではない何らかの基礎を与え、すべての筋の通った思考および行為はそれに基づかなければならないという考えを、おそらくは避けるものである。この出発点となる思考において示されているのはただ、思考および行為の筋の通った伸張と側面においてなされる動きは無原則性を回避すべきであるという要求である。第二に、理性主義者と懐疑論者はともに、筋の通ったものはどれも、思考および行為の導きにおいてある種の権能をもつと予期している。筋の通ったものはかなり一般的に見分けがつくものであり、一般的に共有されていないか、共有されないだろうどんな見解——もしくは先入観——も前提としていない。〈無原則ではないこと〉と〈理解しうる権能〉という二つ

の考慮事項は、究極的には、実際に切り離せるものではない。一般的に理解しえず権能も持たない原理に基づく思考や行為のどんな系列も、いくつかの観点からすれば無原則に見えるだろう。また、思考や行為におけるどんな無原則な動きも、何らかの無原則な想定といったものを共有する人びとに対してのみ正当化しうるのであり、したがって一般的に理解しうる権能に欠けるだろう。しかし解説のために、無原則性と理解しうる権能の欠如を区別することは、有用でありうる。

この段階でこうした予期をより十全に述べることは難しいが、実践理性の四つの構想の考察を通じて、それらはより明確で妥当なものとなりうるだろう。四つの構想それぞれが、その提唱者によって、少なくともこうしたわずかな基準を充たすものと推定されるだろう。以下ではまず、実践理性の目的論的構想を検討する。これは、理性を行為目的と結びつけることによって、理性を行為を導くものとして捉えるものである。次いで、より厳格な実践理性の行為基底的構想を取りあげる。これは、行為の導きに対してより直接的なアプローチをとるものである。私が提示する説明はすべて略図的であり、特定の哲学者の名前と関連づけられている場合でも、〔彼らの〕テクスト通りに精確なものとしてではなく、有用なステレオタイプとしてのみ理解されるべきである。

1　実践理性の目的論的構想Ⅰ　筋の通った行為は客観的善を目的とする

実践理性に関して、古くからある手ごわい構想のひとつは、実践理性を理論理性と一体にし、両者を善の把捉と同一化するものである。善に関する明確な知識は、知識と行為の両方を、権能をもって方向づけることができる〔と考えられている〕。このビジョンが欠けているか不明瞭な場合には、思考と行為はともに方向性を見失い、多かれ少なかれ無原則となるのだ、と。筋の通った行為は、その目的に関する理性の知識によって適切に情報づけられ、その目的へと向かう努力によって導かれた行為である、と。この実践的推論の構想はプラトンにもっともよく関連づけられているが、見劣りはするものの同様の構想が、後の多くの著述家たちによっても提示されている。

理論的であると同時に実践的、つまりロゴス（*logos*）であると同時にエロス（*eros*）であるものとしての理性に関するこのビジョンにある深刻な問題は、行為目的についての野心的な形而上学的主張と、それと調和する、知識と行為がそうした目的に引き寄せられた人間についての主張とから、生じている。プラトニストのビジョンおよびその多くの末裔の、認識と動機づけにかかわる形而上学的主張は、大いに野心的である。それらは多くの人びとにとってすこぶる魅力的であるが、ひどく説得力に欠けるものでもある（魅力を感じている人びとにとってさえ説得力に欠けることがよくある）。何らかのプラトニズムの形而上学とそれと調和する道徳的知識および動機づけに関する説明とによっては説得されない人びとにとって、筋の通った行為の決定者として善に訴えかける実践理性の構想は、無原則で幻想的な権威を持ちだすものである。[4] そうした構想は客観的目的がなくても、それらを発見したと称する。そうであれば、そのような実践理性に関する構想によって示されるとされる導きも、同様に幻想的なものである。

ヒュームが「自分の指にひっかき傷を作るくらいなら、全世界が破壊されるほうを選んだとしても、理性に反するというわけではない」[5] と嘲り、「理性による演繹（推論）だけで道徳がわかると言い張っても無駄である」[6] と結論づけるよりずっと前から、どんな目的も内在的に筋が通っているか理にかなっているということ、あるいは実に内在的に動機づけとなるということを示すことは困難であると知られていた。それらがどんな目的であるかを確証することが困難であることも、言うまでもなかった。嘲笑者はしばしば、実践を導くという理性の見せかけを剝がした後に残るのは従属的な役割だけであると、つまり再びヒュームの言葉を借りれば「理性は情念の奴隷であり、またただ情念の奴隷であるべきなのであり、理性が、情念に仕え従う以外の役割を要求することは、けっしてできないのである」[7]と考えている。これらの有名な節におけるヒュームの議論は、理性についての一般的な懐疑論を持ちだすものではない。認知的合理性と、よってまた道具的合理性の説明の余地は残されている。退けられているのはただ、実践理性は〈筋の通った行為の諸目的に関する知識〉もしくは〈理にかなった仕方で行為することへの動機〉を与えるという主張であるにすぎない。

2 実践理性の目的論的構想II 主観的諸目的と道具的推論

ヒュームによる嘲笑は、実践理性の弱められた説明の正典《カノン》となった。この説明は今なお（主に、理性についてのヒュームの広義の自然主義を無視している著述家によって）広範に受け入れられているが、他の著述家によって徹底的に軽蔑されている。道具的合理性がなぜ、今なおもっとも高く評価されると同時にもっとも批判を受けている実践理性の構想であるのかは、考察に値する。

道具的合理性への称賛は、倫理に関する哲学的著述や、ある一定の社会科学（特に経済学と政治学）、また日常生活においてこの理性説が保っている非常に大きな役割から、明白である。実践理性の道具的構想の実績は、古い「プラトニスト」のビジョンの目的論的構造を保ちながら、表向きは正当性を動機づけと結びつけ、善の説明を与えるという形而上学的コミットメントを捨て、だがなおいくらかの精確さをもって行為を導くと主張していることにある。実践的推論は行為および動機づけに関する経験論的構想に統合されており、個人的行為と集合的行為の両方に関する有意義でかつ測定可能な思考方法の余地は残されているように見えるものの、理性がそれ自体の諸目的をもつという考えは幻想的であるとして退けられている。客観的な諸目的の説明がひとつも利用しえない場合には、これは魅力的な戦略である。なぜなら、主観的な諸目的を達成するためには、効率的かつ実効的な道具である行為の選択以外に、正当なものとして要求しうるものはないからである。私たちはどの事例でも主観的な諸目的を追求するよう動機づけられているため、正当性と動機づけは密接につながっていることになる。認識できる客観的諸目的はないという事実に対して支払われるべき代償は、このつながりがプラトニストの構想におけるつながりほど直接的ではないことだけである。正当性は手段と結合し、動機づけは主観的諸目的から流れ出る。この図式では、実践理性の観念はある意味で解体されている。プラトンは理性を衝動的（erotic）なものと考えたが、ヒュームは理性を緩慢なものと見ている。あまり鮮明ではないがカント的に言えば、ヒュームは理性がそれ自体で実践的であることを否定しているのである。

ひとたびこの実践理性の説明を受け入れるならば、倫理学および社会科学の今日的課題の大部分が定まる。第一に、行為と方針を導くという実践的推論の野心は、因果関係を確証するという諸科学の野心とどうにか符合しうる。第二に、もし諸目的が主観的であるならば、さまざまな行為者による筋の通った行為が収斂する必要はないため、エゴイズム、経済合理性、そして競争が筋の通った行為のパラダイムとなる。そうして倫理学と社会科学は、理性構想が持つホッブズ的な含蓄――それは諸個人の欲求もしくは選好、そして信念に囚われている――の分離、減弱、もしくは調整に着手することになる。このことは、経験論的・反形而上学的な見地の必然的な論理的帰結であるように思われる。[8]

他の、より批判的なアプローチは、道具的合理性が実践理性の完全な説明を与えるという主張に、論難を浴びせている。もっとも標準的な批判は、この説明では筋の通ったものはすべて内在的に無原則な諸目的を達成するための道具としての行為選択であるが、そのような諸目的の効率的ないしは実効的な追求がなぜ筋が通ったものであるのかは何ら示されていない、というかなり明白な申し立てである。倫理学と社会科学における多くのアプローチは、主観的な諸目的を諸価値（*values*）もしくは価値あるもの（*valuable*）としているが、それは実際の選好あるいは仮説的な選好を充足することの価値を主張するか規定するに過ぎない。選好の内容が下品であるか非難されるものであるときはいつでも、そのような主観的諸目的の保証あるいは追求は合理的であるという推定は、疑いうるのである。

実践理性のさまざまな経験論的構想の擁護者が、選好は完全に無原則なわけではないことを示すために提示する唯一の論証は、選好順序の合理的な構造についてのかなり限定的な主張から構成されている。この構造は、もし選好がたとえば推移的で、連鎖的で、約分できるならば、筋が通っていると言われる。しかし選好間にそうした種類の整合性が要求されたところで、それら選好の追求が（どれだけ効率的もしくは実効的であろうと）内在的に筋が通ったものであることは示されえない。諸目的はそれ自体が無原則であるため、道具的理性が到達しうる条件つき主張は諸目的を異にする人びとに対して権能に欠けているという論難は、実践理性をもっぱら道具的推論と同一化する人びとには反駁できないものである。彼らは、オムレツの調理人が卵を割ることを理にかなった仕方では拒否しえないことを示すかもしれないが、オムレツを作ることが理にかなっているかどうかは示すことができないのだ。

もしこれが、道具的な実践理性の構想について述べうることのすべてであるならば、この構想の支持者と反対者は、ある意味で引き分けとなるにすぎないだろう。筋が通っていることが示された目的はなかったことについて反対者はまったく正しかったとして、支持者は譲歩するだろう。その譲歩では十分でないとして、反対者は対抗するだろう。支持者は、これ以上言うことはないと切り返すだろう。しかし単なる道具的な実践的推論の説明には、他にも厄介な特徴がある。なかでも二つの特徴がひどく攪乱的で、まさにこの実践的推論の説明の背景にある〈行為および動機づけの経験論的モデル〉に疑問を投じるものであるように思われる。

一つめは、さまざまな合理的選択モデルにおいて精緻化されている主観的諸目的の構造についての説明が、虚構であるという特徴である。特に、行為者の選好はたとえば連鎖的で推移的で約分できるという主張の真偽が疑わしい。二つの競合的で両立しない合理的行動モデルによって、多くが不明瞭となっている。これらのモデルは、欲求と選好をかなり異なる仕方で見ているにも関わらず、しばしば同時に展開され、また一緒くたにされている。[9]

一方の合理的行動モデルは選好の実在論的見解をとっており、選好を行為者の特定時期の実際の状態と見なしている。この見解では、連鎖的で推移的で測定可能な選好の各個人への帰属は、当然ながら推測によるものである。情報が入手されれば、偽となる。他方の合理的行動モデルでは、諸々の選好とそれらの構造は経験的に確めうる行為者の特性とは理解されていないものの、彼らの選好はたとえば連鎖的で推移的で約分しうるというように体系的に構造化されているという想定により、彼らの選択を根拠として、行為者に帰せられている。第二の「顕示された」解釈のもとでは、合理的な選好順序に通常は帰せられる構造的・計量的な特性は、選択から選好を推論するために想定されるものであるため、有効なものでなければならない。この選好基底的な行為モデルでは、行為者は定義上、選好に反する仕方では行為できない。間違いを除けば、彼らが実際になす行為はどれも、彼らの選好の整合性を仮定として、彼らがその状況下でもっとも選好するものを特定するものとして理解されなければならない。同様にして、このモデルの行為者は、合理性に反する仕方でも行為できない。間違いを除けば、彼らが実際になす行為はどれも、彼らの選好の整合性を仮定として、彼らがその状況下で選好する諸目的の効率的かつ実効的な追求についての判断を開示するものとして理解されなければならない。すると行為が非合理的なものとして批判しうるのは、それが間違った信念か計算に基づく場合だけとなる。

選好に関するどちらの解釈も、効率的かつ実効的な選好の追求において、筋が通っていると見なされるべき何らかの無条件の主張があることを、示していない。厳密にいえば、選好基底的な実践的推論において罷り通る選好には、何の権能も与えられていないのである。選好の実在論的見解は、少なくとも原理上は、何であろうと人びとの実際の選好を充足する十分な理由があることを示す議論によって、補完されるかもしれない。功利主義者と他の人びとがそのような議論を試みてきたが、それらは理解しにくいものとなっている。選好の「顕示された」見解もしくは解釈的な見解は、この方向には進めない。すべての行為に最適選好充足という達成目標を読み込むことで、選好充足には道徳的重要性もしくは社会的重要性があるという思考の基盤を、そぎ落としてしまうことになるからだ。選好には規定された構造的・計量的特性がなければならないことと、選好充足は何であれ抱かれた信念に照らして効率的に追求されていることとを仮定して、ひとたび選択から選好を推論するならば、なされたことは何であれ、道具的合理性を伴う試みられた選好充足として数に入れられるということが、実に自明なこととして見いだされる。もし何か他のことがなされたならば、それもまた道具的合理性を伴う試みられた選好充足として数に入れられることになるだろう。

こうした考慮事項は由々しいものであるが、道具的理性を実践理性のすべてとして扱う社会科学と倫理学では、まだ取り組まれていない。しかしもう一つの特徴は、この見解が掘り崩されるさらなる兆しを示している。その特徴とは、現実世界の道具的推論はすべて、「利用しうる」選択肢――その結果は、その選好充足への寄与が評価されうるように考慮に入れられなければならない――を何らかのかたちでリスト化することから開始しなければならないという事実である。可能な行為をすべて個別化しリスト化することはできないと考えれば、[10]選択肢のリストは、行為記述によって特定された行為類型をリスト化したものとならざるをえない。典型的には、一、二、三の目立った行為記述を組み込んだ、実践的原理や社会規範の短いリストである。このように道具的な理性主義者は、すべての可能な行為を調査して〔推論を〕開始することはできない。行為記述の何らかのリスト化によって〔推論を〕開始するほかないのである。そうしたリストは例によって、参加者が所与の状況下で「現実的な」選択肢と見なす、社会的に受容されておりかつ重んじられている行為カテゴリーを組み入れたものである。選好の重みづけはこの選択肢の当初のリストによって制限されたものとなるが、このリストは道具的推論に先行するものであり、ゆえに道具的推論から正当性を引きだすものではない。[11]

商業の推論や公共政策の推論においては、関連性のある確立した社会の枠組みを当然視し、その規範とカテゴリーに特権を与える選択肢にのみ目を向けることが、適切であるかもしれない。しかし「確立した」選択肢の短いリストを前提とする道具的推論は、それほど限局されていないコンテクストにおいては、また特に倫理的推論においては、権能に欠ける。そのような推論が到達できるのはせいぜい、こうした規範、原理、あるいはコミットメントを所与とすれば、後に続く行為は道具的に合理的なものとなるだろうという、条件つきの結論くらいだろう。推論はそうした規範、原理、あるいはコミットメントを支持するというよりは想定するものとなり、批判的な評価と筋の通った査定を逃れるものとなる。だが実際の規範と目立った選択肢が実践的推論の基礎を与えるとひとたび理解されるならば、推論の道具的側面は従属的なものとなる。実践的推論の神髄は、もはや結果指向的で道具的な推論としては見なされず、日常生活と制度的背景において用いられている、行為基底的で、しばしば規範指向的な実践的推論のパターンとして見なされるのだ。

3　実践理性の行為基底的構想Ⅰ　共有された規範と個人的コミットメント

幾人かの道具的合理性の主唱者にとって、道具的推論が行為基底的でかつしばしば十分に規範指向的な推論を前提としているということは、発見のように思われるかもしれない。他の人びとは、この発見の感覚を時代遅れと見なすだろう。なぜなら彼らは、実践的推論は行為を把握したりそれに関与する方法がある場合にのみ、行為とその諸目的のあいだのつながりに対処できると、長いあいだ考えてきたからである。彼らはまた、日常生活において、司法や行政といった社会的実践において、社会学、人類学、法理学における社会的・理論的な探究において、そして歴史主義者、コミュニタリアン、ヴィトゲンシュタイン主義者による哲学的研究と伝統的なカント主義者――彼らは自己、行為、および合理性に関する経験論的な説明にたぶらかされてこなかった――による哲学的研究において、行為基底的な推論が果たす計り知れない役割も指摘するだろう。[12]

実践的推論は基本的に行為に向けられたものだと考えることの魅力のひとつは、それによって実践的推論が、行為が記述のもとで選ばれる馴染みあるすべての実践と難なくつながることにある。社会的な規範と実践や、より個人的なコミットメントやプロジェクトの内容は、そうして形成されるのだろう。行為基底的な推論は、実際のものであろうと仮説的なものであろうと選好が行為を正当化するという見解とは、決別している。ある種の選好を充足しないことの十分な理由がある可能性を、認め入れるのである。行為基底的な推論は、選好の代わりに、ある類型の行為は客観的か主観的な諸目的を達成するための道具としてではなくただある類型の行為であるという理由で正当化しうるという考えから出発する。そのとき実践理性は、行為に真っすぐ焦点を合わせたものとして理解される。行為がただ結果を生むための道具として見られることはない。この方向に進むなかで、実践的推論には内在的に目的論的なパターンがなければならないという思考と、私たちは決別することになる。

どの行為基底的な実践理性の構想に対しても提起されるべき中心問題は、当然ながら、その構想が合理的に正当化された類型の行為と、筋が通っておらず正当化しえないと考えられる他の類型の行為を、いかに区別しうるのかというものでなければならない。

これに関しては、正当化しうる行為類型は任意の時間や場所の根本的規範か、任意の個人の生活やアイデンティティの根本的コミットメントもしくはプロジェクトを表出するものであるというのが、よくある思考の流れとなっている。そうすると行為基底的な実践的推論は、その実践的推論が表面上は単に道具的である人びとによって密かに行われたことを明らかにする、と言われるかもしれない。この見解のいっそう社会的で規範指向的なバージョンは、主に「ヘーゲル主義」の著述家と、特に今日ではコミュニタリアンと関連しているが、彼らは伝統あるいは共同体の最深部にある実践および規範を、正当性が基づかなければならない岩盤として、またそれ自体は疑問視しえない岩盤として見ている。この見解のいっそう個人主義的なバージョンは、個々の生の統合性、コミットメント、また愛着とそれ以外の個人的プロジェクトを、それ自体は疑問視しえない同等の岩盤を提供するものと見なすよりヴィトゲンシュタイン主義的な著述家と、個人的プロジェクトとコミットメントを私たちの推論が通り過ごせない枠組みとして見るバーナード・ウィリアムズとに、特に関連している。[13]

実際には、〈より集合的なバージョンの行為基底的推論〉と〈より個人主義的なバージョンの行為基底的推論〉には、多くの重なり合いがある。両者ともが、ある種の規範、コミットメント、そしてプロジェクトは、いわば共同体のアイデンティティや個人的アイデンティティを部分的に構成するものであるため、行為理由としてしか見なしえないと考えている。実践的推論は、私たちがおのれの自己、共同体、あるいはアイデンティティの感覚そのものを掘り崩すことなしには、「裏切る」、または無視することができない、私たちの生の特徴を前提としているのだ、と。行為を公共的な愛着および忠義によって要求されるものとして考えたり、あるいは残酷であるがゆえに邪であると考えたり、あるいは愛する人を傷つけないために要求されるものとして考えたりする際、私たちが引き合いに出すのは単に何らかの無原則な原理ではなく、共有されているか個人的なアイデンティティの感覚、つまり私たちを私たちたらしめているものの一部を構成する原理なのだ、と。私たちはそうした事柄に向けて思考しているのではないし、そうした事柄について決定するのでもない――そうした事柄は私たちの生の枠組みの一部なのだ、と。こうした事柄の正当性を証明しうるような基本的規範、コミットメント、あるいは価値は他にないのだ、と。バーナード・ウィリアムズは、「私は、現にある私という地点から熟慮しなければならないのである」という考えを、個人のもっとも基本的なコミットメントについて熟慮しようとすることの偏屈さを効果的に伝える事例――難破船で妻と同様に溺れている見知らぬ人ではなく、妻を救う理由を追及している夫は「考え過ぎである」[14]、という事例――でもって表している。実践的推論は、私たちのアイデンティティを構成する規範や愛着からスタートする。私たちが何者であるのかを所与とすれば、実践的推論は無原則ではない。もしそれが他者に理解しうるものならば、その理解可能性は、私たちの最深部にあるコミットメントと愛着が何であるかについての彼らの了解を条件とするだろう。彼らの了解はそうしたコミットメントと愛着を前提とするものであるため、私たちのコミットメントやプロジェクトに対する「外在的」な批判はどれも挫折することになるだろう。

　この実践的推論の構想の魅力のひとつは、これまで検討してきた二種類の構想と同様に、正当性の説明と、動機づけの説明を、つなげていることにある。ある社会で受容されている規範および生活様式と、個々人の生の最深部のコミットメントやプロジェクトが、アイデンティティの感覚を定め、また深く内面化されることになる。それらが行為の諸理由を与える場合、そうした理由はそれらを理由とする人びとにとって、内側へ向けたものとなるだろう。

　もちろん、実践理性の規範基底的な説明とコミットメント基底的な説明の両方によって引き合いにだされる、よく内面化された諸理由が、必ず行為に反映されるわけではない。なされることと、確立された規範や個人的コミットメントに基づく推論が命じることとのあいだには、くっきりした分岐がありうる。いくつかの状況では、行為者を束縛する伝統に存在するさまざまな規範が、衝突することもあるだろう。アンティゴネーの苦境に多くの類似点がある。同様にしていくつかの状況では、行為者の最深部のコミットメントが、公共的規範や自らの他の個人的コミットメントと衝突することもあるだろう。良心的な異義申し立てをする人がその可能性を典型的に有している。より率直にいえば、公共的規範あるいは個人的コミットメント、もしくはその両方によって行為が導かれる人びとは、自らをまったく異なる方向へと導く欲求や選好をもっているかもしれないのだ。重要な点は、規範とコミットメントが常に遵守されるということではなく、それらが承認されており、またそれらを破ることがしばしば、罪悪感や、少なくとも後悔の念や自責の念、そして他の後ろ髪を引かれるさまざまな想いの源泉となるということである。

　選好に基づくか、あるいは少なくとも選好を顕示するものとしての行為に関する標準的な経験論的構想では、規範やコミットメントがいかにして動機づけとなったり正当性をもたらしたりするのかが不明瞭でありうる。しかしながら、選択肢を特定することは行為記述による場合を除いて不可能であるとひとたび認めたならば、選好基底的な実践的推論の説明は包括的な動機づけの説明を与えるという主張は、もはやなしえない——適切な正当性の説明を与えるというその主張は、これまでけっして堅牢ではなかったのだが。

　さらに、確立された規範や深い個人的コミットメントを表出する行為は筋が通っているという主張も、かなり不可解である。規範か個人的コミットメントのどちらか一方からスタートする実践的推論それ自体が、無原則の要素を導入しているのではないか？　そのような実践的推論はいかにして、一般に理解しうる権能をいくらかでももちうるのか？　特に、規範基底的な推論はしばしば、本質的に保守的かつ民族中心的だと言われている。コミットメント基底的な推論は、類似の理由で保守的かつ自己中心的だと思われるかもしれない。この二種類の推論は、現実に重んじられていることや内在化されていることから、重んじられるべきことや内在化されるべきことへと、あからさまに議論を進めている。両者はともに、該当する規範の受容からは思考を出発させない人びと、受容されているカテゴリーに異議を唱える人びと、あるいは他者の基本的なプロジェクトを嫌悪する人びとに対して、権能をもたない。両者はともに、筋が通った正当化として見なされるものは何であるかについて内在的に身内《インサイダー》の見解に特権を与えている。部外者《アウトサイダー》にとっては、規範基底的な実践的推論やコミットメント基底的な実践的推論は、ただ単に無原則である。またその権能は、規範やコミットメントが理解されない場合や、受容しえないと判明した場合には、消失してしまう。

　保守主義への批判は、規範基底的な実践的推論の構想の提唱者の多くによって応えうるものであり、また応えられてきたものである。共同体の規範が行為を十分に定めることはないことや、そうした規範が解釈と再解釈に開かれたものであることをひとたび想起すれば、それらを歴史的な見地から、修正と再解釈に開かれたものとして見ることができる。すると社会の規範は、また実にその社会のメンバーのアイデンティティは、一揃いの不変かつ永遠の結論ではなく、推論のための修正しうる基礎を構成していることがわかるだろう。私たちの規範や信念が修正される時も来るだろう。規範と原理は現実の歴史的文脈のなかで、論争に終わりのない伝統を可能にし、また批判的で修正しうる実践的推論を許容するだろう。[15]

規範基底的な実践的推論はこのように、保守的であることが避けられないわけではない。しかし民族中心的であるという論難は、払いのけるのがいっそう難しい。正当化の枠組みと動機づけの源泉を与えるとされている一揃いの規範やコミットメントはどれも、特定の伝統、共同体、もしくはアイデンティティの感覚のものであるだろう。それらは部外者《アウトサイダー》には共有されないかもしれない。もし規範基底的な推論が不可避的に身内《インサイダー》の推論であるならば、それらが部外者《アウトサイダー》によって辿られうるのは、部外者《アウトサイダー》が自らは共有していない規範やコミットメントを暗黙のうちに前提とする場合だけである。

これは二通りの仕方で問題である。第一に、身内《インサイダー》にとって問題である。ひとたび伝統やアイデンティティの多様性と豊かさが承知されるようになると、「私たち」自身が内面化した伝統やアイデンティティだけが権能をもつという確信を維持するのは難しくなる。実際、キリスト教徒でリベラル、スコットランド人でヨーロッパ人、イギリス人でユダヤ人、そしてその他諸々といったように、多数の人が複数の伝統を内面化したところでは、実践理性はひとつの伝統の確立された規範や忠義に依拠しうるという見解は、疑義の対象となる。

第二に、規範基底的な推論の民族中心主義は、身内《インサイダー》と部外者《アウトサイダー》の関係にとって問題である。昔々、同質的だが孤立した社会に住んでいた人びとが、まったくつながりのない仮想上の他者には理解しえない仕方で推論を行っていたとしたら、問題ではなかっただろう。だが今日では、社会、文化、そして伝統は有界化されておらず、不透過的でもない。そのため推論が、とある伝統に内的で部外者《アウトサイダー》には理解すらできない原理に基づいている場合には、問題となる。民族中心的な推論は、境界を越えてコミュニケーションをはかろうとする人びとにとって役に立たないか、あるいは行き詰まったものとなるだろう。権能に欠けるものとなり、他者には理解しえないものと判明するだろう。理性の規範基底的な構想は、多元的な世界では十分とはならない。思考もしくは行為を体系化するどのやり方も、きわめて一般的な権能を得ようとするならば、特定の時間や場所の規範と意見を前提とすることはできない。

より個人主義的で、コミットメント基底的な実践理性の構想についても、類似の指摘がなしうるかもしれない。人間は生涯を通じて自らのコミットメントやプロジェクトを修正し変更しうるため、これらもまた本質的に保守的である必要はない。しかしそのような推論は、必ずしも利己的であるとは限らないが、自己中心的であることは避けられない。私のコミットメント、私の人生プロジェクト、私の愛着を前提にしているからである。私のコミットメントやプロジェクト、そして愛着は、利己的ではないかもしれないが、その一方で高潔でもないかもしれない。妻を溺死から救おうとする人びともいれば、そうでない人びともいる。さらにはそのコミットメントが利己的であって、機会さえあれば妻を溺死させかねない人びともいる。あるプロジェクトが深く内面化されている場合でさえ、その正当性は貧弱かもしれない。そのうえ、実際のコミットメントや実際の愛着、また実際の個人的プロジェクトを実践的推論の岩盤として理解する見解の内部では、正当化あるいは批判に残されている出発点が何であるかは、明らかではない。そうしたコミットメントは確かに動機づけとなるだろうが、だからと言ってたまたま内面化されたコミットメントであればどんなものでも表出する生活を送ることが合理的であるということにはならない。どれほど自らのものとなっていようとも、ある種のコミットメントを表出するのではなく修正したりさらには捨てることの理由や、ある種のプロジェクトを達成するのではなく棚上げすることの理由は、ありえないのだろうか？　今ある諸々のコミットメントとそれらの内的な修正を内在的に正当だと見なすことは、内在的に無原則ではないのだろうか？

4　実践理性の行為基底的構想II　規範もしくはコミットメントの批判的修正

実践的推論の規範基底的構想とコミットメント基底的構想の主な利点は、客観的諸目的や主観的諸目的を筋が通った行為の基礎とする目的論的アプローチよりも、より直接的に行為を把握する方法を与えてくれることである。主な欠点は、特定の社会規範や個人的コミットメントが持つとされる特権が、他のどの見地からしても無原則に見えるだろうことである。この無原則性はどうすれば克服しうるのだろうか？　形而上学的な枠組みが不在のなかで、そうした深遠な規範や実践、つまり共同体と人生を枠づけるコミットメントやプロジェクトの筋の通った批判を、どのようにして思い描くことができるのだろうか？

思考と行為が筋の通ったものとして見なされるためには、それらの構造すべてが充たさなければならない基準があると先に述べたが、ここでこの基準の最初の素描を再検討することから議論を始めてもよかろう。行為についての推論はまずもって他者に理解しうるものでなければならないと、私は示唆したのであった。これについて考察する別の方法は、諸々の理由は私たちが他者に示しうる種類のものでなければならない、というものである。私たちは諸理由を示し、受け入れ、批判し、退け、棄却する。他者が原理的に辿りえない仕方で思考や行為に構造を与えるやり方はどれも、この条件を充たすことができず、よって筋の通ったものとしては見なされえない。しかしもし理解可能性が要求されるならば、この要件は少なくとも権能に対する最小限の主張となる。権能を有することになるのは、他者への理解可能性を保証する個々のやり方ではなく、理解可能性は維持されなければならないという要求である。筋が通っていると見なされるべき思考や行為のどの構造によって充たされなければならない基準は、単に、他者がそれを辿ることができるというものでなければならない、というものである。この理性の権能に関するきわめて最小限の解説においては、他者に辿ることが可能だと考えられる原理の採用が必要であるという、二重の様相としてのカント主義的な理性構想の、より一般的なバージョンを認めることができる。

この実践理性の構想のもっともよく知られた定式は、言うまでもなく、「あなたが同時に普遍的な法則になることを意志しうる格律に従ってのみ行為せよ」というものである。[16]

ここでの私の関心は、カント哲学のテクストにあるわけではないし、理性の理論的使用に特有の特徴にあるわけでもない。しかしながら、筋の通った思考と行為は辿りうるものでなければならないことの意味について、もう少し踏み込んだ解明が必要である。理論的推論において、思考、言説、またコミュニケーションの構造は、他者がその思考や会話において辿りうるものでなければならないだろう。それらは知性によって理解しうるものでなければならない。多くの特定の信念を共有する他者とであれば、この要件は容易に充たされる。だがそうでない場合には、大変な努力が必要となるだろう。社会的・イデオロギー的な境界を越える推論は、しばしば条件つき合理性を達成するだろう。両陣営が辿りうる思考と行為には条件つき構造があるだろう。両陣営にとってそうした条件は知性によって理解しうるものだが、その条件に先立つものの是認に対して意欲をもつのは、片方の陣営だけかもしれないけれども。

対照的に、実践的推論は知性による理解可能性だけではなく、自分自身のための、共有された活動のための、そして他者のための導きを達成目標とする。ここで、他者によって辿りうると判断されたものに推論は従わなければならないという要求事項は、単なる知性による理解可能性という要求事項、つまり他者が思考において辿りうる原理を順守するという要求事項ではない。実践的推論を行う人びとは、彼らの判断において他者に推奨しうる行為のやり方を、見いださなければならない。彼らは、彼らの対話相手が行為原理として採用しうると考えられる原理についてのみ、理由を提示できる（他者がそうした原理によってどの状況でも首尾よく行為できるかどうかは、さらなる問題を提起する）。カント哲学の古いメタファーを用いるならば、実践的推論は「法の形式」を有する原理、つまり全員に対する原理でありうるものを順守しなければならず、またこの条件を充たさない原理に従うよう他者を説得する試みは、どれも権能に欠けているに違いないと言うことができるだろう。現代世界では、推論は同じ考えを持った人びとを越えて届かなければならないものであるため、私たちの実践的推論はしばしば、広範に理解しうる諸原理に基づくものでなければならない。同じ考えを持つ人びとの間に閉じ込もるためにこの要求事項を避けるならば、その権能は消え去るだろう。この要求事項を充たさない原理に実践的推論を基づかせようとする場合には、少なくとも幾人かの他者は、私たちが彼らには共有できない原理を提示していると考え、また当然のことながら私たちの提案を無原則で権能に欠けていると、つまり一言で言えば筋が通っていないと判断するだろう。

骨子だけに削り落としたこのカント的な実践的推論の構想は、実践理性の規範基底的構想およびコミットメント基底的構想の主眼を共有するものである。この構想は行為に対して、もっと厳密に言えば私たちがそれによって人生を集合的もしくは個人的にまとめあげる規範やコミットメント、つまり実践やプロジェクトに対して、向けられている。この構想は、結果を生むための道具として考慮された行為に対してではなく、ある一定の行為記述によって特定されたものとしての行為に対して、向けられている。実践的推論の規範基底的あるいはコミットメント基底的構想との違いは、推論の射程範囲、アイデンティティの固定性、そして伝統の相互理解可能性に関する見解にある。それは、私にとって、もしくは何らかの伝統の身内《インサイダー》にとって理由だと思われるものは、たとえそれが魂に強く焼きついた理由であろうとも、他者にとってはいかなる種類の理由でもないかもしれないという思考を容認するものである。身内《インサイダー》の推論は——カントは理性の私的使用について述べた[17]——、それを他者が辿りうる他の推論につなげることなしには、部外者《アウトサイダー》には到達しえない。これが達成された暁には、実践的推論は、部外者《アウトサイダー》を互いの伝統につなげることができるかもしれないし、また、深遠なコミットメントにおいて、さらにはアイデンティティの感覚においてさえ、変化の理由を提供することができるかもしれない。

ここで素描された実践理性の批判的構想は、無原則な動きを許容するものではないし、理解しうる権能に欠けるものでもない。その正当性は単純に、この構想がこれら二つのわずかな要件を充たすということと、これまで検討されてきた他の実践理性の構想がそれらを充たさないということにある。このことはもちろん、実践理性の批判的構想を採択する場合に、道具的推論や、規範基底的もしくはコミットメント基底的な推論が棄却されうるということを意味するのではない。そうではなく、両方ともが、実践理性の批判的構想において止揚されたもの(*aufgehoben*)となるのだ。推論の批判的構想が与えるのは、日常の実践的推論の出発点となる特定の規範やコミットメントは、批判的吟味に耐えうるのか、それとも単に無原則であるのか、という問いへの回答の出発点である。この構想は、実際の選好もしくは理想化された選好が自動的に正当性をもたらすという想定を棄却する道具的推論の枠組みを提供し、また正当に追求しうるものと追求しえない他のものとを区別するためにいくつかの手段を提供する。

ここで、これら四つの実践理性のモデルのさまざまな違いをまとめることができるだろう。批判的構想は、実践的推論の規範基底的あるいはコミットメント基底的な構想と同様に、実際の選好や仮説的な選好の効率的追求を本来的に合理的なものとは考えない。批判的構想は、実践的推論の規範基底的あるいはコミットメント基底的な構想とは異なり、共同体の基本的な規範もしくは人びとの個人的なコミットメントの表出を本来的に合理的なものとは考えない。批判的構想は、プラトニストの理性構想と同様に、理性が実際の選好、規範、またコミットメントに関する批判的な見解をもたらすと考える。批判的構想は、プラトニストの理性構想とは異なり、理性の要求内容は私たちには与えられていないが、自己や共同体の諸要素を無原則に前提とすることなく構成されなければならないものと考える。

どんな実践理性の批判的構想であっても、その形態と含蓄について、さらなる多くの疑問が提起されうるだろう。それらに対して、ここでは三つの機先を制することを試みたい。

第一に、動機づけという事柄がある。これまで論じてきた批判的構想以外の構想はすべて、合理性と動機づけをきわめて緊密につなげている。これは当然である。というのも、各構想において、私にとって行うことが理にかなっていることは、私という地点のまさに中心にある何かによって、つまり私の真の自己、私の実際のもしくは推論された欲求や選好、私の共有された規範や個人的コミットメントの内面化、これらに対する善の至高性によって、定義されているからである。しかしこうした主張は、実践において感じ取られているというよりも、理論において重んじられているということに留意したい。理想的な善の至高性は摩滅し、現実の生活における経験的欲求によって取って代わられるだろう。選好が持つ動機づけの力は、選好の実在論的構想と顕示された構想との論争によって、うまく曖昧にされている。共同体の規範と個人のコミットメントは共に、自動的に動機づけとなる事柄ではなく、闘争の事柄である。

　正当性と動機づけの間隙は、実践的推論の批判的構想において、より明示的に主題化されている。この間隙は人間存在においてありふれているため、道具的、規範基底的、またコミットメント基底的な実践理性の構想がこの間隙をきわめて特殊な状況に、つまり相異なる諸個人の選好の分岐や、社会規範の衝突、もしくは個人的コミットメントやプロジェクトの崩壊に帰しているということは、見過ごされるかもしれない。しかし私たちが認識しうる限りで言えば、こうした診断が示唆するほど、この現象は局所的なものではないかもしれない。動機づけの諸要素を組み入れた正当性の説明に同意していないのでない限り、動機づけが正当性を保証するために出現すると予期する一般的な理由はない。実践理性の批判的構想は、選好とアイデンティティは合理的に正当化しうる仕方で行為するよう私たちを動機づける手伝いをしばしばするという想定と両立するが、動機づけが自動的に正当性を強化するという考えの基盤は維持していない。この構想では、動機づけは発見されなければならないものではなく、助長されなければならないものである。実践理性の批判的構想の力の根源は、人間の自由に関する強健な構想である。[18]

　私がわずかながら機先を制することを試みる第二の問題は、実践的推論の批判的構想を受け入れることの含蓄に関係している。幾人かは少なくとも、長い先例を掲げて、理解可能な権能の規準には、そのまったくの空虚さを除いて何もおかしいところは見いだせないと主張するだろう。〔だが〕筋の通った推奨を全員が辿りうる行為原理、つまり普遍化可能な行為原理に限定されると見なすことには、少なくともいくつかの含蓄がある。他の幾人かは、普遍化可能性は空虚であるどころか画一的管理を促すものであるという、逆の懸念を有している。だが少し考えれば、これもまた幻想的であることが示される。行為原理にかかるどの制約も原理の不確定性を克服できず、また判断力の必要性に取って代わることもできない。多くの制約は実際のところかなり弱いものであり、きわめて具体的な行為類型が一様に行われることや、さらには普遍的に行われることを要求することもない。理性を働かせようとする人びとが、他者も採用しうると考えられる基本原理を提案することを要求するだけである。

　他者にとって理解可能であるとされる諸原理にのみ基づいて行為せよとの要求事項は空虚ではない。たとえば、破壊や強制、もしくは欺瞞を命じる原理は、全員に対して推奨しえない。互いに脆弱な存在者のあいだでは、相互無関心という原理は全員に理解可能なものとしては推奨しえない。そのような原理が採用されるどの事例においても、同じ原理を採用することで、まさにそうした原理に基づく他者の行為によって、危害を被る犠牲者が作りだされるだろう。もちろんこれは、いったいどの程度の導きが実践理性の批判的構想から得られるのかを示すために必要とされるだろう詳細な議論を、単に指し示すものであるに過ぎない。こうした見本となる実践的な諸原理は一般性の最高レベルで定式化される。任意の時間と場所に関して、どの制度、どの実践、そしてどの生活様式が、破壊、強制、欺瞞、そして無関心を退けるような原理をもっともよく体現しうるのかを示すためには、よりいっそうの考察が要求されるだろう。

　手短に扱う第三の問題は、実践理性の批判的構想は推論的（discursive）構想とどのくらい異なるのか、である。ここでもテクストではなく、風潮に言及するとしよう。理性の推論的構想は、実際の推論的実践にとどまっている限りにおいて、結局は規範基底的な推論の形式になる。それはそうした規範に相対して推論されるだろうが、それら規範の理由を与えることはできない。理性の推論的構想はある種の理想とされるもの——たとえば理想的な発話状況――にとどまっている限りにおいて、超越的な見晴らしの利く地点を呼び起こし、その正当性は他の形而上学的理論が直面している問題を呼びだすことになる。理性の推論的構想は、全員にとって理解しうる――全員によって辿りうる――推論的原理を含めた実践的原理を順守する事柄として理解される限りにおいて、推論的理性の批判的構想として取り組まれることになる。

第二章　行為者性と自律[1]

行為についての推論は、行為者（agents）のためである。行為者が存在しなければ、有用な実践的推論も存在せず、正義についての推論も存在しない。政治哲学と倫理学における研究ではしばしば、行為者の中心的な特徴は、自律的でありうる、自律的である、もしくは少なくとも自律的でなければならない、とされている。だが、〈自律とは何であるのか〉についてと、〈自律の道徳的重要性〉については、目を見張るほどの意見の不一致がある。自律に関する著述家は通常、自律とは〈行為と行為者における何らかの形態の独立性〉か、〈行為と行為者における何らかの形態の整合性もしくは合理性〉であると主張している。この意見の相違は根深い。

自律を何らかの種類の独立性として描写する人びとは、独立性は、あれこれからであり、また多かれ少なかれ完璧にだろうというように、自律を関係性的かつ段階的なものとして考える傾向にある。自律は苦労して得られた（通常は）望ましい心理的特徴であり、たとえば判断の独立性、自己内部志向性、セルフ・コントロール、原理の順守、また自足において現れるだろうものと見なされている。[2]

自律を何らかの種類の整合性もしくは合理性として描写する人びとの通常の考えでは、自律は関係性的ではなく、また段階的でもない。自律、もしくは少なくとも自律の能力は、あらゆる人間の生来的特徴として、さらには人間の真価や尊厳の基礎として見なされることもある。それらは、他者に比べて自足していたり成功していたり独立している人びとにおいて発達の度合いが大きいものとは見なされていないし、生活のひとつの領域に限られうるものとしても考えられていない。

自律に関するこれらの見解や同様の見解には、多くのバージョンが見いだしうる。ジェラルド・ドゥオーキンは一九八八年、自律に関する膨大な数の論考を調査し、自律が自由、自治、主権、自由意志、尊厳、統一性、個人性、独立性、責任、自己認識、自己主張、批判的反省、責務からの自由、外的な因果関係の不在と同一視されていることを発見した。ドゥオーキンは絶望してなのか、あるいは軽く皮肉ってなのか、「すべての著者が必ず捉えていた自律の特徴は、自律は人間の特徴であるということと、自律は備えるのが望ましい属性であるということだけである」[3]と結論づけている。

実際には、自律は人間の特徴であることや、それが望ましいことについてさえ、一般的な合意はない。人間の行為に関するたくさんの説明が人びとは自律的でありうることを否定しているし、人びとは自律的であること、もしくは自律的でなければならないことは、なおさら否定している（行動主義、構造主義、ある種のマルクス主義）。倫理的・政治的な見解の多くが、自律の価値を議論している。正義、権利、そして応用倫理学に関する大勢の著述家は自律を称賛しているが、その価値に異議を唱えたり、否定したりする人びともいる。たとえば多くの徳倫理学者とコミュニタリアン、そしてある種の宗教信奉者とフェミニストは、連帯、相互性、相互依存性、関係性、ケア、伝統（いくつかの事例では、依存性と服従さえも）をさまざまに賛美もしくは称賛しながら、こうした価値に反するものとして自律を批判している。[4]自律の価値に関する説明が、独立性、合理性または整合性、もしくは他の解釈に置かれた相対的比重に応じてさまざまに異なる方向へと向かっているとしても、不思議ではない。

自律を単なる独立性の事柄として描写する試みには、多くの問題がある。私は、ニューヨークでかつて教えた学生によって、そうした問題のいくつかを鮮明に気づかされた。今となっては遠い昔となってしまった一九七〇年代のある年、ようやく春が訪れた頃であった。学部の男子学生の幾人かが服を脱ぎ、ブロードウェイを飛び跳ねて動き回り、女子学生にも参加するよう勧誘していた。その大騒ぎに参加した唯一の女子学生が私の学生であったのだが、彼女は男子学生と一緒に裸でブロードウェイを飛び跳ねている姿を然るべくして撮影されたのであった。なぜ勧誘に応じたのかを尋ねた私に対して彼女は、それが自分が自由であることを確証しうる唯一の方法であったこと、そして今や自分が自律していることがわかっているのだと、応答してくれた。私は彼女に多くの恩義がある。というのも彼女のコメントを受けて、私は訝しがり始めたからである。問題は、彼女が考えていたかもしれないことが私にはわからなかった、というのではもちろんない。彼女は世間体という名の因習からの、あるいは両親からの独立性を示したのだと、考えていたのだろう。だが彼女はまた、男性の発案・主導に大きく依存していたことも、自らに示したのではないか？　ストリーキングの仲間も自律している人間のうちに入ると、彼女は考えたのか？　それとも、彼らは集団でしかストリーキングをしようとしなかったのだから、自律していないと見なしたのか？　他の多くの行為と同様に、彼女の行為は確かに、ある点では依存しており、また他の点では独立していた。そしてその行為が独立していた点から、何か特別の価値が引きだせるとも思えなかった。

より一般的に言えば、逸脱行動や犯罪活動を含め、独立した行為や因習に囚われない行為はどれも、自律的であると見なされうるのか？　もし見なされうるならば、自律の価値は非常に疑わしいものとなる。独立性と依存性の具体的な範型を区別することはしばしば道徳的に重要でありうるが、独立性それ自体は、行為が道徳的に価値あるものであるための、もしくは行為者が卓越しているための、必要条件でも十分条件でもないように思われる。

他方で、自律を何らかの形態の合理性または整合性と捉え、また依存性と独立性に関するすべての問題を脇に置く解釈も、有望でないように思われる。権力や脅威が発動されたコンテクストでは完全に合理的かつ整合的でありうる恭順、服従、依存といった行為は、はたして自律と見なせるのか？　独立性を強調する自律の解釈は、自律にあるとされる価値を不明瞭にしてしまう。合理性または整合性を強調する解釈は、自律は重んじられるべきであると（少なくとも曖昧には）示唆するかもしれないが、それを際立ったものとするのは何であるかを、もしくはそれが何らかの仕方で行為者性（agency）、自由、そして独立性につながっているかどうかを、示してはくれない。

こうした問題に取り組む魅力的なやり方は、独立性の観念と整合性の観念を混成する自律の説明を探すことであるだろう。とはいえ、これは想像される以上に困難である。とくに、行為と動機づけに関する広い意味で経験論的な見解の内部ではそうである。以下で私はこの可能性について探究するが、それが乏しい見通ししか提供しないと結論づけることになる。独立性を合理性または整合性につなげるもっと説得的な方法を探すために、自律という観念がその現在の響きを獲得する際に通過した源流を取り上げ、カントの自律の構想のひとつの解釈を概略するとしよう。私は、カントのアプローチのこの解釈が、自律の唯一の説明や最善の説明を与えると主張するつもりはないが、それが次の三つの重要な規準を充たすものであるとは論じるつもりである。それは第一に、現在主流の見解と異なり、自律における独立性と合理性または整合性の役割について統合的な説明を与える。第二に、自律の倫理的重要性に関して興味深くかつ有力な説明を許容する。第三に、特定種類の独立性がいつ、そしてなぜ価値を有するのかを判断するための、また権力と依存性のいくつかの関係性のみを批判するための、枠組みをもたらす。私の理解によればカント的な自律は、自足という理想を無分別に是認するものではないし、あらゆる形態の依存性と相互依存性を見境なく低く評価するものでもない。

1　人間行為の経験論的見解における自律

今日、自律を非常に重んじる政治哲学者の多くは、自らを「カント主義者」と称している。それが時に意味するのは、彼らが功利主義者ではないということに過ぎない。彼らが諸々の行為を正しいと判断するのは、それらが善を最大化するからではないし、具体的にはそれらが幸福を最大化するからでもない。彼らの根本的な倫理的カテゴリーは正のカテゴリーであり、具体的には権利のカテゴリーであることも多い。彼らの正（権利）に関する見解と自律に関する見解は、しばしば緊密につながっている。自律が重要であるのは、それが権利の行使に必須だからである。権利が重要であるのは、それが自律的な行為を保護するからである。他者の権利の侵害と他者の自律の侵害は、ともに道徳的な嫌疑の対象である。他者の権利の尊重は、自律のための能力とその能力の行使とを、助長するのである。

現代の「カント主義」倫理学の擁護者（彼らの多くはリベラルな正義論の主唱者である）の大多数が依拠する行為と動機づけに関する諸構想はしばしば、対抗する功利主義者が支持する諸構想と同様に、筋の通った行為を、行為者の選好（欲求、動機づけ、傾向性）を追求するやり方の選択問題として、広い意味で経験論的に理解している。[5] カント主義的な正義の構想であると一般に信じられている『正義論』におけるロールズが、行為、選択、および合理性についての広い意味での経験論的見解を採用していることは、例外的ではない。正義に関する他のリベラルな理論家の多くよりも、行為と選択に関する自らの見解をはっきりと述べている点でのみ、例外的なのである。[6] 正義と自律に関する他のいくつかの著述では、どの行為論が取り入れられているかを確認するのは難しい。すべての行為を決定するものとしての、選好と欲求、そして信念に関する経験的主張のように思われるものは、行為決定における利害関心、意志、そして反省の役割についての主張――こうした主張はどれも、行為者が選好に反するしかたで行為しうるという主張、また行為論におけるある種の経験論的見解を否定もしくは疑問視する主張として解釈しうるだろう[7]――と並んで見いだされうる。幾人かの「カント主義者」と彼らが異論を唱える「功利主義者」との相違は、もっぱら規範的主張にあるのであって、人間の行為者性に関する構想にあるのではないのかもしれない。

いずれにせよ、自律の重要性に関する「カント主義者」と功利主義者の見解には、想像されるほどの隔たりはない。功利主義者は自律を従属的な価値として見なさなければならないが、自律は重要ではないと考える功利主義者は今ではほとんどいないし、また大半が精力的に、パターナリズムや権利の侵害によって効用が最大化されることはないと論じている。ミル主義の幾人かは、現代の「カント主義者」と同程度、権利と自律を重要視することを目指している。ミル主義の功利主義者は、「カント主義者」と同様に、彼らが重んじる自律の構想が入り込む余地を残す行為の説明を必要としている。自律が要求するように思われる独立性がいかにして行為の経験論的説明に収まりうるのかを単刀直入に示すことができるとすれば、それは功利主義者にとっても、また正義と自律に関するある種の「カント的」な理論家にとっても、有用となるだろう。

人間行為の経験論的見解は、理論的もしくは規範的に提示されうる。この見解はどちらの場合も合理性を、行為を行為者の選好や他の事情につなげるものとして捉えているが、特定の選好を合理的なものとして見分けることはできないとしている。〔理論的アプローチである〕経験論的な行為論は、行為を、個々の行為者の選好および信念と、それ以外の内的事情によって引き起こされたものとして説明しようとする。〔規範的アプローチである〕経験論的な規範理論は、行為者を、道具的推論がいかにして特定の選好および信念の体系をもつ人びとを特定の行為へと指し向けることができるかを示すことによって、導こうとする。理論的アプローチが強調する因果関係は、規範的アプローチが強調する道具的推論によって概括されているため、理論的アプローチと規範的アプローチの違いは根本的なものではない。

経験論的な行為モデルからスタートする自律の説明にとっての困難は、所与の信念に照らして所与の選好を追求する道具的に合理的なやり方の――すべてではなく――いくつかが、なぜ自律的であると見なされるべきなのかを示すことである。それはしばしば、ある種の行為は行為者の自我、行為者性、または自由を独特の基準で反映するものであるため関連する「自律的」な仕方で独立でありまた整合的であるとの示唆を通じて、表面レベルでなされている。だがこの理路に沿った説明は、行為および動機づけに関する経験論的な説明の多くにとって、扱いにくい。自我を一連の精神状態としてしか見なさない人びと、行為者性を選好の追求としてしか見なさない人びとと、自由を制約の不在としか見なさない人びとは、いくつかの行為がいかにして行為者の自我、自由、アイデンティティ、または統一性にとってそれ以外の行為よりも重要でありうるのかを、うまく説明することができない。それでも自律の説明を経験論的枠組みに収めるために、さまざまな提案がなされてきた。私はまだ説得的な提案に出会っていないが、どのような種類の困難が生じるのかについて、いくつかの例証によって指し示すことにしよう。

いくつかの提案は、特定の種類の内容でもって、選好を表出または充足する行為が自律的なものと見なされるべきだとしている。たとえばJ・S・ミルは、「高級な快楽」というものがあり、その追求の方が自我や人格を真に反映すると主張している。彼は、ある快楽が「高級」であることの品質証明を、〈高級な快楽とそうでない快楽を知っている〉専門家がそれを選好することに置いている。[8] この快楽の区別は道徳規準のひとつとして役立つと考えられたが、道徳規準としても、またより大胆な功利主義の概念上の厳密さと簡潔さとを打ち散らすものとしても、しばしば批判されてきた。しかし自律の説明に関する観点からすれば、欠陥はもっとベーシックなものである。簡単に言えば、なぜどのカテゴリーの快楽の追求も快楽の基本イメージを免れるものとして考えられるべきなのかが、不透明なのである。また、なぜそうした快楽に向かう選好とそうした快楽によって充足される選好が特定の選択者にのみ生じる事態として考えられるべきなのかも、不透明である。批判のポイントはいわば、〈詩の方がおはじきよりも善い〉ことが証明されていないことではない。詩の選好が人生の嬉しい偶発的出来事のひとつ以外であるのかどうか、もしくはなぜ偶発的出来事ではないのかが、示されていないことである。詩の選好には因果説明が可能であるが、それ自体では自由、自治、主権、自由意志、尊厳、統一性、個人性、独立性、責任、自己認識、自己主張、批判的反省、または責務からの自由、ましてや外的な因果関係があることを示しはしない。なぜ詩（あるいは他の「高級」な事柄）を選好するという偶発的出来事が、独立性や整合性といった自律の構想の証拠となるのか？

自律を特定の選好の内容ではなく構造でもって同定することによって、行為への経験論的アプローチに収めようと試みている人びともいる。自律的行為はなお選好の追求として理解されるが、二階の選好（second-order preferences）によって導かれたという点で際立っている。[9]この見解によれば、享楽と飢えを充たすことだけを達成目標とする普通の食事は自律的ではないが、単に飢えと嗜好を充たすだけではなく、食べ物に対するあれやこれやの姿勢——たとえばグルメであること、禁欲的であること、ベジタリアンであること——に対する選好、あるいはそのような構えを持つ人格であることへの選好をも充足する意識的な食事は自律的行為となる。

行為を自律的なものとするのは何であるかを、選好体系の構造を参照することによって見分けようとする試みは、よく考えてみると説得的ではない。二階の選好は、一階の選好を是認するもの、あるいは反省的に是認するものとして記述されることがある。「是認」という暗喩は十分に賢明でありかつ自律の適切な源泉であるように思われる。しかしながら、いくつかの選好のみを是認する統一的または実体的な自我、あるいは自由意志、あるいは実践理性に関する何らかの構想（これらはすべて経験論者の嫌疑対象となる）によって「是認」が密かに補強されていない場合には、是認するという着想は、完全に形式的なものとして解釈されなければならないだろう。[10]

もし（同一人物の）諸々の選好が、ある選好が他の選好に言及する可能性があるという意味においてのみ相互に是認し合うことができ、またそれによって二階の選好となりうるならば、得られるものはほとんどない。人間の選好の連結的な構造は、この上なく取るに足りない行為を含む膨大な数の人間の行為が二階の選好の是認を得ることを、保証するだろう。この上なく取るに足りない選好は、幅広く記述された選好と調和するのみならず、そうした選好とつながっているかその要素となっているため、二階の選好の対象となるのである。

そのため、二階の是認を得る行為は自律的であるとする一般的な理由はない。一〇代の若者は親の要求に反抗するために着飾るかもしれない。親を苛立たせるけれども何らかの若者のファッションには適合する衣服への選好は、選好されたものである。なぜならその若者は、親の要求を拒絶する人になりたいからである。医師との依存関係にある患者は、処方薬を実直に飲むことへの選好だけではなく、医師が命令することは何でもすることへの選好を有しているかもしれないし、また後者の選好は前者に言及するものだろう。だが、若者ファッションに追随する一〇代の若者や依存的な患者が、何か際立った独立性、合理性または整合性を明白に示していると考える特段の理由はないし、際立って自律的であると見なされるべきとする特段の理由もない。何か際立った、倫理的に重要な整合性、または何らかの種類の独立性を保証するには、選好の二階性はありきたり過ぎて、自律の基礎にはなりえそうもない。

こうしたことのどれも、二階性が重要でないことを示すものではない。二階の選好をすべて奪われた人びとは、整合的な計画をとうてい立てられないだろう。個人の、というよりは集団の選好構造における二階性の一般的な事例は、政治哲学にとって計り知れないほど重要なものとなってきたし、今でもそうである。利他主義、競争、ポジション財〔他の人がどのような価値づけをするかで価値が決まる財〕、そして承認を得るための闘争に関する議論のすべてが、各人の諸々の選好が相互に言及するものであることについて主張をしており、またしばしば続けて、個人のアイデンティティの感覚が他者の承認に依存しておりまたゆえに集団のメンバーシップから導きだされている様相をも論じている。しかしこうした議論は単純に、任意の個人の選好体系内部の二階性が論争を生じさせないものであることを前提としていないのであって、それを際立った道徳的重要性や社会的重要性の事柄として扱っているのではない。

2 顕示選好

　こうした行き詰まりから抜け出すために、行為を生じさせる状態（あるいは出来事）としての選好および信念に関する経験論的見解の率直に自然主義的なバージョンを放棄し、選好および信念を、なされた行為および他の観察可能な事柄（文脈、発言、ジェスチャー）からの推論として解釈しようとする誘惑は強い。ひとたび選好が行為において顕示されるものとして解釈されると、選好は因果的にではなく概念的に行為と結びついていると見なされることになる。この移行によって、より広範な種類の経験論ではないとしても、行為論における自然主義は放棄されるか、いずれにせよ考慮の対象外に置かれて、行為への解釈的アプローチが支持されるようになる。しかしながら顕示選好アプローチは、選好または信念を行為者の実際の状態として見る必要はないものの、実践的推論を（帰せられた）選好と行為を道具的につなげることで導かれたものとして理解する点で、広義の経験論であり続けている。

　行為の経験論的構想を鋳直すための顕示選好アプローチは残念ながら、自律の説明を独立性もしくは整合性の観点で行うという課題を、単純なものとはしてくれない。顕示選好による行為の説明は、外に現われた行為と帰せられた選好を緊密に結びつけてしまうため、自由、意志、人格といったものに関する何らかの追加的な説明が導入されえない限り、どのようにして何かが、自由、自治、主権、自由意志、独立性、あるいは自己主張といった独立性の深遠な形態を指し示す自律の解釈を成立させるものとして選ばれ出されうるのかの理解を、難しくしてしまう。顕示選好理論はすべての行為を、行為者の選好および信念を表出するものとして、よってまたそれらに順応したものとして理解するため、認め入れる余地のある独立性の種類は唯一、人生のあれやこれやの具体的な偶発性からの独立性、まさに必ずしも道徳的に望ましいとは限らない種類の独立性であるに過ぎない。

　行為の経験論的説明の顕示選好バージョンは他方で、ほぼすべてのパターンの行為に整合性があることを要求しなければならないように思われる。帰せられた選好が整合的につなげられた網の目全体、これを必ず反映しなければならない行為は、合理性または整合性に訴えかける自律の解釈を、いかにして回避しうるのか？　もし首尾一貫性があり、推移的で、また連鎖的な選好をすべての行為に帰するならば、すべての行為がこうした整合性または合理性の基準を充たすことになるとしても、驚くべきではない。

手短に言えば、顕示選好による行為の説明は、なぜいくつかの人間行為が自律的であると見なされ、それ以外は見なされないのかを説明するにあたって、窮地に立っているのだ。こうした説明は、行為を独立性の深遠な形態を顕示するものとして解釈することを不可能にし、また行為を（一定の）内的整合性を顕示するものとして見なすよう要求する。ひとたび顕示選好による行為の説明を採用するならば、自律の説明は不可能であるか、空虚であるか、あるいはせいぜい取るに足らないものとなるだろう。

もし自律が独立性と同一視され、行為と行為者の状態とのつながりが概念的なものとして捉えられるならば、顕示的だと解釈される選好および信念から自由な行為はひとつもないということと、単にコンテクスト上のものにとどまらない独立性を強調する自律の説明は成り立たないということとが、確実となるだろう。英雄的な独立性と臆病な恭順として常識的に区別されるだろうものは、行為者に合理的かつ整合的に帰せられる選好と信念を何であれ顕示するだろう。〔東欧諸国の全体主義に挑んだ〕サハロフ博士とハベル元大統領によって示された勇気と独立性は自律と呼ぶけれども、それ以外の人びとによって示された用心と恭順は自律と呼ばない唯一の基礎は、選好はさまざまであるという思考よりも深遠なものとはならないだろう。

同様にして、もし自律が何らかの形態の合理性または整合性として理解されるならば、自律は顕示選好理論が帰する選好構造の整合性によって保証されることになるだろう。素晴らしく練り上げられた人生計画による行為と、何とか切り抜けながらその時々の気まぐれによって他者の意見に従う人びとの行為は共に、一揃いの整合的な選好と信念を顕示することになり、ゆえに等しく自律的であると見なされることになるだろう。[11]

こうした行き詰まりを回避する方法として魅力的であるのは、行為の原因としての選好や信念に関する経験論的説明を脇に置いて、行為をまったくの純然たる選択を顕示するものとして理解することである。これによって自律は、行為への経験論的アプローチの内部に組み込まれうるものよりも形而上学的に堅牢な意味合いで理解された、単なる自由意志の能力となり、また顕示となる。アイリス・マードックはこの人間の自律についての実存主義的な構想を（奇妙なことにカントに帰しつつ）以下のような見事な一節で描き出した。

3　まったくの純然たる選択

われわれは依然としてカント的な人間、あるいはカント的な人間－神の時代に生きている。いわゆる神の存在証明の正体についてのカントの決定的な暴露、あるいは思弁的理性の限界についての分析は、理性的人間のもつ尊厳を描写する雄弁さとあいまって、カント当人を狼狽させかねない結果をもつにいたった。『道徳形而上学原論』に美しく描かれた人間のなんとわかりやすく、なんと親しみのあることか。その人物はキリストに対面したときでさえ、顔をそむけて自らの良心の判断を考慮し、自らの理性の声に耳を傾けようとするのである。カントが人間に認めようとしたささやかな形而上学的背景が奪い去られたときも、この人物は依然としてわれわれと共にいる。彼は自由で独立しており、孤独で、力強く、理性的で責任感のある、勇敢な人物であり、非常に多くの小説と道徳哲学書の主人公なのである。（略）彼は自由国家の理想的市民であり、暴君たちに向けられた警告である。彼は時代が要求し称讃する徳である勇気をもっている。カントからニーチェにいたる道程、またニーチェから実存主義やそれにある意味でよく似ているアングロ・サクソン系の倫理学説にいたる道程はさほど長いものではない。

また〔実のところ〕、カント的人間はすでに一世紀も前に、ミルトンの作品において見事に具現化されていたのである。その名もルシファとして。[12]

マードックが指し示しているように、このラディカルな自律の構想は、自律に関する広い意味での経験論的な議論の多くにおいてさえ、潜在している。それは、特定の権力や権威からの偶発的な独立にとどまらない、何らかの独立性の形態を見分けるという持続的な試みにおいて見ることができる、根本的な道徳的価値である。しかしながら、経験論的な行為論がその想定の根底においているのは、行為と行為者は選好と信念に、あるいは他の内的状態に、因果的にもしくは概念的に、束縛されている——ゆえに依存している——ということである。人間の自律に関するよりラディカルな実在論的見解を認め入れる余地は、そこにはない。

まったくの純然たる選択としての自律の構想がもっとも多く批判を受けてきたのは、その不明瞭な形而上学的主張、もしくは過度の形而上学的主張に関してである。本章での目的に照らして言えば、こうした深遠な問題は脇に置くことができる。というのも、自律の議論においてこのアプローチが問題含みであることは、より単純な問題によって明らかであるからだ。現代の議論はすべて、何について論じていようとも、自律が道徳的価値であることを強く主張している。自律を独立性と、あるいは行為者の選好やそれ以外の内的状態からの独立性と単純に同一視することが躊躇されるのは、そのためである。もし自律が動機なき行為（*actes gratuites*）においてのみ顕示されるものであるならば、自律の道徳的重要性は消滅するだろう。もし自律に価値があるとすれば、それは決して、自律が無原則の故意の事柄だからというのではありえない。自律は、何らかの深層の整合性や構造を顕示した場合にのみ、価値があり称賛に値しうるのである。自律が単に、まったくの純然たる独立した選択として理解されてしまうと、自律を賞賛するための基礎がすべて押し流されてしまう。選択がすべてになってしまうと、そこに至るプロセスの道徳的重要性はほとんど問題にならない。[13] さらに、整合性または合理性が——どのような種類のものであろうと――いかにして、自律的行為のラディカルな独立性を主張する自律の構想の要素となりうるかは、きわめて不明瞭である。

4　独立性と整合性はそもそも両立するのか？

こうした考慮事項は、自律の倫理的重要性に関する疑念を呼び起こすかもしれない。もし自律が独立性の事柄に過ぎないものであったならば、それは時に価値を有し、時に重要性を失い、時に避けられるべきものとなっていただろう。単に何か他のものから独立しているという理由で行為を称賛することは、理屈に合わない。対照的に、合理的で整合的な行為を称賛したり評価したりする理由はありうるだろうが、そのような行為がつねに自律的であると考えるための明確な理由はない。さらにこれまで見てきたように、少なくとも広い意味で経験論的に行為を理解する人びとにとって、任意の行為は筋が通っており整合的で、かつ何らかの根本的な仕方で独立しうるという考えには、相当な問題がある。

すると自律という理念は、ただの幻影であるかのように、つまり〈特定の外的な制約や影響力から独立しているだけではなく、より深遠な仕方でも独立しているものとしての行為という誇張されたイメージ〉と、〈実践的合理性に関する道具的見解に依拠する場合〉行為者がたまたま選好するものであれば何であれそれにすっかり依拠する行為においてのみ見いだしうる整合性と合理性の様態を要求する道徳的ビジョン〉を混成させることでつなぎ合わされた、幻想的な理想であるかのように思われるだろう。この考えに直面すると、自律の構想を解明または正当化するという課題から手を引くことになるかもしれないし、またそのような問題含みの理想をどのようにして持つようになってしまったのか、なぜそのような理想が現在の倫理的・政治的議論にうまく定着してしまったのかについて、疑問を抱くかもしれない。しかし、この歴史的な問題を手短に調べるならば、懐疑論だけが残された立場ではない可能性が示される。

　現代的解釈が広まる以前の自律の観念の歴史は、きわめて明確である。[14] 自律という用語は、古代ギリシアの政治的議論において、専制もしくは外国の支配からの独立を特徴づけるために、その語源に非常に近い意味合いで用いられた。自律的な政治的実体は自分たちの法律を制定するものであるとされ、母都市によって法律を与えられた政治的実体とは対比されるべきものであったのである。自律は初期近代の法理学を通じて、政治的議論において広範に知られるようになった。また国際関係と憲法においてはその語源の意味合いに近いものを維持しており、児童心理学とパーソナリティ心理学においても関連した使用法が見られる。

　合理的な行為者の基本能力を記述するために、「自律」という用語を拡張的に使用した人物はカントである。彼によるこの用語の選択は、彼が、ルソーが道徳的自由（*liberté morale*）と呼んだ拡張的構想を特徴づけるために自律という用語を用いているということから、[15] 政治理論の伝統と歴史的に結びつけることができる。しかし政治的実体ではなく人間の行為者、もしくは非常に具体的に言えば人間の意志が自律の第一義的な場所（locus）であるという理念がはじめて登場するのは、カントの著述においてである。[16] 自律はカントの研究においてはじめて、人間の自由および道徳性に枢要なものとして扱われる。そのため、自律は単なる（価値があるかもしれないし、ないかもしれない）独立性の事柄ではなく、合理性または整合性、さらには道徳性の事柄であるという考えがカントの著作から継承されているのは、意外なことではない。

　カントの行為構想は、非常に多くの人びとが自律の構想を組み込もうと試みてきた広い意味での経験論的な行為の構想とも異なっており、また実存主義的な構想とも異なっている。行為の経験論的構想と実存主義的構想は、その内部で自律が独立性と合理性や整合性を混成させるやり方を示す試みであるが、彼の構想には、そうした試みを脅かす矛盾を回避する可能性がある。

自律に関するカントの著述は幅広く、散らばっており、また彼の批判的企ての中核を部分的に形成しているため、本書ではきわめて選択的に論じることにして、主に彼の自律の構想と、彼の自由と道徳性に関する説明における自律の役割を、示すことにしよう。これだけでも十分骨が折れるが、もっとも基本的なカントの議論、つまり（私の見解では）理論的・実践的な様態の推論の権能を、思考または行為する各行為者の自律の条件としてそれぞれ描くことによって基礎づけようとする議論も、避けることになる。[17]

以下では、カント的な自律を網羅的に説明することも、広い意味での経験論的な立場でも実存主義的な立場でもカント的な立場でもない立場を取り上げることもないため、カントが唯一の整合的な自律の説明を与えているということを示すことはできない。到達する結論はもっと限定的なものであり、それは、独立性の観念と合理性または整合性の観念を混成させた、自律に関する首尾一貫した説明が少なくとも一つはあるものの、その説明は行為に関する独特の非経験論的見解を要求する、というものである。より具体的には、私たちが自律を重視する道徳的ビジョンと、私たち自身の行為構想に経験論を拡張適用する理論的図式の、どちらか一方を選ばなければならないだろうことが示唆される。これは、倫理学とリベラルな正義構想とに関する現代の思考の大半に対する、実質的な挑戦となると思われる。

5　カント的な自律とその批判者たち――合理性と整合性

自律に関するカントのもっとも有名な議論は『人倫の形而上学の基礎づけ』の第二章と第三章にある。彼は第三章で自由と道徳性の結びつきを分析し、人間的自由の理論的証明はできないが、「演繹」（つまり正当化）もしくは「擁護」ならばできると主張している。[18] 彼の説明によれば、消極的自由または意志の自由は「外来の原因による決定から独立に機能する」能力であり、積極的自由または自律は具体的、整合的、そして筋の通った仕方で消極的自由を使用することである。カントが自律と同等視しているのは積極的自由の能力である。[19]

「消極的」自由それ自体はどの形態の整合性も合理性も伴わないだろうと、カントは断言している。それは合理的で整合的な行為の前提にすぎないのである。たとえばランダムな行為、あるいはまったくの純然たる選択を反映する行為は、「外来の」原因から独立して機能する能力を示すだろうから消極的な意味で自由であるだろうが、自由であるのは消極的な意味においてのみである。カントはそのような行為を「無法則 lawless」（文字通りの意味で。法則的ではないこと）とし、[20]道徳性の対極にあるものと見なしている。また、まったくの純然たる選択に何かメリットがあるという見解も拒絶している。そこにはただ独立性があるのみであり、合理性も整合性もない、として。

もし私たちが、消極的自由のみならず積極的自由をも示す仕方で自由に行為する能力を使用するつもりならば、私たちは自らを何か「外来の」ものもしくは外的なものへと従属させることによってではなく、「自ら課した法」を採用することによって、機能しなければならない。「自律」はもともと自らの法律を制定した都市を特徴づける用語であるため、このような「積極的自由」を特徴づけるのに明らかに適している。カントは問う。「意志の自由は、自律をおいて、他に何でありうるというのか？　それは、自らへの法として、意志が有する特性である」[21]。さらにはもっとはっきりと、「知性の意志は自由であるという前提に立てば、知性を定めうる唯一の形式的条件として、知性の自律が必然的に導きだされる」と主張している。[22]

自律に関するカントの説明に対する古典的でもっとも根強い批判は、カントが受け入れられない、実に形而上学的にばかげた、「外来の原因から」独立に機能する能力としての消極的自由の説明を基礎としている、というものである。こうした批判によれば、これやあれやの個々の出来事や権力から独立に行為する能力としての、より限定された自律の構想の方が、妥当性を有している。それよりラディカルなカントの構想は、妥当性を有していない。この根本的な批判については第六節で再び取り上げるとして、本節では、カントが積極的自由の説明のなかで導入している合理性および整合性の構想について、もう少し検討しておきたい。

カントの自律の説明に関する、程度は劣るものの今なお非常に重要な批判のひとつは、カントは結局のところ合理性もしくは整合性の理念を何ら導入しておらず、自律のメリットが何であるかを説明してもいない、というものである。この種の批判に対する取り組みは比較的容易である。少し考えるだけでも、法則的であるという観念自体が、整合性を強く要求するものであることがわかる。この点を——これはマードックがカントをラディカルな実存主義的立場になぞらえる際に見落としている点である——自律の観念の政治的起源の観点で言えば、カントは自律を自ら課した法則の事柄だけではなく、特に自ら課した法則の事柄としてもいるのである。

カント的な自律が——マードックによるように——まったくの純然たる選択あるいは独立性を強調するものとして誤読され、どの形態の理性も整合性も排除されてしまう場合、カント的な自律が要求する諸々の制約は、愚かにも見落とされてしまう。そうした制約を把握する最善の方法は、「自ら課した法則」という観念の核心が、この課すという行為をなす超越的自我もしくは何か他のパニック状態の形而上学への訴えかけにあるではなく、様態的で反省的な制約にあるということに留意することである。カントが関心を寄せているのは、全員が採択しうるだろう原理を採択するための能力である。多数の人びとが自ら課しうるだろう原理には、「法則の形式」がなければならない。カント的な自律は、普遍的に採択しうる原理を、それが法則的であるという理由で採択する能力であり、またより重要なこととして、普遍的に採択しえない原理を退けることなのである。この能力の行使こそが、カント倫理学の中核となっている。[23]

行為の選好基底モデルに依拠する現代の「カント的」な倫理学の提唱者とは異なり、カントが原理に関心を寄せているのは、それら原理が普遍的もしくは広範に、受け入れられるか採択される（可能性を有している）からではない。そのことを重要視すると、実際の選好や信念への依存を、つまりカントに言わせれば〈行為は一種の

「外来の」原因によって生じる〉という見解への依存を、再導入することになるだろう。自ら課しうる法則に基づいて行為する能力――自律の能力――は、多数の人びとが採用しうる原理に従って生きる能力以上のものではない。したがってカントは、人間の行為に関する定言命法を構成する普遍化可能な格律にのみ基づく行為への要求は「自律の原理」とも名づけうるとしている。[24] カントの説では正当である自律の行使は、全員が採択しうる原理に基づいて自由に行為することである。このようにして、積極的自由の能力と道徳性の能力は同じであり、したがって（二種類の自由の能力は相伴っているため）どの自由の能力と道徳性の能力も同じであるという、当初は意外に思われるが重要なカントの主張が成立するのである。「ゆえに自由意志と道徳法則の下におかれた意志とは、一つであり同一である」[25]（このように述べることでカントが主張しているのは、自由意志は道徳的行為をなしうる意志だということだけであり、すべての自由な行為が実際に道徳的に受け入れられるということではない。道徳的な行為をなしうる意志は、非道徳的な行為もなしうるのである。）

6　カント的な自律とその批判者たち――独立性と自由

カント的な自律が基づく独立性の構想、つまり消極的自由の構想という考慮事項を、本章では最後に取っておいた。これは間違いなく、人間の行為に関する彼の説明でもっとも論争的な側面であり、実際のところ彼の哲学全体でおそらくはもっとも論争的な側面であるだろう。そして大きな賭けでもある。なぜならもしカントが消極的自由を支持する論証を与えられないならば、彼の自律の説明、よってまた彼の道徳性の説明は、失敗に終わるだろうからである。カントの手元には、自律的な行為は可能ならば法則的になり、したがって整合的になるという主張が残るだろうが、それが可能であるということは示せないことになるだろう。

消極的な意味で自由な行為と、ゆえに積極的な意味で自由もしくは自律的でもある行為は、「外来の」原因から独立に機能している行為者の事柄であるという主張が、この困難の中心にある。行為は世界における出来事であり、そのため因果律に従っており、ゆえにそうした「外来の」原因には行為者の選好、欲求、傾向性、あるいは他の状態が含まれると解釈される場合、「外来の原因からの独立」は絶対になしえない。そのような自由は形而上学的に矛盾してはいないにせよ、途方もない自我に関する構想を（部分的に）因果秩序の外部にあるものとして想定としていると、考えられている。カントの批判者たちからの異論によれば、「外来の」原因から独立した自己立法という観念は、特定の種類の行為者、つまり経験的世界と、ゆえにすべての因果関係とから独立している「本体的自我」によってのみ享受されうる消極的自由を前提としている。カントに完全に従うことへのロールズのためらい[26]や、サンデルが「義務論的自我」と呼びカントと現在の「カント主義者たち」に帰している何かへの論難[27]の背景には、人間の行為者に本体的自由を認めることへの嫌気がある。他の多くの評論家たちは、カントによる消極的自由の説明、よってまた自律の説明は、「本体的」あるいは「叡智的」な自我および世界という観念を導入しかつそれらに依拠することによって、内在的に信じ難いのみならず、超越論的な形而上学に対する彼自身の批判と相反するものであると考えている。人間の行為、ゆえに自律的な行為は「外来の原因」から独立しているというカントの主張は、彼自身の哲学の中核には形而上学的な自信過剰《ヒュブリス》や矛盾があるという、繰り返しの非難にさらされている。

これらは重大な批判である。しかしながら、批判者たちはこの問題を形而上学的に突飛な問題のひとつとして解釈することで、カントがその内部で自らの消極的自由と積極的自由の諸構想を擁護している広範な枠組みを見落としてしまっている。この枠組みが退けているのは、人間の行為への経験論的アプローチの可能性ではないし、実に必然性でもない。その十分性なのである。『基礎づけ』の第三章でカントは、人間は二つの観点を持たねばならないと繰り返し主張している。世界とその因果的秩序を知ろうとするための理論的観点と、行為について熟考するための実践的観点である。カントはこれら二つの観点を共に不可欠なものとしてのみならず、互いに還元できないものとして見ている。実践的観点は不可欠なものであり、理論的観点に従属してもいないとカントが考えている理由を示すためのもっとも容易な方法はおそらく、カントが次のことを、つまりもし私たちがおのれの知っている世界についてその推論と議論を含め判断し熟考し、また筋道を立てて考え議論するとするならば、自らを行為者として理解しなければならないということを強く主張していることに留意すればよい。自らの行為を自らのものとしてコントロールできる存在者だけが理論的観点を取りうるのであり、それが因果的説明への道を開くのである。同様にして、自らの行為を自らのものとしてコントロールできる存在者だけが、積極的自由あるいは自律の要求を自らの行為に課すことを求めることによって、道徳的観点を取りうるのである。もし理論的観点とその認識的構えを包括的なものと見なすことで私たち自身の行為者性を取り除こうとするならば、道徳性の可能性だけではなく知識の可能性も損なうことになるだろう。

　カントは、二つのまったく異なる観点を取らねばならないとするにあたって、行為への規範的アプローチと理論的アプローチが異なるのはそれらが単一の包括的で理論的な行為モデルを使用する仕方においてのみであるという経験論的見解を、退けている。このことは、カントが行為に関する知識についての経験論的な見解を拒絶しているということを意味しないし、彼が、人間が因果律に反するかたちで行為しうると知っていると主張していることも意味しない。反対に彼は、何らかの因果的説明はどの出来事にも与えうると、ゆえにどの行為にも与えうると、主張している。だが彼は、人間は消極的自由と積極的自由の両方への能力を有する行為者であると理解することによってのみ、この見解に到達しうると主張している。否定されているのはただ、経験論が行為と知識に対して、包括的な概念的枠組みを与えるという野心的な主張だけである[28]。

　こうした主張の証明をカントは一つも示していない。彼自らが明言しているように、一貫性のあるやり方では、できなかったのである。証明という観念自体が理論的観点の一部であるし、その使用は理論的観点が包括的であり、実践的観点が従属的であるという見解を含意してしまう。カントは『基礎づけ』の第三章の前半部分で「自由の分析」は循環論法に陥るだけだとし[29]、この循環論法からの唯一の出口は理性批判であると唱えている。自由は否定されてはならないものであるが、証明がないのは、そのためである。

カントが『基礎づけ』の第三章の「重大な」諸節で、自由を支持するための議論において用いている論法は[30]、行為を行為者の状態から自然に生じたものと見る経験論的アプローチのメリットを疑問に付すものではなく、その射程範囲と十分性に疑念を投げかけるものとして理解しうる。そうであれば彼は、理論的観点から行為を見ることができるということを、否定していないことになる。人間の行為は、カントによれば例外なしの因果構造を持つ、自然的秩序の一部を形成する。人間の行為の「経験論的特性」は、すべて因果的探求の射程範囲にある[31]。カントが否定しているのは、私たちが行為を思い描くことができるのはこの方法においてのみだ、ということである。実践的観点は、取り除きえないものなのである。

こうした根本的な思考に伴う困難をよそに、カントがその実践的な行為説で示している用語は、哲学的なものであろうと心理学的なものであろうと、理論的な行為説において見いだされる用語よりも、当然ながらよく知られたものである。実践的見地からすると、行為が認識ではなく熟考と決定の対象である場合、私たちが取り組むことになるのは個々の行為ではない。個々の行為はまだ遂行されていない。そうではなく、遂行される可能性のある行為の命題を、私たちは考慮する。つまり、可能な行為の記述を考慮し、またそうした記述の下で遂行される可能性のある行為の実現可能性、含蓄、望ましさ、そして道徳性を考慮するのである。カントの考えでは、私たちは特にさまざまな行為の記述を組み入れつつ、一定の格律、あるいは根本原理に従って行為するとはどういうことかを考慮する。もし私たちが積極的に自由な行為と消極的に自由な行為を達成目標としているならば、そうした格律が全員によって採択されうるものであるかどうかを問うことになる。

熟考という活動は内省を働かせることではない。カントによれば、行為者は自らに対して――他者に対してと同様に――不透明であるため、所与の原理が所与の場合における彼らの「本当の」格律であるかどうかは、しばしば確かではない可能性がある。[32] だが、これはそう思われるかもしれないほど、重要ではない。知識に欠陥がある場合でも、実践には足場があるからである。行為者は、所与の状況下である格律に則って行為するとするならば、何をなさねばならぬかと何が起こるかを考えだすことを、達成目標とすることができる。実践目的のために、私たちは「私の「本当の」格律は何であるか」という問いに答える必要はないが、「この格律（あるいは具体的に言えば、私がそれに則って行為すべき格律）を表出もしくは成立させるために私には何かできて何をなすべきか」という問いには答える必要がある。なぜならば、実践問題は、私の「本当の」格律を透徹する深層心理学の何か驚くべき偉業を達成することではなく（これは、人間に利用しうるとカントが考える以上に透徹した洞察を伴う理論的観点を想定する課題である）、義務に関する格律を含む一定の格律を同定し、かつその表出に努めることだからである。カントの見解では自律の原理は、行為者がそれによって義務に関する格律を同定しうる根本的な規準を言明するものであり、全員によっては採択されえないだろう行為の格律を拒絶することだけを要求する。普遍的に採択されえない格律を拒絶することで、私たちは大多数の人びとにとって自己に課しうる法則を採択するのであり、またそうした法則に従って行為する場合、私たちは道徳的に受け入れうる行為を達成し、カント的な自律を体現する可能性をもつ。

この実践的な行為の説明における選好の役割は、典型的な経験論的行為論における役割とかなり異なっており、選好と欲求は行為の不変の原因（のいくつか）としてではなく、行為の格律の内容の潜在的部分として捉えられている。よく知られているように、カントはいくつかの節で、選好（カントにとっては欲求または傾向性）に言及する格律がまるで――道徳的に非難すべきでないにしても――例外なくきまって残念なものであるかのように書いている。[33] しかしこれは明らかに、彼の全般的な立場ではない。カントはしばしば、〈普遍化可能ではない原理を退ける格律〉よりも〈選好を充足させる格律〉を体系的に優先する生活を、根本的な自己愛の格律によって支配されており、かつ道徳性の拒絶に基づくものとして語っているが[34]、彼が選好（欲求、傾向性）によって整形された内容をもつ特定の格律に基づいて行為することはまったくもって普通のことでありかつ受け入れ可能であるとも見なしていることが、少しの黙想によって示される。そうでなければ、カントによる〈義務に合致してなされた行為〉と〈義務の埒外でなされた行為〉という基本的な区別は意味をなさないだろう。義務に十全に合致した無数の行為はさまざまな理由からなされるのであり、また選好を充たすものであることも多く、したがって義務に従って行為するために（もしくはそのためだけに）なされるのではないことも多い。道徳の失敗は、義務が自己愛に、つまり欲求されたものや選好されたものに従属する場合に生じるのである。

そのため「外来の」原因からの消極的自由というカントの構想は、ピューリタニズムや自足、あるいは他者からの孤立を是認するものではない。カントが選好（欲求または傾向性）を道徳的疑義の対象として描いている、よく引用されている諸節はあるものの[35]、選好をよいものと主張している諸節もある。カントはたとえば次のように書いている。「自然本性的傾向性は、それ自体がよいものとして、つまり非難の事柄でないものとして考えられている。また、それを根絶しようと欲することは無駄なだけではなく、そうすることは有害でもあり非難に値するものでもあるだろう[36]」。カントの立場についてのもっとも妥当な解釈は、欲求と傾向性は悪いものであり、ゆえに理性と道徳性によって対置されるべきだという（よく言われている）ものではなく、欲求や傾向性と行為の関係は、経験的原因と結果の関係ではない可能性があるというものである。私たちはどの時点でも理論的観点を採択し、個々の行為の自然的原因を探すことができるが、行為においては実践的観点を採らなければならない。選好は行為を規定しうるということの意味は、自らの選好に言及する格律に基づいて行為することを選択する行為者は、それによって確定的な命題内容の格律を採択するということである。選好に基づいて行為する際、私たちは選好を、行為の効率的で自然的な原因の一部とするのではなくて、行為の形式的で知性的な原因の一部とする。選好がもうひとつの観点からしても行為の効率的な原因の一部であるかどうかは、理論的探究の事柄である。

7　いくつかの結語

行為と自由に関するカントの構想は、独立性を整合性と合理性につなげる自律の説明の基礎を与えるが、多くの問題を未解決のまま残してもいる。人間の生活は二つの相互に非還元的だが不可欠な観点から営まれているという見解を、私たちは受け入れなければならないのか？　行為と自由に関する何らかのより単純な説明もまた、独立性と整合性や合理性を混成するものとして、自律の強固な説明を支持しうるのではないか？　行為と自我に関する経験論的見解に基づいてきた社会科学（何より政治学と経済学）は、行為者性と自律に関するカント的見解と両立するのか？

しかし、これらの骨の折れる複雑な問題は、公共政策や正義の説明にとって直接的なものではない。むしろ公共政策や倫理的議論は、行為者性と自律に関する実践的説明と関わり合えるものであり、またもしカントが正しければ、関わり合わなければならないものである。それらは普通の行為者の行為者性と自律のための能力と、消極的自由と積極的自由のための能力を、展開しまた前提としなければならない。倫理学と政治学は観戦型スポーツではないのだ。

カントは行為者性、自律、そして道徳性をつなげた説明を提示しているが、それの説明は特定の種類の原理、方針、実践、そして制度を評価するための枠組みを与えている。もっと具体的に言えば、カントが与えているのは、人間の生活と実践が生みだす可能性のある無数の特定種類の依存性と独立性を評価するための枠組みであり、またどの生活と実践に価値があったり称賛に値するものがあるのか、そしてどれに価値がなかったり称賛に値するものがなかったりするのかを判断するための枠組みである。カント的な見解では、さまざまに具体的な情況下で、全員に対して行為者性と自律のための基本的能力を保証し維持する制度と慣行を考案することが重要となるだろう。それは自足やまったくの純然たる独立性のどんな偶像化をもってしても、促進されないだろう。カント的な出発点によって、依存性と相互依存性のいくつかの特定の形態は、道徳的に価値のあるものであり、さらには行為しまた自律的に行為するための強い能力を発達させるための源泉または前提条件であるということが、示されるかもしれない。[37]

仕事や教育から医療倫理や市民的権利まで、幅広い問題を扱う現行の議論の多くが、自律的な行為にとって不可欠だと考えられている独立性の形態を提唱している。だがこうした議論は大概において、自律とその道徳的価値を独立性と単刀直入に融合することによって、自らが提唱する独立性それ自体の道徳的重要性を曖昧にしている。この融合が、単なる独立性と独立した生活（と言われているもの）の過大評価と、自律に価値を与えることのより深遠な理由の見落としをもたらしてきたのかもしれない。そうしたより深遠な理由に関する説明がひとたび得られたならば、特定の形態の依存性と独立性の両方を重んじる理由が見つかるだろう。

第三章　原理、実践的判断力、制度[1]

現代の倫理学と政治哲学における著述は、原理と規則の重要性について、ひどく意見が分かれている。正義に関する哲学的な著述のたいていが、正義原理を確立しようとしている。そうした原理は正義にかなった社会、制度、そして行為が従うべき――あるいは少なくとも熱望すべき――基準を言明するものだと考えられている。しかしながら、倫理学に関する他の多くの著述家は、実践的な原理または規則は腐敗しており、窮屈で、さらには幻想的でもあり、より確かなこととして倫理的に破滅的であるという懐疑を抱いている。こうした著述家は、倫理的関心は徳と共同体、ケアとコミットメント、またそれ以外の際立った卓越に焦点を合わせるべきであると主張しており、またこれらのどれも原理や規則では適切に特定されたり表現されえないと断言している。[2]正義の支持者と徳の支持者は、互いにすれ違っていることが多い。正義の理論家は普遍的原理の正当化に専念しており、原理が個々の事例に対してもつ含意については、しばしば予想以上に無口である。徳の支持者は個々の事例の微妙な区別や明瞭な表現に心を砕くが、正義と正当化の問題については、しばしば思慮に欠けている。

正義の理論、またより広く言えば〈原理の倫理〉に対して持ちだされている批判のいくつかは、再検討に値する。本章では、実践的原理のひとつの説明を提示しながら、またその説明が原理に懐疑的な人びとによる反論の対象になるかどうかを考察しながら、この再検討を行いたい。実践的原理へのコミットメントは整合的であるのみならず実践的でもあるということ、つまり原理は実践的判断力に関する妥当な説明につなげられた場合に行為を導くことができるということを、示したいと思う。私はどれか特定の種類の原理の正当性について述べはしないが、ある一定の（倫理的なものを含む）実践的原理を正当化できるのではないかと考えている。このことは、原理が行為を導きうる仕方について真剣に思考するための優れた理由となる。

1 実践的原理

行為原理――実践的原理――は、行為の類型に注目する。どの実践的原理も、可能な行為に関する何らかの記述を包含しており、その記述は「目には目を」という原理において用いられているものと同じくらい飾り気のないものかもしれないし、甚だしく技術的なディテールを組み入れて多くの例外事項を規定した法令に包含されているものと同じくらい複雑であるかもしれない。

しかし実践的原理は、行為の記述を言明するだけではない。第一に実践的原理は、それが含む記述に該当する行為に関して、立場か構えをとる。たとえばその記述に該当する行為を命じたり禁じたり、推奨したり警告したりするかもしれない。要求事項（禁止、責務、許可、例外など）を定式化する原理はごく自然に規則として考えられるが、推奨または警告を定式化する原理はそうではない。したがって私は、「規則」という用語を、あれこれの義務論的観念を組み込んだ実践的原理に特に限定しようと思う。規則と推奨（あるいは警告）の区別は、倫理的原理のみならず、あらゆる類型の実践的原理に適用される。実践的原理は（倫理的だろうと法的だろうと、打算的だろうと社会的だろうと）要求事項を言明するものかもしれないし、（倫理的だろうと法的だろうと、打算的だろうと社会的だろうと）卓越を推奨し失敗を警告するものかもしれない。

第二に、実践的原理は通常、関連性があると見なすべき人びととして、行為者の範囲を定める。いくつかの原理は、すべての行為者に対する普遍的原理として定式化されている。つまり人類全体に対する原理として理解されているのである。それ以外の原理は、たとえば自転車乗りや年金受給者のように、限定された範囲の行為者に対して定式化され、宛てられている。原理の対象とされる行為者の範囲がきわめて曖昧なままであることもよくある。「然るべき注意のもとで運動すること」「いわれのない暴力は不正である」「隣人を愛しなさい」「無駄がなければ不足なし」「乾物は健康によい」「淀んだ水は飲まない方がよい」といった原理は、すべての行為者に対するものであるとは明確に述べられていない。対照的に、原理が限定範囲の行為者を意図している場合、明確な行為者記述が典型的に用いられる。「親は子どもを放置してはならない」「子どもは大人の前でみだりに口をきいてはならない」「東南アジアへの旅行者には抗マラリア薬の摂取が推奨される」「お客様はスリにお気をつけ下さい」といった原理は、誰を対象とするのかがかなりはっきりしている。

要求事項つまり規則を言明する実践的原理は、（ある程度の）義務論的な構造を有している点で見分けがつくが、表面的につねに明らかというわけでもない。いくつかの規則は義務論的な用語（「すべき」「してもよい」「しなければならない」）を用いて言明されるが、それ以外の規則は要求という観念を伝えるために命令法を用いている。「殺してはならない」「約束は守りなさい」「車に保険をかけなさい」「オムレツを作るためには卵を割らなければならない」はすべて要求事項を言明している。要求事項を定式化する原理は、二つの意味で体系的につながっている。第一に、任意の個人に関する権利と責務、そして許可と禁止は、体系的につながっている。たとえば、ある行為者に要求された行為は（倫理的だろうと法的だろうと、社会的だろうと打算的だろうと）許可しうるものでもあるだろうし、またその不作為はその行為者に対して禁止されるものでもあるだろう。第二に、二人以上の行為者の権利と責務、そして許可と禁止が、体系的につながっている場合がある。AがBの行為または不作為に対して権原を持ちうるのは、Bにその行為または不作為の義務がある場合だけである。諸々の規則は、義務論的な要求事項の体系においてつながっている。

要求事項を言明しない実践的原理は、推奨または勧告をしたり、警告または助言をしたり、為したり成ることが善い、卓越している、または何が有徳であろうかを指摘したり、為したり成ることの何が悪いまたは不埒であろうかを指摘したりするだろう。この場合もやはり、原理がその対象として意図している行為者の範囲の明細事項は、曖昧なままであるかもしれない。「図に乗るな」「喫煙によってあなたの健康は害されうる」「正直が最善の策」「自分自身にだけは正直であれ」〔カエサルが暗殺されたのが紀元前四四年の三月一五日であったことから〕「一五日には要注意」は、世間一般に対する助言または警告として、行為者の範囲を限定せずに言明されている。それ以外の推奨や警告は、特定の範囲の行為者に向けられているだろう。要求事項と同様に、推奨と警告は倫理的であったり法的であったり、打算的であったり社会的である場合がある。だが要求事項とは異なり、どの義務論的構造を通じても相互につながっていない。推奨された行為を不作為にすることは、悪いことである必要もなければ不埒である必要もない。有徳で卓越した行為の遂行は、他者が要求しうるものである必要はない。

要求事項と推奨の区別、また同様に禁止事項と警告の区別は、十分に明確である。だが、実践的原理の多くは容易に分類しうるものではないし、両方の役目を負っているようにも見える。助言はあたかも要求事項の事柄であるかのように定式化されるだろう。私たちは通常、厳格に要求されていない行為についてもそれがなされなければならないと言っており、また滅多に警戒しない行為についてもそれが回避されなければならないと言っているのである。[3]

2　厳格主義と抽象

原理に対して、また特に規則に対して反復してなされている反論は、それらが均一的な立法を要求するというものである。〈規則の倫理〉は倫理的厳格主義（リゴリズム）を導くに違いないのであり、また事例間の差異に鈍感になるだろう、と言われている。原理または規則が多くの例外を組み込むよう念入りに作られた場合でも、組み入れうるディテールの量には限界があるため、この問題は残ることになる。

この反論は正義にとって、またそれ以外の倫理的原理にとって、あるいはより一般的には倫理学にとって重要だと考えられてきた種類の原理または規則に関して、概して的外れである。また、法的、社会的、打算的な規則と原理に関しても、的外れなことが多い。というのも、こうした実践的原理は一般にかなり抽象的であり、また不確定だからである。たとえば、「誰も傷つけてはならない」「自分がされるだろうことを人にしてあげなさい」「買ってしまってからでは遅い」「借り手にも貸し手にもなるな」といった由緒ある原理について考察してみよう。これらの実践的原理はどれも、さまざまに異なる形態をとりうる行為を禁止している。行為のいくつかの側面だけが特定されているにすぎず、多くは定まらないままである。ある人が「よく考えて行動する」とか「転ばぬ先の杖」という原理を実直に順守しながら生きていたということや、あるいはその人が喫煙への警告や他人に情をかけて大目に見ることの推奨に留意していたことが判明したところで、その個人の人生についてはほとんどわからないだろう。

原理が、またとくに規則が、それに従って生きる人びとを画一的に管理するに違いないという危惧は、見当違いである。なぜなら厳しい統制をなしうる唯一の原理は、さまざまに異なる状況をよそに一様の行為を要求する、格別に人びとのやる気をそぐ冗長な種類のアルゴリズムだからである。さらにこの種のアルゴリズムの状態に近い規則は、一般に人生の非常にマイナーな側面を統制するものであるにすぎず、その場合もやはり画一的管理は完全にはなされない。郵便サービスは、重量が正確な範囲内にある手紙の切手代として、正確な最低限の価格を規定する。これによって封筒の準備に制約が課されるが、手紙の投函が厳しく統制されることはないし、ましてや手紙のやりとりや人生が画一的に管理されることもない。[4]

本章が関心を寄せる種類の実践的原理は、アルゴリズム的なものではなく、不確定的なものである。そうした原理は行為を厳しく統制するのではなく、制約を定める。人生に対して詳細な指示を出すのではなく、行為、方針、そして態度の類型を推奨する。そうした原理が特定するのは通常、行為の一側面にすぎず、またそれもかなり曖昧であることが多い。ある種の活動において過度の画一性を要求する、あるいは推奨すると考えられている実践的な規則または原理は、確かに存在しうる。実例を挙げるのはたやすい。（支払い能力に基づく租税と対立するものとしての）人頭税は、生の一側面における画一性を要求しすぎると、多くの人びとが考えてきた。よい母親に関する伝統的な構想は、家族における役割と家庭内の徳に関する硬直しすぎた構想を推奨するとしばしば考えられている。だがこうした実例の状況について考える場合でも、私たちは、こうした原理に従って生きることが人生、さらには人生の諸側面を完全に画一的に管理することはないと理解する。人頭税を支払った人びとは多様な生を送っていた。人頭税の支払いを拒んだ人びともそうである。伝統的な意味でよい母親の生活も、多くの点で異なってきた。生のさまざまな側面に関して、どれほどの程度の画一性または多様性が処方されるべきかは、もちろん重要な問題である。だが、なかには自由裁量の余地をほとんど残さないものがあるというのは、原理、ましてや規則に対する一般的な反論ではない。自由裁量の余地をほとんど残さない特定の原理や規則に対する健全な反論はあるだろうけれども。

実践的原理は必ずしも画一性を指図または推奨するものではないということをひとたび認めたならば、実践的原理が完全なガイダンスを提供するものではないということも認められなければならない。不思議なことに、原理と規則の反対者、そして原理と規則を提案する倫理と正義の構想の反対者は、画一性への要求に対する反論を、ガイダンスの欠如に関する苦言としばしば混成させてきた（規則を含む諸々の原理は、両方においては失敗しえない。もしそれらが厳しく統制するものであるならば中身のないものとはならないだろうし、その逆も然りである）。するとおそらく、〈原理の倫理学〉に対する重大な論難は、それが画一的に管理するというものではなく、反対に、行為を導くことができないというものであるだろう。

とはいえ、他に代替案はあるのか？　この第二の反論の背後にある考えはおそらく、実践的推論の適切な説明が、遂行されることになる具体的な行為を同定する完全なガイダンスを与えるものであるように、行為は最終的にきわめて具体的で確定的でなければならないというものである。この考えはまったくもって妥当性に欠けると私には思われる。完全なガイダンスを生みだす実践的推論という見せかけの約束を提供する、倫理についての唯一の思考法は、古典的功利主義だろう。しかしながら、行為の推論方法としての、その完璧さとされているものは、データの利用可能性と精確さとについての誤った想定（特に、因果関係に関する知識と価値尺度の利用可能性とについての想定）に依拠している。古典的功利主義は、ただ観念的な実践的アルゴリズムを提供しているにすぎない。このアルゴリズムは表面上、差異化された精確さを伴って指図するが（そしてそれによって厳しい統制であるとの反論を回避しているが）、残念なことにそのアルゴリズムは辿りえない。平凡な、妥協をはかった功利主義の推論が提供するものはアルゴリズムとはとうてい言えず、またそれが与えるガイダンスの完璧さは他の多くの〈原理の倫理学〉が提供するものと変わらないだろう。人生を完全に導きうる正真正銘の実践的アルゴリズムが存在すると想定する理由は、何もないのである。

3　原理と実践的判断力

実践的原理（および規則）が完璧なガイダンスを与えることは決してない。規則の適用に関する完璧な規則があるという考えは、無限後退をもたらすだけである。この点について、カントとヴィトゲンシュタインはともに正しい。幾人かのヴィトゲンシュタイン主義者とコミュニタリアンは、カントとカント主義者がこれと反対の立場にあると、やや不可解ながら想像しているのだが。[5] しかしながら、原理と規則が行為を十全に導けない場合、それらは判断力によって補完されなければならない。原理では十分ではないというこの結論は、言うまでもなく、倫理的推論における原理の反対者が喜ぶものである。そして彼らが喜ぶのはもちろん正しい。しかし彼らのうち幾人かは、判断力は単に原理を補完するだけでなくそれに取って代わるものであるという理由から、原理はやはり無意味であると主張するだろう。

確かに、実践的推論の説明が完全なガイダンスを与えられない場合にはその説明の何かがうまくいっていないのだという考えが保持され続ける限り、原理は本質的に不適切なものに見えるに違いない。ある行為類型を要求または推奨する必然的に不確定な原理と、個々の行為のあいだには、深淵があるだろう。とはいえ、その深淵は特殊的なものに取り組みうる（あるいは少なくともそれに向かいうる）「判断力によって充填」されなければならないと言うことは、判断力がなすことを理解しない限り、ほとんど役に立たない。さらに、そこには濃厚な霧がかかっている。判断力は実践的な熟考にとって必要であるか十分であるかのいずれかであるという考えが妥当でありうるのは、どの判断力が熟考に寄与するのか、また具体的にどの実践的判断力が寄与するのかについて、よりはっきりした理解がある場合に限定される。

倫理学における判断力に関する議論の多くは、判断力を認識的判断力のひとつの形態として見ている。それによれば判断力は、たとえば手元にある事例が何らかの記述の分類に入るかどうかを規定することを通じて（包摂的判断力か規定的判断力）、あるいは手元にある事例にふさわしい記述を見つけることを通じて（カントが反省的判断力と呼んだもの）、手元にある事例に取り組むことである。[6]

しかしながら、実践的判断力がどのようにしてこれら二つのパターンのいずれかを辿りうるのかは、まったくもって曖昧である。なぜなら実践的判断力は、手元に事例がない場合に、行使されなければならないからである。

実践的判断力は特殊事項にではなく、範型、そして可能な行為（方針、態度）に重点を置く。実践的判断力は特殊的な行為を生起させる途中で行使されるのであり、すでになされた特殊的な行為を把握するために用いられるのではない。実践的判断力は包摂的（規定的）ではないし、反省的でもない。それは行為を視野に入れて、特殊性を目指して励むのである。すでに存在する特殊事項を把握することはなく、また把握することもできない。[7]

倫理的判断は原理への訴えかけがなくとも達成しうると考える人びとは、二つの見解を提示してきたが、奇妙なことにどちらの見解も実践的判断力の説明を提示していない。幾人かの著述家は――概して言えば彼らは倫理的個別主義者である――倫理的判断の直観主義的見解を多かれ少なかれ採用しており、この見解を（特殊的なものが与えられており、適切な「普遍的なもの」あるいは記述を見つけることを課題とする）反省的判断力というカントの構想と無理なく類比的なものと見ている。この課題は、個別状況の目立った特徴――目立った倫理的特徴のいずれをも含む――を直観し、知覚し、評価し、または査定することであるとして、さまざまな仕方で記述されている。[8] 実際の事例を判断する能力としての道徳的判断力というこの説明は、二つの点でおかしい。第一に、個別主義者は判断能力を疑似知覚的なものとして描いているが、倫理的判断力と知覚的判断力のあいだには、特に不一致の解消においてそうであるように、多くの反類比がある。第二のより複雑な問題として、実践的判断力を知覚的判断力に同化させることは、見たところ、実践的判断力は判断対象を手元にしていないという事実を見落としている。

原理に訴えかけずに諸々の事例を判断する能力を理解するための、もう一つのよくある方法は、（大雑把に言って）伝統基底的なものである。これによれば、実践的判断力はある伝統内部でよく判断した人びとの先例によって導かれるものとして理解される。そのため法的決定は、優れた裁判官によって確立された判例に訴えかけるものとなる。たとえばイエスの教えあるいはブッダの教えに訴えかける倫理的熟考や、実践知《フローネシス》の判断力あるいは他の模範の判断力に訴えかける倫理的熟考は、法的決定以外の事例を判断するためのパターンないしはテンプレートを与える。この倫理的判断の構想は、多くのコミュニタリアンと徳倫理学者によって支持されている。[9]

もし直観主義のひとつのバージョンが認識論的に妥当なものとされうるならば、私たちはおそらく、すでに遂行された行為の個々の事例に関する判断を原理に依拠することなく下しうる種類の倫理的判断の説明を、手にすることになるだろう。しかしながら、実践目的のために使用しうる実践的判断力の説明、つまり行為の道程における実践的判断力の説明は、なお手にしていないことになるだろう。

他方でもし、模範的だとされているある一定の伝統的人物の権威が、倫理的判断を下す際の規準であると示しうるならば、原理が不在の状況下で使用しうる実践的判断力の説明は、やはりないことになるだろう。すでに手元にある事例、あるいは伝統や文献を通じて知られている事例への訴えかけは、原理がない状況下では効果を持たない。というのも、過去の権威による判断への訴えかけだけでは、足りないからである。彼らの判断は、何らかの実際の事例に関連性を有していることが知られているか、あるいはそうであることが示されていなければならないが、実際の事例がさまざまな点で異なることは避けられない。一つの事例からもう一つの事例へと一般化する際、異なる事例の熟考者は、ある種の性格特性は倫理的に重要な類似点を有しており他はそうではないという一般的主張に、つまり原理に、訴えかけなければならない。依拠された原理は、ある一定の法的伝統や生活様式に特殊的な行為記述を用いるかもしれない。つまりそうした原理は、社会全体の原理かもしれないし、限られた共同体の原理かもしれないのである。けれどもそれらは原理である。それら原理が、たいていの正義の理論家や倫理学に関する他の著述家によって提案されている社会的にそれほど確定的ではない原理に比べて、優れているかあるいは権能があるかどうかは、ここでは重要ではない。重要なのは、（直観主義者はさておき）実践的原理の擁護者とその批判者の両方が、実際には、原理と歩調を合わせて機能するものとして判断力を描いていることである。

4　原理の複数性と道徳的衝突

原理に対して用心深い人びとは、次のように述べることがある。仮にもし原理の価値を判断力で増すことが可能であるとしても、いくつかの原理は、また特に規則は、「厳格すぎる」とか「抽象的すぎる」とかいう理由からではなく、複数の責務にコミットした行為者であれば誰もがそれら責務が時に衝突することを見いだすという理由から、依然として倫理的推論を大惨事へと導くだろう、と。人生と文学作品は衝突の事例であふれているが、それらは「殺人者から友人を護るためには、嘘がつかれなければならない」（カントによる例題）、「命を護るためには、医師が誘拐されなければならない」（ミルによる例題）、「飢えている者に何か食べさせるためには、安息日が破られなければならない」（イエス・キリストによる例題）といった倫理的な要求事項の衝突であることが多い。その他のよくある衝突は、倫理的な要求事項を他の実践的原理と競合させるものである。「命を守るためには、大金がかかる」（NHS［イギリスの国民医療保険サービス］が置かれた厳しい状況）、「野望を充たすためには、何人もの命を犠牲にしなければならない」（マクベスが置かれた厳しい状況）。

こうした問題は、要求事項の複数性が考慮に入っていない場合でさえ生じうる。というのも、単一の規則は、両立しない二つの行為をどうやら要求しうるからである。いわゆる（よく知られたロバの窮状に因んだ）ビュリダンの道徳的ジレンマでは、ルース・バーカン・マーカス等によって論じられているように、行為者は見分けがつかない二つの異なる要求事項のいずれかを選択しなければならないものと記述される。二人を救助することが不可能な場合に「溺れかけている双子の一人を救助する」といった道徳的ジレンマもある。[10] もし「すべき」が「しうる」を含意するならば、二つの救助がなしえない場合、そして二つの事例を差別化するものが何もない場合、二つの救助は義務であるという主張は、どうやらなしえない。なぜなら、それらは（仮定上）見分けがつかないのであり、また両立しえないのであるから、いずれも義務ではありえないのである。他の人びと、なかでもバーナード・ウィリアムズは、ビュリダンの事例とは少し異なる責務の衝突の例題について論じてきた。それは、二つの両立しない行為が単一原理の支配に入るように見えつつも違いの見分けがつく例題であり、たとえば「溺れている妻を救助する」と「同じように溺れている見知らぬ人を救助する」の選択によって提起されるジレンマがそうである。ウィリアムズは、規則または責務を中心とする倫理はどれも、道徳的に誤っていると結論づける。それは人を容赦ない不偏性にコミットさせ、またそれによって個人的な愛着、絆、あるいはコミットメントを、もしくは見知らぬ人ではなく自分の妻の救助を、考慮に入れることを妨害してしまうだろう、として。[11]

規則または責務の衝突について考察する際、二つの非常に異なる事例を区別することが役立つ。ペアの原理、あるいは二つ以上の一揃いの原理のなかには、内在的に共に充たすことができないものがある。なぜならそれらは、相互に排他的な種類の行為、方針あるいは生活を命じるからである。世俗の財をすべて手放しかつ財を成すことの両方を、責務として受け入れうる人はいない。すべてについて明かしかつ隠し立てすることの両方を、責務として見なしうる人はいない。不正がなされた場合には必ず復讐をしかつ赦しをおこなうことの両方を、責務として見なしうる人はいない。その成立が内在的に両立しない複数の規則を受け入れうる人はいないのである。

しかしながら、諸原理が内在的にではなく偶発的に両立不可能である場合、実践的に重要な衝突の事例が生じる。それらはいくつかの事例では共に充たしうるものであるが、あるコンテクストでは共に充たしうるものではない（ように見受けられる）。私は、他人に対する正直な振る舞いと友人への配慮とにコミットしているかもしれないが、私の正直さが友人に危害を加えるという状況が生じるまでは、そのコミットメントは両立可能であると理解しているかもしれない。そのような状況が生じた場合には、少なくともコミットメントの一つは手離さなくてはならない。ペトロはイエス・キリストを承認することにコミットしていたが、自己防御にもコミットしていた。彼のその「イエスの弟子としての」アイデンティティは隠す方が身のためだと判明したとき、彼はキリストを知っていることを否定した。諸原理のあいだのこの明白な偶発的衝突の可能性は、実践的原理の整合性または有効性、また特に倫理的原理の整合性または有効性にとって不利に働くだろうか？

　もし原理が完全なガイダンスを与えると想定するならば、諸原理の偶発的衝突の事例でさえ、複数の原理を整合的に採用しうる人はいないということを論理的に含意するだろう（と私には思われる）。実際、偶発的衝突は単一原理の適用において生じうるため、実践的原理のどの使用も、ましてやどの〈原理の倫理〉も、矛盾をもたらすに違いないということになるだろう。しかしながら、これまで見てきた通り、原理は不確定なものではなくアルゴリズムであると想定するに十分な理由は一つもないし、よってまた原理が行為者への完全なガイダンスを与えると期待する理由もない。行為者がコミットする諸原理の偶発的衝突は課題を突きつけるものであり、その課題はしばしば過大の労力を要する。だが、それによって原理と原理へのコミットメントが不可能だということは示されない[12]。

　行為者がコミットしているさまざまな原理が偶発的にであれ衝突する可能性がある場合には、重大な問題が生じうる。もし私が友人を救うために嘘をつかなければならないとしたら、あるいは命を護るために盗みを働かなければならないとしたら、あるいは誰かを裏切らないために別の誰かを裏切るとしたら、あるいは野望を実現させるために殺人を犯すとしたら、私は厳しい、おそらくは苦渋に満ちたジレンマに直面するだろう。だがこのジレンマの解決策は、原理によって思考することを止めるべきことではありえない。確かにそうすることでこのジレンマは消え失せるだろう。なぜなら原理が指図または禁止、推奨または棄却する行為の範型は、その主張をもはや、なさないだろうからである。解決策はむしろ——部分的な解決策でしかありえないが——諸原理の可能な偶発的衝突、そして実際の偶発的衝突に対して、私たちが対処したり未然に防ごうとしたりする仕方にあるに違いない。私の見立てでは、偶発的衝突の解決策は、いくつかの異なる熟考的戦略を利用するものであるだろう。それらのうちもっとも重要なものは実践的判断力であり、それによって複数の原理を充たす行為が探究される。

二番目の、そして長期的な戦略は、諸原理の反復的な偶発的衝突の尤度が減るような仕方で、制度と性格特性を開発しまた改変することである。三番目の熟考的戦略は、果たされていない責務と要求事項が残した「リマインダー」に対処することを通じて、道徳的失敗とそれ以外の失敗の手当をすることである。

5　実践的判断力と原理の複数性

行為者は通常、どんな熟考的課題にも、複数のコミットメントと原理、そして複数の目標を持ちこむ。彼らの課題の最初の部分は、重要な原理すべての要求を充たす（そして他の目標を妨害しない）行為の仕方があるかどうかを判断することであるため、（道徳的）衝突と（道徳的）失敗の両方を回避することとなる。たとえば私たちは、秩序、自由、デモクラシーといった原理が互いに容易に緊張関係に陥りうるということを知りつつも、それらを正義の要求事項として見なすかもしれない。企業経営においては、新投資、安定した労使関係、高い利益性の確保がしばしば緊張関係にあるということを知りつつも、それらを要求事項として見なすかもしれない。大学全体または学部の運営においては、優れた研究と優れた教育（そして他のあまり啓発的でない業績指標）の促進がしばしば緊張関係にあるということを知りつつも、それらを要求事項として見なすかもしれない。親は子どもを正直で親切に育てるべきだと考えるかもしれないが、そうした目標はしばしば緊張関係にあると知っている。しかしながら、立法者、企業幹部、大学教員、そして親が、自らのさまざまな責務にあるこうした衝突の可能性に対して示す反応は、責務あるいは原理の複数性に対するコミットメントに何かしら間違ったものがあったと結論づけるものとはならず、自らが重要と見なすすべての原理（および多様な目標）にかかる制約を充たす行為の仕方を探究するものである。このこと自体は、各原理が比較的不確定であるとしても、問題含みである必要はない。しかし多くの課題と同じように，いつも十全に達成されうるとも限らない。

それでもなお，この課題がどのように達成されるのかについて，何かしら述べられなければならない。そうでなければ実践的判断力のプロセスは謎のままである。辿られるプロセスについての完璧な説明を見つけることは明らかに期待できない。完璧な説明は，判断のための完璧な規則があり，それが実践的アルゴリズムを規定する場合にのみ，与えられうるだろう。実践的アルゴリズムがない状況では，実践的判断力はただ，当該事例のいくつかの要求事項を適切に充たす何らかの行為または行為パターンを同定しようとするだけである。

そのような実践的判断力のプロセスには，デザイン問題の解決と，かなりの類比がある。たとえばストーブをデザインする際，多数の異なる制約が充たされなければならない。ストーブは利用可能な素材によって製造されなければならず，生産された熱は精確にコントロールしうるものでなければならず，エネルギー消費と廃棄物は抑えられねばならず，安全基準は充たされねばならず，想定購入者にとって手頃な価格でありかつ魅力的でなければならない。こうしたデザイン規準は一揃いの制約と基準から構成されており，それらのすべてを完全に充たすことはできないが，それらを常に，あるいはおそらくは全般的に，相互にトレードオフすることもできない。熱を生産しないストーブは，それがたとえどんなに安全であったとしても，欠陥品である。

実践的判断力もまた，さまざまな種類の複数の要求事項や推奨を充たす何らかの仕方を同定するものである。そしてデザイン問題と同様に，異なる原理や異なる責務のバランスをとる問題としてでは，その課題を最善に理解することはできない。一つの責務を完璧にうまく果たしても，他の責務の果たし損ねは，何ら補償されないだろう。他者を殺害することは，彼らを強制することを回避するためにきわめて実効的な戦略だが，まったく的外れである。被害者に対する他の不正義を完全に回避したと殺人者が自ら指摘したところで，殺人者の悪行の「バランス」がとられるわけではない。複数の責務をどう果たすべきかに関する判断に伴う困難は，さまざまな原理の順守を釣り合わせたりトレードオフさせたりすることができるとされる幻想的な尺度を持ちだしたところで，なくならない。実践的判断力の実際の課題は、複数の責務を尊重する行為の仕方をただひたすら探すことである。辿られるべきアルゴリズムは存在しないが、実践的判断力のプロセスはよい時もあれば悪い時もあるだろうし、また改善することもあれば劣化することもあるだろう。多くの要求事項に定期的に違反する人びと、あるいはすべての要求事項を尊重する行為の明白な流れを識別し損ねる人びとが、優れた実践的判断力を示すことはない。

6　制度と性格特性

実践的判断力はきわめて重要ではあるが、原理によって構成された熟考の唯一の要素ではない。熟考の二つ目の側面は、原理間で起こりうる偶発的衝突を未然に防ぎうる方法を調べるものであり、それによって実践的判断力の課題が軽減される。諸原理の成立における潜在的衝突はよく知られたパターンを形成し、また人びとはそうしたパターンの尤度を下げるために制度、慣行、生活様式、そして性格特性を修正または調整することを通じて、偶発的衝突を回避したり最小化したりすることができる。[13]

いくつかの例証がこの点を明らかにしてくれる。自由の原理とデモクラシーの原理へのコミットメントは、相衝突する要求をほぼ確実にもたらすだろう。しかしながら、基本的な市民的権利を直接民主制の手続きの対象にはしないことによって、生活の全側面を民主的プロセスに直接さらすことで構築しうるものよりも、自由、秩序、そしてデモクラシーの優れた制度を構築することができるかもしれない。あるいはまた、もし民主的統治と市民的権利へのコミットメントだけでも、マイノリティの文化および宗教のメンバーをマジョリティ文化の諸々の考え方や同化圧力に過度に晒してしまうならば、文化的多様性と市民のさまざまなアイデンティティを保護する具体的な措置によって、その状況は緩和されるかもしれない。[14]

衝突を調停し最小化する制度改革は、言うまでもなく政治のアリーナに限定されない。ビジネスの実践は新たな資本投資、よい労使関係、高度な利益性を達成するという互いに衝突する要求に直面するだろう。衝突の尤度は、この三つの目標すべての最大化を求めることによってではなく、目標のどれか一つの追求において行為を制限するという妥協によって、長い時間をかけて下げうるかもしれない。子育ての実践はひとりひとりの子どもに親切、正直、賢慮を教えようとするものであるかもしれず、またその最善のアプローチはこの三つのすべてにおける一定の卓越を求めるものではなく（さもなければ偽善につながる）、これらの原理の過酷な衝突の可能性が低められた生活と思考のルーチンへと子どもを――諸原理と、衝突を回避または緩和しうる入り組んだやり方との両方をよく理解するようになるまで、彼らを困難な衝突から遮断しながら――導くものだと判明するかもしれない。

7　実践的判断力とリマインダー

カントが述べたように、判断力は実に「特異な才能」である。[15] 判断力はどのアルゴリズムも辿らないという点で才能である。つまり、規則の適用に関する完璧な規則はないのである。判断力は、比較的不確定な原理から行為への包括的指令を演繹するという事柄ではなく、原理の複数性によって定められた複数の制約や推奨を充たす方法を発見するという事柄である。判断力が課す制約は、判断のためのレシピは提示しえないものの、関連性をもつさまざまな原理がどのくらいよく尊重されているのかを示すことによって、行為者がよい判断力と悪い判断力を区別することをしばしば可能にする。他の才能と同様に、判断力の発達の仕方は、よいものでも悪いものでもありうる。

もっともよく発達させられた実践的判断力の能力や、もっとも精力的に試みられた制度改革と文化的発展でさえ、すべての衝突を回避することはできない。諸原理の衝突の可能性を考える際、制度的または文化的な改革がいつでも生じうると想定することや、あるいはそうした改革が成功した場合には原理の偶発的衝突が最終的には完全に回避されると想定することは、無意味である。リアルタイムの熟考においては、行為者はある一定の制度や慣行、ある一定の習慣や習わし、ある一定の徳とある一定の悪行がすでに所定のものとなっていることを必ず見いだすだろうが、それらは複数の原理を順守しようという行為者の試みをさまざまな仕方で助けたり妨げたりするだろう。行為についての日常的な推論においては、こうした制度的構造や生活様式を想定外に置くことは、無意味であるかミスリーディングであることが多いだろう。

もし衝突を完全に回避することができないならば、行為者が自らコミットするすべての原理を尊重することができないか尊重しない場合、道徳的失敗に対処する方法について何らかの説明がなされなければならない。彼らはしばしば、制度がもっとよいものであったならば、あるいは自らが過去においてましな意志決定をしていたならば、偶発的衝突は生じなかったと考えるだろう。だが彼らは、ありのままの世界においては、ある程度の道徳的失敗は避けられないということに気づくことになる。そうであれば行為者は何をなすべきなのか？

既存の制度と性格特性が困難な選択を否応なく迫る場合や、行為者が真剣に受け止めているすべての倫理的、法的、打算的、社会的な原理を順守するやり方を見いだせない場合であっても、彼らはなお、充たされておらず、また実に偶発性によって充たしえないコミットメントや責務、基準や推奨の要求を認めているかもしれない。責務やコミットメントが偶発性によって果たしえないことが判明したところで、行為者はそれらの要求から免除されはしないという事実は、幅広い同意を得ている。果たしえない責務には「リマインダー」が伴う。つまり、道徳的失敗という事実は、たとえば後悔、謝罪、あるいは良心の呵責といった表現や態度において、認められているかもしれないのである。道徳および実践における失敗に対する他のもっと能動的なアプローチもあり、「リマインダー」に関する議論において大いに強調されてきた態度上の反応よりも、そちらの方が重要であるかもしれない。より能動的な反応には、謝罪の表出、修正の試み、弁償の申し出、賠償の諸形態などが含まれるだろう。[16]

道徳生活におけるリマインダーの重要性は、制度や性格特性の重要性がそうであるように、原理は不必要だということを示しているのではなく、原理を真剣に受け止めることは困難でありかつ大変な努力を必要とするということを示しているのである。原理を重く受け止めることは、そうする人びとを「思考の苦しみのいくばくかと、筋の通った熟考に実際に伴う感情のすべての苦悩から救ってくれる規則の体系」へと向かせることでは決してないのであって、実践的判断力と、その任務を緩和してくれる制度および性格特性の構築を重要視することを要求するのである。[17] 制度と性格特性を伴わない原理は空虚であるだろうが、原理を伴わない制度と性格特性は単にやみくもであるのみならず、堕落しているかもしれない。

第四章　カントの正義とカント主義の正義

正義に関する現代の研究の多くは、主唱者と批判者の双方によって、カント主義的だと考えられている。明らかなことだが、こうした研究の結論のすべてが、責務、権利、あるいは正義に関するカントの見解と一致しているわけではない。だが、そうした研究の達成目標はカントの基本的な洞察を展開させること、さらには彼の結論を改良することであるため、一致していないこと自体は驚くべきことでない。

改良された諸々の結論は十分はっきりしている。カントにはデモクラシーへの関心が欠如しており、また女性と労働者を能動的シティズンシップから排除しているが、これらのことを是認している現代の著述家は一人もいない。また彼らの大部分が、単なる正義にかなった所有権の説明にとどまらない経済的正義の説明を提示することを達成目標としている。他方で、正義に関する現代のほとんどすべての著述家が、カントのリベラルで共和主義的な正義の構想と、人格および権利の尊重への関心とを是認しており、また多くが、カントの国際正義に関する著述を冷戦後の世界において際立った重要性を有するものと見なしている――カントは国際関係の「現実主義」の著述家が想定している国家中心主義と、国際関係の一部の「理想主義」の著述家と多くの人権の主唱者との両者によって支持されている単なる抽象的なコスモポリタニズムの両方に、疑念を呈しているとして。[1]

カントによる正義の説明よりも、現代のカント主義の何らかの正義の説明の方が好まれる理由は、圧倒的であるように思われるかもしれない。いずれにせよ、私はその利点について異議を唱えるつもりはない。それでもなお、述べられるべきことがまだ大いにあるはずだ。カントによる研究と現代カント主義とのあいだにある、より深遠でより重要な差異は、カントの各作品が提示する正義または道徳性に関する具体的結論にあるのではなく、各作品が依拠している行為、自由、理性に関する背景的構想にある――こう私は論じるつもりである。

より受け入れやすい前提から、また特により受け入れやすい理性、自由、行為の構想から出発しつつ、おおよそカント主義的な結論に到達するという課題は、二〇世紀後半の正義へのカント主義的アプローチにおいて基本的なものであり続けてきた。このことは、カントの真面目な研究者であるロールズの初期の著述においてきわめて明示的である。ロールズは自らの研究が「ロック、ルソー、カントに見られるような、社会契約というよく知られた理論の抽象度を一段と高めた、正義の構想のひとつ」[2]を示すものだと説明しており、また自らの「正義の原理はカントの意味における定言命法でもある」[3]と言明している。しかしながらロールズは、カントの出発点については、それを一点の曇りもなく拒絶している。彼の論文「主題としての基礎構造」は、これについて次のように簡潔である。

問題は、ひとつの有望な正義のカント主義的構想を展開するためには、カント説の影響力と内容が超越論的観念論におけるその背景から切り離されなければならず、また原初状態の構成によって手続き的解釈を施されなければならない、ということである。[4]

また次のようにも述べられている。

カントの構想の手続き的解釈は、理にかなった経験論という規範《カノン》を充たすのみならず……同時にまた適度に個人主義的な基礎から出発する。[5]

正義に関する現代のカント主義的研究の目的をロールズほどはっきり述べてきた人はほとんどいないが、私が思うにこの研究の主唱者のほとんど全員が、おおよそ経験論的な理性、行為、自由の見解から出発して、おおよそカント主義的な結論に到達するという達成目標を、ロールズから受け継いでいる。この企てを成功させるためには、出発点を形成する経験論的な諸構想が、ロールズおよび他の多くの思想家がカントの出発点に見てきた種類の困難から解放されたものでなければならない。

もしこれらが現代のカント主義的な正義に関する研究の大望であるならば、さまざまに異なる思想的立場の批判者たちがカント本人に対して掲げている批判でもってこの研究をしきりに論難の的としてきたことは、やや意外である。[6] 多くの批判者の見立てでは、現代のカント主義者はカントが失敗した（と考えられている）まさにその仕方において失敗している。これはカント主義の修正形態の主唱者のやる気を、ある意味そぐものである。批判者たちが一貫して間違っているのか、あるいは現代カント主義の主唱者たちが自ら望んだほどにはカントが抱えた困難から離れることができていなかったのか、いずれかであるだろう。

1　カント主義の批判

カントによる道徳性および正義に関する説明と、現代のカント主義の著述。この二つの立場はともに、三つの欠陥があるとして、繰り返し論難されている。

第一の批判群は、こうした研究の諸前提とされているもの、つまり抽象的な諸個人のために考案されており、抽象的であるか抽象的すぎるため、現実の生活を送っている現実の人びとに関連性をもたない抽象的な結論を導きだしていると言われている研究の諸前提とされているものに向けられている。

第二の批判群は、二つの立場の規範的主張を対象としている。そうした規範的主張は、多様な事例の一様な扱いをくまなく命じる普遍的な原理または規則から成り立っているため、カント主義倫理学の反対者の多くが称賛しまた道徳的に重要であると考えている差異への敏感性と応答性をすべて無視していると言われている。正義の領域でこれに対応する批判は、普遍的規則は私たちに対して、現実の人びとの脆さ、相互の脆弱性、社会的埋め込み、構成的忠義を見過ごすように、よってまた軽視するように要求するというものである。

この第二の類型の批判は、カントも現代のカント主義的アプローチも、ともに規範的結論を抽象的で普遍的な原理もしくは規則に基礎づけようとするものであり、またそうすることで道徳生活の多様性と複雑性を軽視するものであるため、判断あるいは熟考についての説得力のある説明を提示していないと論難する、第三の批判と容易に結びつく。

私の見解では、こうした批判のそれぞれが、重要な区別をぼやけさせるものである。抽象化それ自体は無害であり、かつ回避できない。主張を行ったり意思決定を行ったり、あるいは方針に従ったり、あるいは人びとに対応したりする場合はいつでも、私たちはいくつかの述語を括弧に入れて、つまりそうした事柄の充足や非充足とは無差別に、抽象化を行っている。正義の原理を含むすべての規範的な原理と基準はつねに、不可避的にそして適切に、抽象的である。

抽象化は、カントもしくはカント主義者に特有の悪習ではない。どの範型の原理においても（原理の射程範囲が狭いものであろうと広いものであろうと、内容が文化的に特殊なものであろうと特殊ではないものであろうと、要求事項を言明する規則から構成されているものであろうと、ただ単に基準を提案するか卓越を推奨する原理から構成されているものであろうと）、行為記述を用いる規範的な推論はすべて抽象的である。行為記述は必然的に不確定なのだ。事例の特殊性に徹底的に注意深くあろうとしている人びとでさえ、彼らが応対するどの事例でも、そのほとんどすべての特徴を抽象化しなければならない、つまり括弧に入れなければならないのである（配慮の称賛者たちがしばしば思い出させてくれるように、注意深さは選択的なものである！）。

平等や差別の申し立てに関する数えきれないほどの議論において見いだしうるように、正義の特定の側面にとってどの抽象化が重要であるかを検討しまた再検討する余地は多分にあるとはいえ、抽象化は、倫理的推論（あるいは、より具体的には正義に関する推論）を無関係なものとも、不可能なものとも、反対すべきものともしない。

しかしながら、生じくるある一定の述語を括弧に入れるのではなく、そうした述語を否定するか（それらの不在を主張するか）、不在の述語が生じくると主張する推論は、別問題である。その場合の推論は、理性と行為の、また人格と状況の、偽の理想化された構想に基づいているかもしれない。現代のカント主義の著述家がカントの出発点に対して抱いていた反論は、自律的意志と本体的自我というカントの構想が理想化されたものであり、現実の生活を送っている現実の人びとについて偽であるという主張として、説明しうるだろう。

確かに、理想化の回避は容易ではない。現代カント主義者による正義の研究を批判する人びとは、（抽象化への反論として紛らわしい仕方で論じているものの）「理にかなった経験論の規範《カノン》」もまた理性、自由、あるいは行為に関する理想化された構想を含んでいるかもしれないという点について、核心を突いている可能性がある。この点については後で取り上げる。

カントとカント主義的研究に対する第二の批判群は、普遍的原理を標榜するどの立場も倫理的欠陥を持つと論難している。普遍性を理解する仕方はさまざまありうる。最小限に見積もっても、もしひとつの原理がその射程範囲内のすべての事例に適用されるならば——その射程範囲が大きかろうが小さかろうが——その原理は形式的に普遍的である。より大がかりに言えば、もしひとつの原理の射程範囲が非常に大きいならば——たとえばコスモポリタン的なものであるように——その原理は射程範囲において普遍的であると言えるだろう。しかしながら、カントとカント主義倫理学の批判者を一般に憂慮させてきた特徴は、こうした種類の普遍性のどちらでもなく、むしろどの（普遍的な）原理も一様の処遇を命令し、それによって事例間のすべての差異を見落とし、また融通の利かない類似の処遇を要求するという考えである。だが、もし普遍的原理が抽象的であるならば、行為を確定することはなく、一様の行為を指図することもない。普遍的形式と幅広い射程範囲のどちらも、一様の要求を必然的に伴いはしないのである。

したがって、カントとカント主義的な正義構想の主唱者によって提唱されている普遍的原理の多くが、明らかに一様の処遇を要求していないことは、まったく驚くに値しない。たとえば、社会正義を主張するリベラルは、正義が貧者を支援する経済の制度編成を要求すると考えている。彼らは、富者と貧者を別様に処遇する制度にコミットしているのである。対照的に、リバタリアン的な正義構想の主唱者は、経済的正義が要求するのは財産権の執行だけだと考えている。彼らは、財産所有者と非財産所有者を別様に処遇する制度にコミットしているのである。より一般的には、カント的正義の主唱者の全員が権利に関心を寄せてきたが——批判者の幾人かによれば取り憑かれてきたが——、権利は（リベラルな正義に対する社会主義の批判者が長いあいだ苦言を呈してきたように）一様の処遇を確実なものとはせず、何らかのおそらくは非常にマイナーな点あるいは側面においてのみ一様の処遇を確実なものとする。抽象的原理へのコミットメントはどれも、ある点においてのみ一様性を要求する原理へのコミットメントであり、またさまざまな事例の一様の処遇ではなく別様の処遇を要求するものであるだろう。

カント主義的な原理は一様の処遇を要求すると（誤って）論難する人びとは、その論難を道徳的規則に対する論難としてしばしば表現してきた。おそらく疑義と論難の対象となる範型の原理は、要求事項を言明し、禁止事項と責務を定式化し、権利または権原を宣言するものだろう。道徳生活にとって重要な原理は規則だけであるという想定に抗して実に多くのことが述べうるだろうし、現実の生活において重要であるかもしれない他の範型の行為原理への気づきを支持しても実に多くのことが述べうるだろう。責務と権利が道徳生活のすべてではない、とした。[7] だが、要求事項を定式化する原理が、正義や制度の仕組みに関するどの説明においても重要となることは、ほとんど疑いがない。規則には役割があるのだ。しかし規則は原理であるため、規則もまた一様の行為を指図しはしない。規則もまた必然的に不確定な行為記述を組み込むのである。

カントとカント主義的な正義の説明は一様の行為を要求するというこのありふれた批判は失敗する。カントによって、あるいは現代のカント主義者によって採られてきたあれやこれやの立場は、受け入れがたいほどに厳格で、過度の画一的管理を指図するさまざまな特定原理をおそらく支持してきた。もしそうであるならば、そうした特定の提案に対しては、重大な批判がなされることになるだろう。だがその批判を、正義についてのカント主義的な思考そのものに対するものとして一般化することはできない。原理がそれに従う人びとのなすことすべてを確定することはない。一様ではない処遇の余地を幅広く残すかもしれないのみならず、残さなければならないのである。[8]

カントと現代のカント主義的な正義研究を一様の処遇を同様に要求するものとして論難する批判者は、しばしばさらに進んで、両者がともに個別事例に関する判断力に適切な場所を与えておらず、さらには判断力の余地を残していないとも主張している。この批判はある程度まで従前の批判から容易に導かれる。もしカント主義的なアプローチが諸々の事例の一様の処遇を要求するものであったならば、見たところ判断力がなすことは何もないか、ほとんどないだろうから。

実際のところ、原理も判断力も、カント主義的研究において余分ではない。要求事項を言明するものも含め原理は不確定であるため、判断力は明らかに、倫理あるいは判断に関するどのカント主義的構想においても余分ではない。行為者がどの特定行為をなすかを原理が確定することはないし、確定することもできない。日常生活においてこのことはまったくよく知られている。倫理そして特に正義にとって原理は重要であると考えているカントあるいはカント主義者は原理に対してそれ以上のことを期待していると、もしも誰かが想像しているとすれば、奇妙だろう。[9] カント主義に傾いている法哲学者による法解釈と、カント主義に傾いている著述家による応用倫理学のトピックに関する膨大な議論が、行為は原理だけで導かれるとするカント主義的な正義構想――より一般的にはカント主義的な倫理的立場――の提唱者は多くないということの動かぬ証拠となっている。

実践的判断を下す能力は行為についての推論プロセスという支援構造を必要とするため、原理は余分ではない。正しい行為、あるいは適切な行為を拾いだす摩訶不思議な能力はない。判断力が可能であるのは、まさに行為記述と行為原理がそのマトリックスを与えてくれるからである。[10]

2　理想化の回避

カントの倫理学とカント主義の正義研究の両方に対して豊富になされてきたすべての批判のうち、もっとも深刻だと思われるのは、こうしたアプローチは維持しえない理想化を基盤としているという論難である。カントに対する論難はよく知られており、またそれは実のところ、今ではカント主義的な正義論とされている企ての背景にある理由である。比較的わかりにくいのは、カント主義的な正義研究が容認できない理想化を回避してきたかどうかである。

理想化を避けることは困難であるかもしれないと考えるための一応の理由はある。第一に、複雑な理想化を用いずともおおよそカント主義的な結論に到達することが仮に容易であったならば、カントも単純な抽象的出発点を提示していた可能性がある。彼は結局のところ、伝統的形而上学と正当性に欠く想定を、力強く批判していたのだから。第二に、「理にかなった経験論という規範《カノン》」の内部に留まることで容認できない理想化は回避されるという希望は、ずいぶんと楽観的なものである。この考えは詰まるところ、経験的な真理だけが前提として使用されるというものではなく、理想化を含まない経験論の形態が発見されかつカント主義的結論を組み立てるために使用されるというものである。私が思うに、このことが決して容易ではないことの証拠として、二五年以上にわたるロールズの研究を取り上げることができる。ロールズの研究において、正義についておよそカント主義的な結論は一定し続けたが、基底的な諸想定は大幅に修正されてきたからである。

というのも、理性、自由、そして行為の構造に関して十分に強固な想定を与えてくれる何らかの経験論的な人間モデルを単純に受け入れることは、正義についての修正派カント主義の当初の目標に合わないのである。こうしたモデルもまた、現実の人びとが持つ推論し行為する能力の理想化に基づいている。合理的経済人の能力を楽しんだり、あるいは完全に首尾一貫した推移的かつ連鎖的な選好を備えていたりする人は、実際には一人もいない。(さらに言えば、もし人びとがこのようであったならば、カント主義者よりも功利主義者の方が正義に関する説得力のある説明を有利な出発点から与えられると、無理なく主張できるだろう)。

したがって、取り組むべき適切な課題は、正義へのカント主義的アプローチのすべてが、抽象的原理を定めているかどうか(定めている)、あるいは一様の処遇を指図しているかどうか(指図していない)、あるいは判断力の寄与を見落としているかどうか(見落としていない)でもない。取り組むべき重大な課題は、特定のカント主義的立場が実際に、不当でおそらくは正当化できない理想化に依拠しているかどうかである。しかしながら、これは特定の立場に関してのみ提起しうる批判である。正義論はその理想化を、その結論である抽象的原理を陳列するようなやり方では、必ずしも外観に飾りつけてはいない。よって容認できない理想化が想定されているかどうかを見極めることは、すべてのカント主義的な正義論に対する抽象化であるとの包括的な――しかし無意味な――論難に応えることよりも、はるかに骨の折れる作業である。

私が思うに理想化は、現代のリベラルでカント主義的な正義論の背景的想定において一般的であるが、必ずしも明示的に正当化されているわけではない。ジョン・ロールズの著作のいくつかの特徴を指し示すことで、このことを立証するというよりは解説するとしよう。これは意義深い解説になる。なぜなら、ロールズ以上に自らの理論の奥底にある想定について関心を持ったり注意深くあったりした現代のカント主義の著述家は、存在しないからである。

実のところ、二つの基本的な正義原理を支持するためにロールズが行っている論証の諸前提において、議論されていない多くの理想化を検出することできる。『正義論』において、[11] 理想化は、「社会理論における合理性基準の概念」[12] の採用から、妬みという動機の除外、[13] 基本財の短いリストにある各財を少ない方よりも多い方を欲することを各行為者に帰すること、[14] 行為者を「ある種の永続的な道徳的行為者や制度の代理人」として考えること、[15] 正義論はまず第一に「閉ざされた社会」という事例のために編みだされうると想定することへと及ぶ。こうした想定のいくつかは、もしかすると経験的真理の単純化——捨象——にすぎないものとして正当化しうるかもしれない。それ以外はおそらく正当化しえないだろう。いずれにしても、人間の行為者についての限定的で最小限の単なる抽象的主張だとされるものによって理論を編みだすという方略は、ロールズが後年の研究で退けたものである。

たとえば、ロールズは一九八〇年のデューイ連続講義で、正義論を構築するための前提の一つとして「カント主義的な人格の理想」を明示的に用いていた。[16] 批判者たちは、この理想化された構想が「独自に妥当性を有する人格の理想」であることについて、ロールズが何の論証もしていないと異議を唱えた。[17] だがここでもまた、ロールズは批判者たちに先行して、一九八五年の論文「公正としての正義——形而上学的なものではなく政治的なものとして」において、特定の人格の理想を選ぶことの正当性は政治的なものでなければならないと主張した。ロールズが一九八〇年代中葉から訴えかけてきた人格の理想は、近現代のデモクラティックな政体の市民としての人格の理想である。[18] この正義原理の「政治的」な正当化は、ロールズの一九九三年の著作『政治的リベラリズム』で深められ、公共的理性という独特の説明を導入するためにデモクラティックな市民の構想が使用され、[19] それによってロールズは『正義論』の礎石の一つであった道具的な合理性の説明と関係を絶つことになった。ロールズの正義論の継続的な微調整と修正については、もっと多くのことを述べるべきだろう。しかしながら私は、ロールズ自身の関心が、彼が初期の研究で擁護した実質的な正義構想を変更することにではなく、彼自身の基準により見合った正義論の出発点を見つけることにあり続けたということは、示唆的であると思う。なかには次のように言う人もいるだろう。ロールズは年を経るごとに、真の抽象的出発点を見つけるという課題についての楽観主義から、利用しうる出発点は社会的に確定的であり、またそうした出発点は自らを閉ざされたリベラルでデモクラティックな社会の市民として思い描く人びとのあいだで生じる推論に依拠し、またそれに適応させられた正義論の構築を可能にするという結論へと移ったのだ、と。適切な経験論的基礎に立脚するカント主義的な正義構想を熱望した幾人かは、このロールズの研究の展開に失望してきたのであった。

もちろん、ロールズが抱えた困難は、現代のカント主義的な正義論への他のアプローチによって回避されえたかもしれない——それはありそうもなかったと私は思うけれども。ロールズの研究が称賛に値する多くの点の一つは、望ましい結論を確証してくれる理想化を密輸入しないことへの持続的な努力である。ロールズは、他ではなくそうした理想化を含んだ前提を選択する理由を提示できない限り、そのような理想化を回避しようとしていた。それが非常に困難であったとしても、驚くには当たらないだろう。現代のカント主義的な正義論の課題はまさに、理性、自由、行為に関する、カントの好ましくないとされている説明を用いることなく、カントの結論を改良するリベラルな結論に到達することである。一見したところでは、このことを試みているカント主義者の卵たちには、彼らがその結論に異議を唱えている功利主義者と共有する貧弱な出発点しか残されていない。つまり、道具的合理性の説明と選好基底的な行為構想という、際立ってカント主義的な正義論を展開するには、まずい選択であるように思われる出発点である（功利主義者にとって、こうした出発点に人格の尊重に関する説得的な説明を基づかせることは、無理な相談となっている）。そのため、もし望まれたカント主義的結論に到達するために追加の想定が必要とされるとしても、あるいはもしそうした想定の正当化が難しいとしても、至極当然である。

3 カントへの回帰？

経験論的な基礎に立脚してカント主義の正義論を構築する際、正当性に欠く理想化を回避することがいかに難しいかに留意するならば、カントを振り返るのも悪くない。もちろん、どこにも出発点がない（実践）理性の説明と、二つの世界（一つは時間的なものであり、もう一つは没時間的なもの）のあいだの非因果的な相互作用のイメージを持ちだす自由の説明、そしてそうした二つの世界のあいだを行き交うものとしての行為者の構想、これらをカントに帰せざるをえないとすれば、振り返る時間は長くはないだろう。

この段階においてなお、しかも真面目なテクスト評釈を提示することもなく、カントのテクストは人間主体を理想化する説明を支持できないと主張することは、馬鹿げているだろう。実際それは明らかに、人間主体について理想化された説明を支持するものとして読むことができるし、またしばしばそう読まれてきた。だが、それがそのように読まれる必要があるかどうかを見てみることの方が、つまり抽象的ではあるが理想化はしていないという解釈にも開かれているかどうかを見てみることの方が、はるかに興味深いだろう。

カントの批判者たちがカントに対してもっともよく非難を浴びせている理想化は、人間主体は社会的コンテクストと他者との関係性に欠けた、また感情と人生計画を奪われた、自律的自我であるという主張である（これはカントが用いるフレーズではない。彼は意志の自律と、意志が自律能力を行使するときに採用する原理もしくは法則の自律とを人間主体の属性としている）[20]。もしカントがこの理想化を本当に必要としているならば、彼が正義と、またより一般的には倫理について述べている事柄は、人間の生活に関連性を有していないだろう。だが、カントがこのように読まれるべきことを示すテクスト上の証拠を示すことは、容易ではない。

私が思うに、人間主体を理想化するものとしてのカント解釈の主たる源泉は、カントを彼の合理論の先達と同化し、よってカントの著作物全体を合理論者が派手になしたいと望んでいたことを極秘になそうとしているものとして読むという、例の解釈戦略にある。だがカントの哲学は、存在論、神学理論、自我、そして理性に関する合理論的な構想の驚嘆すべき批判を主軸としている。もしそうした批判の後でカントが大人しく合理論の囲いに戻っていたならば、それは見事な失敗であっただろう。それにもかかわらず、何世代もの批判者たちが、カントがそのような帰還を果たしたと告発してきた。本章の目的にとってもっとも有益であるのは、カントの著作物のうち、自我、自由、理性、そして行為に関するカントの構想を人間主体を理想化するものとする解釈に最大の拠りどころを与えているように見えるいくつかの要素を指摘し、それらが別様に理解しうることを示すことであるだろう。

カントの著述のなかでもっとも印象的でかつ明白な理想化の一つは、悪名高い本体的自我、またいかにも物自体の世界全体（叡智界）で、確かに間違いない。どのようにしてカントは、プラトンやライプニッツの二世界的な存在論および自我の構想と、よって正当性に欠く理想化に完全に依存する実践哲学とに連れ戻されることなく、プラトン主義とライプニッツ主義的な過去によって苦しめられた用語を用いることができたのか？　しかしこれについては、こうした用語に関する自らの理解についてのカントの数多くの解説に対して、きめ細かい注意を払わなければならない。物自体の世界（叡智界）は「理性が採用せざるを得ない見地にすぎない」と、カントは主張している。[21]　彼は、私たちが対処しているのは二つの観点であるということ、どちらも片方へ還元できないこと、どちらも不可欠であること、それらは矛盾していないことを示すために、継続した議論を提示している。本体的－現象的という区別を二世界としてではなく二相として解釈するのは、もちろん何ら新しいものではない。[22]　しかしながら、正義へのアプローチも含めてカントの実践哲学を理解することに対してこの解釈がもつ含蓄は、十全に探究されていないかもしれない。以下は探究のための道筋のひとつである。

　もしカントが現実に関する二世界的構想、もしくは具体的には自我に関する二世界的構想にコミットしていないならば、私たちは彼の理性批判の構想が事物の「デカルト主義的」見解を採るものであり、また理性は「私たちのひとりひとりの内に完全にまた完璧に存在する」とただ独断的に主張しているにすぎないものであると、決め込むことはできない。[23] 逆に、〈知るもの〉と〈知られるもの〉のあいだの事前調整と〈知るもの〉相互の事前調整とを伴った実在論の形而上学がなければ、思考または行為に対してきわめて一般的な権能を有するものは何もないかもしれない。したがって私たちの苦境は、理性が何を指令するかを発見しなければならないということではなく、理性が与える指令がないということ、またゆえに筋の通った正義の説明を構築するための出発点がないということであろう。

　この暗い光景は、『純粋理性批判』におけるカントの人間理性の苦境についての当初の描写に合致する。カントは、私たちが理性としているものは私たちを欺き裏切るという憂慮、また思考したり行為したりするための頼りにできる権能はないかもしれないという憂慮から、議論を始めている。もっとも日常的な想定上の推論――たとえば因果関係の推論――の反復使用は、私たちを二律背反《アンチノミー》という認識的破壊へと導く、と。有限の理性的存在者というこの構想は、彼らの推論能力を理想化するものではまったくない。人間の分離性を理想化するものでもない。第一批判書の序文が素描する理性の苦境は、理性行使者の卵である人間に分かち合われた苦境として読まれるべきであるということは、明々白々である。人間の理性行使者というカントの構想は、二つの点で、彼が自我に関する理想化された構想を採用しているという懸念を裏づけるものではない。つまり彼は人間の理性という推定的能力も、人間の分離性および自足も、誇張していないのである。カントは多くのことを決め込んでいたというよりは、決め込まなさすぎたと考えても、よいのかもしれない。

　同様の、人間の理性行使者の苦境に関するやや抽象的ではあるがきわめて単調な見解が、理性とは何であるかを確証しようとするカントの試みの出発点であり、「超越論的方法論」の冒頭部分で非常にはっきりと示されているものである。[24] 彼の思考戦略は次である。もし理性原理が私たちひとりひとりに刻み込まれていないならば、その叙任は発見ではなく課題である。推定的に与えられたどの基準も、その課題の解決策の意味を明確にすることすらできない。そのため私たちが採用する基準に課しうる唯一利用可能な制約は、それが私たちにとって使用しうる基準でなければならないという、つまり大多数の人びとが使用しうる基準でなければならないという事実によってもたらされる。私たちは他者に対して、彼らにとって採用できない原理を採用すべき理由を示すことはできない。したがって、もし私たちが理性を行使することを望むならば、つまり威力や権力の単なる反映ではない権能を有する仕方で他者とやりとりすることを望むならば、他者には採用できないと思われる原理を退けなければならない。このわずかな制約は、従いうる無数の原理のうちどれが従われるべきであるかを完全に未決のままにしておく。カントが持ちだすメタファーを用いるならば、私たちに言えるのはただ、理性の計画は何らかの計画があるだろうということにすぎない。

この段階で、なぜカントが実践理性の優先性を強く主張しているのかが、ごく直観的に理解できるだろう。もし原理がまったく無制限の権能を有するとすれば、それは少なくとも全員によって採用されうる原理でなければならない、つまり普遍化可能な原理でなければならないだろう。原理が全員によって従いうるかどうかを見てみることでは、その原理を形式的な普遍的原理として定式化するのに十分ではない。射程範囲の広い形式的な普遍的原理として定式化するのにさえ十分ではない。むしろ、ある範囲内の全員がその原理を指針とすることができるのかどうかを見てみることが、つまりそれが普遍的原理として意志しうるのかどうかを見てみることが必要である。この考えは、カントが〈定言命法〉と呼ぶ――そして時にもっと尊大な仕方で〈実践理性の至高原理〉と呼ぶ――原理から、余分なものを取り除いたものとして承認できる。カントはこの余分なものを取り除いたバージョンを思考および行為の遂行に関連性を有するものとして提示しているが、私は本章での限定された目的のためにより狭い範囲をとり、それを持ってカントに対する積年の論難のいくつかに、つまり今日のカント主義的な正義論に対する批判の原型となっているものに、再び取り組んでみたい。

ここに、二つのわかりにくい問題がある。第一は、普遍化可能性がなぜ無制限の権能を有していると見なされるべきなのかを理解するという問題である。第二は、思考または行為の基底をなす原理は普遍化可能でなければならないという要求事項には何らかの重要で規範的な含蓄があるのかどうか、また特に正義へ向けた含蓄があるのかどうか、さもなければ普遍化可能性もやはり空虚な形式主義を越えて導くものではないのかどうかを示す問題である。

第一の問題への回答には、様相に関する主張を明瞭にすることが役立つ。普遍化可能性という要求事項は、全員のために意志しうる原理を採用し、また全員のために意志しえない原理を退けるという要求事項であるにすぎない。全員によって受け入れられなければならない基本的な要求事項は、全員のために意志しえない原理を退けるという二番目の原理だけである。これのみが唯一、実践理性の原理として数え上げられる。しかし実践理性の原理は、全員のために意志しえない原理の拒絶を要求するため、もし全員のために意志しえない原理がひとつでもあるならば、少なくともいくつかの派生的な含蓄を有することになる。

普遍化可能性の厳格な様相的解釈に何らかのさらなる含蓄があるとは、多くの人びとは考えてこなかった。この弱い意味では事実上すべての原理が普遍化可能ではないのか？　このアプローチが取るに足らないものではないことを理解するためには、カントの実践理性の説明において、道具的合理性は拒絶されているのではなく、あるべき場所に収められている——拾い上げられている（*aufgehoben*）——ということに留意することが重要である。そうであれば合理的な行為者は、何であれ彼らが意志するものへの何らかの手段と、何であれ彼らが意志するものの予見しうる結果との、両方を意志しなければならない。したがって彼らが原理を普遍的なものとして意志しうるのは、その普遍的な採用がその原理の成立のための必要手段を損なうことはないという、予見しうる結果がある場合のみである。もちろん、こうした制約と折り合う普遍化可能な原理は、実際には普遍的に受け入れられたり、ましてや普遍的に好まれたり選好されたりしないかもしれない。要求事項は唯一、原理が全員のために意志されうることである。

4　普遍化可能性から正義へ

以上でカントの実践理性説の解釈について素描したが、これ自体は、〈定言命法〉は空虚な形式主義へと導くだけであるという古典的な論難に、何ら反証するものではない。おそらく普遍化可能性の要求は、重要な倫理的特徴を何ら引きだすものではなく、ましてや正義についての私たちの思考の一助になるものでもないだろう。結局のところ、先ほど提案した実践理性の限定的構想は、普遍化可能ではない原理は思考または行為を導く際に一般的な権能さえ有しえないという根拠に基づいて、そうした原理を拒絶することだけを命じている。カントの理性の説明は、人生と思想に向き合うための原理の採用にかかる、二次的制約であるにすぎない。

　ここで私にできるのは、普遍化可能性の要求から一定の責務原理――そのいくつかはどの公共領域に対しても関連性を有しており、よってまた正義への関連性を有している――へと続く議論がありうる理由を示すための、少しばかりの素描だけである。[25] この素描は、カントが自らの実践哲学を展開させるために用いた独自の方法に固執するものではない。カントの方法はしばしば、自他に対する完全義務および不完全義務の格子を埋める事例を示す目的でデザインされた図式的説明に沿って、やや不器用に設計されており、そのなかでカントは他者に対する完全義務だけが正義の問題に関連性を有していると考えている。[26]

　推論の受け手の側も採用しうるだろう（と考えられる）原理だけを採用することの理由を私たちは提示しうる

という理念、これをもし単純に受け入れるならば、ある範囲の行為の範型は退けられなければならない。私たちは詐欺（これはカントのお気に入りの実例のひとつである）、傷害、あるいは強制の原理を採用するための理由を、全員に対して提示することはできない。というのも、全員がこうした原理を採用しうるとは整合的に想定しえないからである。こうした原理が実に広範に採用されたならば、それらに基づいて行為する人びとは少なくとも何らかの成功を遂げることになり、したがって少なくとも他の何人かはこの成功の犠牲者となるだろう。そのため仮説に反して、そうした原理は普遍的には採用されえないだろう。このことを私たちは知っている。それら原理の拒絶は、正義原理に関するより詳細な説明を構築するための出発点を与えてくれる。

もちろん、これらは非常に不確定的な原理である。だが、近年好まれている正義論の構成要素である自由と平等に関する諸原理の多くほどには不確定的ではない。これらがより確定的である興味深い点の一つは、これらが明らかに、有限の、相互に脆弱な存在者のための——原理的には詐欺、傷害、あるいは強制の犠牲者となることによって害を被るかもしれない存在者のための——原理だということである。平等と自由の諸原理は外見上、より抽象的である。

しかしながら、そうした原理は多くを未決のままにしているにも関わらず、たとえば詐欺、傷害、あるいは強制に基づく原理といった、全員には従いえない基本原理をもつ行為と制度の種類も多くあるため、重要な制約となっている。[27] 生活や政策を傷害や詐欺に基づかせることを拒否する人びとは、ほとんどの状況で多くの選択肢を持っているだろう。それでもなお個人的かつ集合的に見れば、こうした制約の要求はきわめて厳しいものでありうる。

5　結語

正義へのカントのアプローチの背景にある諸想定をこのように素描し提示するなかで、カントが基本原理と正義にかなった制度とのつながりを論じているテクストについて、本章は何も述べてこなかった。彼の政治哲学、またなかでも「法論」[28]は、多くの思考の道筋を、特に国家権力の独自の正当化を含んでいる。二〇〇年以上の時を経た今では説得力に欠けるように思われる多くの厳密な結論にカントは到達したが、そのいくつかは多くの人びとにとっては不快なものであり、他のいくつかは現代の政治文化に基本的なものとなっている。

本章で私は、倫理学に関する、またより具体的には正義に関する、カントと現代カント主義の著作物の基底をなす方略に対して成り立つと考えられてきた、一連のつながりを持つ批判に耳を傾けることだけを試みた。こうした批判類型のいくつかは無根拠であるように思われたが、それらは少なくとも、カントの倫理学と現代カント主義の倫理学のあいだに緊密な構造的つながりがあるという想定を、確かに裏づけるものであった。両方ともが〈普遍的原理の倫理学〉であり、原理が厳格な一様性を伴って指図するとはしておらず、原理がアルゴリズムであることを否定し、原理が意志決定を必然的に伴うとも想定していない。

しかしながら、第三のもっとも基本的な問題に関しては、つまり現代のカント主義の倫理学は容認できない理想化に依拠するものであるという主張については、現代の研究とカントのアプローチのあいだに深刻な違いがあることが判明した。近年のカント主義の研究の大部分は、正当化されていない理想化に確かに基礎を置いてきており、人間生活への適用可能性を損ねてしまっている。カントのアプローチは別の意味で解釈しうるかもしれず、そこにおいて人間存在の有限性、人間合理性の有限性、そして人間同士のつながりは、否定されるのではなく強調される。もしカントの研究のこの解釈が支持されうるならば、現代の批判者たちによってなされている論難は、少なくとも修正を必要とするだろう。もし支持されえないならば、理想化を伴わない純粋な抽象化にのみ依拠する前提をもつ倫理の説明を、また具体的には正義の説明を構築するという課題は、不可能性を示されたというよりも、決着がつかないままとなる。

第五章　あなたが拒否できない申し出はどちらか？[1]

強制はほぼ全員にとって重大問題であり、またほぼ全員が強制を不正であると考えている。だが、何が強制として見なされるのかについての同意はほとんどない。強制に関する理論的調査はしばしばこの概念の「分析」を提案してきたが、競合する理論によって反例により審判に付され、不十分であることが判明してきた。説得力があるとして一般に受け入れられてきた分析はひとつもない。

ある申し出を強制的なものと見なすための必要十分条件の探究は――そうした条件は次いで事例に訴えることで検査されるのだが――、哲学をするやり方としては背理法のように私には思われる。ありうる実例と反例についての「私たち」の直観はデータとして扱うことが可能であり、それによって概念適用のための必要十分条件の分析案が検査され、反証され、確証されるだろうという前提は、有望な筋道を示さない。反例による審判は、事例の分類に関する同意がない限り、先に進めない。実例と反例を確実に区別できない場合には、破綻してしまう。強制に関する議論では、事例についての同意はない。資本主義における賃金交渉が強制であるかどうかについて、リベラルと社会主義者のあいだで長らく続けられてきた論争は、不調和の無数の実例のひとつであるにすぎない。この論争の参加者たちが引き合いに出す「直観」はどれも、「私たち」が誰であるのかについての異なる想定を反映しているにすぎない。彼らは、強制の決定的な分析の見込みからではなく、現代的な衣を纏った確信（であるはずのもの）から、議論を提示している。こうした理由から本章では、強制に関する膨大な哲学的および理論的「文献」について何も言うつもりはない。代わりとして、専門家に助言を求めることにしよう。

1　熟練した強制と熟練した暴力

理論家は袋小路に陥ってしまったかもしれないが、見いだされるべきノウハウは豊富にある。私が思うに、この問題の真の専門家は政治理論家でも哲学者でもなければ、強制の犠牲者ですらなく、強制の実践者である。彼らは理論的な不確実性が妨げになるとは考えていないようであるし、私たちは彼らから何かしら学ぶことができるだろう。本章のタイトルは、熟練の強制者が取り組んでいる問題を提起している——彼らはあなたが拒否できない「申し出」を探しているのであり、私たち（何人かの「私たち」）が拒否できない「申し出」や誰も拒否できない「申し出」を探しているのではない。彼らは自らの被害者を特別な他者と見なしている。必ずしも「私たち」の一人として見なしているのではないし、単なる誰かとして見なしているのでもない。

熟練の強制者に助言を求めることは容易ではない。彼らは申し分のない理由により、控えめである。ほとんどすべての強制が道徳的に疑わしいものであるため、またその大半が法的に罰しうるものであるため、成功を収めた強制者は証言することを望まないからである。彼らは、今まさにしたことを、どの可能性について検討したのかを、またなぜ特定の強制戦略を採ると決めたのかを、進んで教えてくれはしないだろう。そこで私は、ジャーナリスト的で虚構的で戯曲化された強制に関する議論についての一般知識に基づきながら、こうした専門家の代用物に依拠することにする。重大な強制を実践したことのない人びとでも、法廷の報告書や、スリラー小説、スパイ物語、テロリズムについての記事、そしてそれ以外の多くの強制という営みの詳細な説明をよく知っている。

しかしながら私は、こうした各種の記録を、強制の決定的な事実であるとか議論を呼ばない事例であるとかとして、扱うことはしない。それらはここで、直観としてではなく、強制者が直面する課題の解説として登場する。

強制の専門家は、暴力の専門家でもあることが多い。だがこの二種類のノウハウはまったく異なる。強制者の達成目標は具体的に、他者に〔何かを〕させるか何かをやめさせることである。曖昧に言えば、強制とは意志に作用するものであって身体に作用するものではない。強制者の問題は本質的に、いかにして暴力を課すか、つまりいかにして他者を傷つけ、拷問し、あるいは抹殺するかを苦心して考案するという問題ではない。暴力的行為のすべてが強制するものではないし、強制のすべてが暴力を使用するわけでもない。いくつかの暴力行為は、他者の身体だけを狙いとする。たとえば、逆上した（アモック状態の）人びとによってなされた行為、つまり「心ここにあらずの暴力」と呼ばれるものがそれである。暴力は、サイレントで残酷でありうる。被害者もしくは他の人びとに何かを求める必要はない。被害者もしくは他の人びとがそれを回避するために充たしうる、ほのめかされた条件はないかもしれない。強制は（暴力を使用する強制を含めて）これとは異なる。強制には提案内容があるのだ。強制者は強制対象者とやりとりしなければならず、その応諾を得たい相手を単に殺害する場合には失敗となる。強制の被害者は強制者によって課された暴力の被害者でもあるかもしれないため、暴力と強制の違いを見て取ることは難しいことがある。たとえば強制者が、誰かの居場所を吐かせるために子どもを拷問する場合、その子どもは強制と暴力の両方の被害者である。暴力は強制の手段なのである。しかしながら他の事例は、強制の被害者と、強制のためになされた暴力の被害者が異なる可能性を示している。強制者が、ある父親に誰かの居場所を吐かせるためにそれについて何も知らない彼の子どもを拷問する場合、暴力は子どもに対してなされたが、強制の犠牲者は父親である。応諾したり応諾を拒否したりできるのは父親である。子どもにはどちらもできない。

さらに他の事例では、強制者は暴力を課さない。彼らはその目的を達成するために、さまざまな危害を示唆する脅迫、威嚇、またジェスチャーに頼るだろう。熟練の強制者は応諾を確実なものとすることに集中する。彼らにとって暴力が重要となるのは、それが他のアプローチよりも実効的に結果を生む場合だけである。

2　リスクと寡黙

他者の応諾は強制よりも穏やかな手段で獲得しうることが多い。たとえば他者の行為や無為は、彼らに〔何かを〕為したり止めたりするよう頼んだり金銭を支払ったりすることによって、あるいは交渉したり操ったりすることによって、確実なものとなるだろう。強制によって多くの事柄がリスクに晒される可能性があるため、他者に〔何かを〕させたり止めさせたりするためのこうした日常的で無難な方法は、通常は好まれるだろう。一般に、強制は最初に採られる戦略ではない。

強制は危険で犠牲の大きい戦略であるため、それを用いる人びとは自らが強制として何を行うのかを詳しく述べようとしないだけではなく、強制をまったく異なるものとして示そうと骨を折るだろう。これは、所場代〔マフィアが商店などに手を出さない代償として金銭を要求すること〕を「あなたが拒否できない申し出」とする、有名なマフィアの説明において明白である。表面上、この申し出は十分潔白であり、広告主が賛美する抗えない特価品や人生に一度の機会といったものすべてと同等のようである。実際にはマフィアの「申し出」を断れない理由は、強制というバックアップがあるからである。応諾しない人びとは危害を加えられる。その危害はしばしば、特定されるのではなく、ほのめかされる。活動と計画についてのマフィアの寡黙さは、強制においてかなりの効果がある。彼らが熟練している場合、犠牲者は何が起きているのか（完全には）理解していないだろう。まごついているかうっかりしている犠牲者は、比較的よく、そして早く応諾するだろうし、不満を述べるとしても比較的少なく、また効果的でもないだろう。（強制は復讐と異なる。復讐の場合、何が起きたのかをその犠牲者が理解しない限り適切ではないだろう。マフィアはその構成員にさまざまなノウハウを要求する。）

したがって、強制者が用いるノウハウに関するより十全な説明は、強制者が他者の気づき、また特に犠牲者の気づきを最小化しながら応諾を確実なものとしようとしており、このことこそが彼らの達成目標であるということを、強調するものとなるだろう。強制は冒険的であることに加えて熟練を要するもの、つまり犠牲者を滅ぼすものではなく支配するものである。そのため強制者は、自らの要求を必要以上に明かすことなくはっきり述べなければならない。犠牲者は要求されている何かについて、またそれが要求されていることについて、完全に理解していなければならないが、もう少し把握していてくれれば最高である。強制者が自らの活動について寡黙であるのはもっともであり、また自らの行いを言い直したり自らのものと認めなかったりすることももっともである。暴力の使用を控えようとするのももっともである。犠牲者が〔何かを〕為すようにさせられなければならない場合、犠牲者の応諾能力を奪う仕方で彼らを滅ぼしたり損傷を与えたりすることは、明らかに自滅的である。犠牲者が〔何かを〕止めるようにさせられなければならない場合、強制者はたいてい、犠牲者が生きたままで活動していることを欲する。たとえ犠牲者がまず応諾し、次いで「行為を止めさせ」られなければならない事例であっても、暴力は注意深く用いられなければならない。

こうした複雑な課題において強制者が直面する困難は、強制がいかにして失敗しうるのかを検討することで明らかとなる。予定された犠牲者が、要求されている何かについて理解していなければ、またそれが要求されていることを理解していなければ、強制者は失敗に終わる。要求されていることを単純に実現し損ねる予定犠牲者——強制者の威嚇を冗談と取り違えている人——は、面白い人物か悲劇の人物だろうが、強制者の意味していることを理解し損ねていることで強制と無関係でいられる。そのような予定犠牲者は腹立たしいほどに強制できない、おめでたい人か聖人である可能性が高く、何が要求されているかを理解していないがために、（強制者の卵の手にかかって苦しもうと、彼らの術から免れようと）応諾し損ねているのである。聞く耳を持たない犠牲者は強制を妨げるのである。他方で、要求されている何かについては理解しているが、それが要求されていることを理解していない予定犠牲者は、その要求を受けても受けなくてもよいただの依頼か提案と見なしており、強制者の目的にとっては等しく厄介な存在である。そのような犠牲者と直面した強制者は、自らが望む選択肢への非応諾が意味する結果をもっと詳しく説明しなければならないため、発覚の危険を冒すことになる。

こうしたありふれた強制の実践的問題は、行為を強制的なものと非強制的なものとに決定的に分類することが難しい可能性を示している。大半の強制的行為には比較的容認しうる側面があり、また比較的容認しうる記述に注意が向けられるべきだと主張するだろう専門的で利害関心のある当事者が存在する。この点だけをもってしても、何であれ強制概念の権威ある分析が規定しうることや、あるいは実践にとても役立つだろうことに疑念を抱く十分な理由となる。どの概念の権威ある分析であろうと、それを形式的体系の外部で、理にかなった仕方で達成目標としたり見いだしたりすることができるかどうかを疑うに足る、より一般的で哲学的にも歴史的にも深遠な理由があるのである。[2]

3　強制の戦略

比較的リスクの少ない、実効的で不透明で否認しうるやりとりの模索は、強制者の卵の実践をかたちづくる。人種的あるいは民族的に分断された社会で、ある潜在的な強制者たちが「彼らの」近隣に「部外者」が入ってくるのを防ごうとしているとしよう。(おそらく彼らは人種や民族の融合を恐れているか、融合が家屋の価格を下げると考えている)。場所によっては強制はまったく必要とされない。実例として、アパルトヘイトが存続していた期間の南アフリカ共和国では、国家権力が居住分離を確実なものとしていた。居住分離が違法なところでも、居住者はときに「彼らの」近隣にある家を「ふさわしくない」素性の潜在的購入者には見せたり売ったりしないという、地元の不動産業者の「自由裁量」を頼りにしているかもしれない。だが、住宅販売における差別が監視・処罰されているところでは、人種や民族の融合を避けたい人びとは強制の誘因にかられるかもしれない。彼らは、予定された犠牲者によって威嚇として「解釈」されうる、しかしながら簡単には責任を問われえない仕方で、行為しようと試みるだろう。

取りうる手立てはいくつも想像しうる。たとえば強制者は、窓からレンガを投げ入れる／投げ捨てることで、立ち入りを禁止したい人びとを怖がらせるかもしれない。ダメージはほんのわずかで、誰にも暴力は加えられていない。だがもし犠牲者がその投げ入れられた／投げ捨てられたレンガを、もっと悪いよりいっそうの危害の脅しとして解釈したならば、実効的だろう。他方で、窓からレンガを投げ入れる／投げ捨てることは違法であり、容易に検知される。やりとりは十分に実効的かもしれないが、むしろ皆に知られ過ぎている。よりましな強制の方法が見いだされるだろう。たとえば、引っ越しを希望している家族の子どもに対して「お母さんとお父さんに、もし子どもを愛しているならここに引っ越してくるべきではないと伝えるように」と言うだけで十分かもしれない。述べられたことには複数の解釈が可能である。結局のところそれは、強制者の計画を察知しているが認めてはいない誰かからの親切な警告かもしれない。強制者の望みは、そのトーン、ジェスチャー、そして情況からして、その家族がそうした不透明な言葉を、特定されていない脅しとして、おそらくは引っ越したならば子どもに恐ろしい危害が加わるという脅しとして、解釈することであるだろう。もちろん、そうした言葉を口に出すことが危険な場合（その子どもが強制者を特定しそうな場合）、他の戦略の方が安全だろう。おそらく、引っ越してこないならば金銭を支払うといった有益な選択肢を含め、もっとあからさまなメッセージが「申し出」というかたちで送られるだろう。これも強制として解釈されるだろうが、強制だと証明しがたいものとなるだろうという期待において。[3]

同様の不透明さは、テロリストが試みる強制においても一般的である。テロの作戦行動は、特段に高いレベルの暴力を引き起こすとは限らない。たとえば、ＩＲＡと北アイルランドの「ロイヤリスト（英国連合維持主張者）」グループによるテロは広範なものであったが、暴力による死者数がアメリカの多くの都市で恒常的に達しているレベルにまで達することはなかった。アメリカの都市近接地域《インナーシティ》の強制者たちは、コミュニティ全体からというよりは、限定された範囲の犠牲者から、限定された要求事項への応諾を求めるのが典型的である。だが多くの事例で、そのように限定された達成目標の追求において、大量の暴力が使用されてきている。

テロリストが求める強制はもっと広範な範囲をターゲットとしており、またしばしば熟練した判断を用いて、対テロ措置への強固な支持を生みだすことなく、さまざまな聴衆にさまざまなメッセージを伝えている。テロの犠牲者は、テロリストが暴力を加えた小数者であるのみならず、あれこれの手段によって怯えさせられたり恐怖に陥れられたりする多数者でもある。[4] 本来であればテロリズムに抗して行為するか、そうでなくともテロリズムを支援または幇助することを拒否するだろう人びとは、計画されているか行われている犯罪について警察に知らせること、さまざまな種類のテロ犯罪のかどで立件されている人びとに対する検察側の証人になること、あるいはテロリストに資金供与することを拒むこと、こうしたことの犠牲がなんであるかについて、しっかり気づかされている。テロリストの仲間として行為し続ける意欲のある人びとには、テロリズムへの暗黙の支援のコストが低いままであることが保証されている。一般の、費用を納めている、受動的なテロリズムの支援者は、テロリズムが行き当たりばったりの暴力ではないこと、いつも通りにしていれば自分らの生命と生活は危機に瀕しないことを理解させられている。ＩＲＡのように洗練されたテロ組織は、異なる聴衆に、あるいは異なる機会で同じ聴衆に、異なるメッセージを意識的に伝えてきた。[5]「アーマライトと投票箱」に依拠するというタンデム型の方針は、テロを政治的説得と混成させるために考案された。「アーマライト」、より具体的には爆破、狙撃、放火、リンチなどに依拠しすぎた場合には無言の支持者のあいだにさえ嫌悪感と反感が生まれたため、支持を再び取りつけるために暴力が縮減されえたし、またもっと哀願的な仕方で政治的な不満や目標が強調されえたのであった。

強制者がさまざまな聴衆にさまざまなメッセージを伝えることに成功する場合、犠牲者は要求されている何かについてと、それが要求されていることについてとの、両方を理解するだろう。公衆の面前で誰も威嚇されていない場合や、誰かが強制されたという証拠を強制者がほとんど残しておらず、また強制された人びとが強制者を特定できないことが確実である場合でも、そうであるだろう。時には、すべてが不透明なメッセージと曖昧なジェスチャーの解釈次第であったり、誰にも帰せられない散漫な暴力と殺戮という行為の予想される結果の理解次第となるだろう。テロの作戦行動においてそうであるように、強制に暴力が添えられた場合でさえ、どの行為の重要性も、大部分は曖昧でありうる。あまり知られていない集団によって行われ、また見慣れない聴衆に向けられたテロの作戦行動によって伝えられた政治的メッセージも、懸命に解読されなければならない。よく練られたスリラーへの関心が高まるのはなぜかと言えば、強制がもっとも穏やかな、あるいは最高にエレガントな外観を装いうるからである。私たちがスリラーを理解するのは、文章や映画を一つ以上のレベルで辿ることができ、また（切断された馬の頭、次の犠牲者に配達された鶏の死骸、侮辱され殺された内通者といった）切迫した暴力のグロテスクな兆候においてのみならず、強制の達人による皮相的に当たり障りのない世間話においても、複数の暗黙のメッセージを見いだしうる場合である。私たちがテロの政治を理解するのは、複数の隠されたメッセージがいかにしてまたどのような理由で恐怖に陥れられた人びとの行為の可能性を定めるようになるのかを、解明しうる場合である。強制の政治的、犯罪的、虚構的な事例について考えると、なぜ熱心な強制者が彼らの要求事項と非応諾の予想される結果を隠すのかが、またなぜ熟練した強制は抗いえない要求事項を伝達しながらそれほどのことをまったくしていないかのように装うものであるのかが、非常にはっきりと理解できる。誰も断らないだろうビジネスの取引のように、無視するのは愚かであるような警告のように、人のことに口を出すなという注意や当たり障りのない社会的実践に参加することで義務を果たせという注意のように、比較的受け入れやすいものとして提示されうることが強制の特徴である。

4　望ましくない選択肢と断れない申し出

強制のよく知られた戦略に関するこうした手短な注意は、強制についてはおろか一般的に興味深いことはおろか一般的に興味深いことも言えないということを示唆するかもしれない。もしそうであるならば、強制を不正義の重大な源泉として同定している政治哲学のほとんどが、再考を必要とする。右と左の無政府主義者《アナーキスト》は、国家権力それ自体を、強制的であるという理由から正当化しえないと考えている。多くのリベラルと社会主義者は、奴隷制と農奴制を、強制であるという理由から不当と考えている。大半の人は、国家による強制的な武力使用の独占（に近い状態）を、正当化しうると考えている（自衛もしくは不当な権力への対抗においてなされる強制的行為は除いて）。社会主義者は資本主義経済における賃金交渉を強制的であるがゆえに不正だと考えているが、リベラルはそうではない。リベラルは社会主義経済における所有関係と労働配置決定を強制的であるがゆえに不正だと考えているが、社会主義者はそうではない。政治哲学は妥当性を有する強制の説明がない限り、身動きが取れなくなりそうである。強制に関する決定的な「分析」は提供できないとしても、何らかの説明が確かに必要とされる。

強制へのアプローチのひとつは、行為者の選好を定める欲求と信念によって動機づけられたものとしての行為という構想のコンテクストに、強制を位置づけるものだろう。強制者は、他者の欲求と信念を刺激することで他者の選好を変更させ、そうでなければ他者がそれほど望ましいと見なしていなかった選択肢を望ましいものとさせる。引っ越しを望んでいる家族は、引っ越しが子どもたちを危険に晒すだろうことを強制者によって確信させられた場合に、その選好を変更し引っ越しの計画を棚上げする。法律を順守することを望む市民は、テロリストが彼らを市民的義務よりも共謀を選好するように導いた場合に、テロリストが犯した恐ろしい犯罪に関する知識を否定し、さらにはテロリストを支援したり幇助したりする。

　こうした明らかな強制の事例から、もっと一般的な強制の説明へと移行することの困難は、他者の欲求と信念を刺激することでその選好を変更する行為はどれも形式上はこうした点で強制と区別できない、というものである。店主が特価を提示する場合、何人かの買い物客は、自らの欲求と信念からすれば本来は望まなかったであろう購入を今や望んでいることに気づくだろう。バス会社がラッシュアワーの切符代を値上げする場合、何人かの乗客は安い切符を得るために待つことを望むだろう。だが、ありきたりの商売上の誘因や阻害誘因に反応する買い物客や乗客を、強制されていると考える人はいない。強制者が用いる脅しは確かに犠牲者の選好を変更させるものではあるが、他者の選好を変更させるすべての行為が強制ではない。

　このことは、行為を信念と欲求によって決定されるものとするよく知られた動機の説明に、強制の説明を基づかせることが難しい可能性を示唆する。行為者は実際のところ、ある行為の帰結に関する予期が変更する場合には、彼らの選好を確かに変更するだろう。従前において望まれていた行為にコストとペナルティが付随した場合には、行為者はその行為を選好しなくなるかもしれない。従前において望まれていなかった行為に報いと誘因が付随した場合には、行為者はその行為を選好するようになるかもしれない。

　こうした考えは十分に常識的なものであるが、強制が意志に影響する仕方に関する説明が見いだされるべきならば、何かもう少し述べられなければならない。それというのも、私たちの手元に残るのは、さまざまな干渉が行為者のある一定の選択肢を彼の選好順位上で上下させるという、かなり些末な理解だけになってしまうからである。もし動機が単に信念と欲求の事柄であるならば、選択と意志は、所与の瞬間において選好された有力な欲求に屈する事柄として見なされなければならない。すると、他者の選択を強制することには、何か特徴的なことや間違ったことがあるということを、理解するのが難しくなる。[6] 強制された行為もまた、単にその情況下でもっとも望まれた行為となるにすぎないだろう。なぜ他者の選好を変更させるいくつかの方法が強制的であるとして非難され、他の方法は非強制であり容認しうると見なされるべきであるのかは、不明瞭となるだろう。この動機へのアプローチは、選好を強制によって変更することの方が、選好を交渉や説得によって、あるいはサービスへの支払いによって、あるいは賄賂、依頼、お世辞によって変更することよりも悪い理由を、示してはくれない。要するに強制を、何らかの選択肢をそれがなかった場合に比べて望ましくないものとする事柄としてのみ考える限り、強制の特徴は何であるのかがよくわからないのである。この視座は、強制が意志に影響するという主張を、強制が提案内容をもっているという主張を、したがって強制は残忍な暴力とは別の仕方で行為者を共犯にするという主張を、見落としてしまう。

　これについては、マフィアの方がしっかりしている可能性があると思われる。彼らは、強制が意志に影響するという事実を見落としていない。望まれていない選択肢が望まれた選択肢にさせられるという事実に着目するだけではなく、彼らが応諾を求める選択肢（「迎合的選択肢」）を拒否できない「申し出」にはめ込むことでそのようにさせる方法に、特に着目している。その「申し出」においては、「迎合的選択肢」以外の（いくつかの）選択肢（「残余の（いくつかの）選択肢」）はきわめて有害である。彼らが「申し出」を犠牲者に押しつけるのは、そうしなければ犠牲者が選択しないと想定される選択肢への応諾を確実なものとするという達成目標があるからである。強制者にとって重要なのは、あれこれの選択肢の選択が行為者性の表出として見なされうる（またそれによって約束、契約、さらには合法的同意の基礎を提供しうる）真正な申し出と、拒否できない偽の「申し出」——選択の行使が申し出の構造によって腐敗しているもの——の違いである。

　真正な申し出は、どれほど魅力的であろうとも、またその申し出の選択肢のひとつが他の選択肢よりもどんなに強く望まれていようとも、拒否できる。申し出にあるものを見送るということ以外、拒否にペナルティは付随していない。私たちは安価な旅行のオファーに応じたり、バーゲン品を購入したり、政治的、商業的、性的な提案のそれぞれを受け入れなくてもよい。だが、強制者の「申し出」は、十全に説明された場合には、そうではない。襲撃や窃盗から商売を守ってやるというゆすり屋の「申し出」は、表面的にはむしろ保険契約の真正な申し出のように見える（保険料を支払えば悪漢を追い払ってやる、というように）。だが、この迎合的選択肢が拒否される場合、ゆすり屋は、拒否した人びとをただ（想定された）ごろつきに対して用心するという状況には置かない。彼らは「強化」行為によって残余選択肢を押しつけるのだ。テロリストは、暗黙裡にではあるが忠義に厚い支持者に対して、敵対側からの保護を「申し出る」と言われている。だが彼らの「申し出」がいんちきであることは、迎合的選択肢の拒否が（単に）保護の欠如によってではなく、たいていは残忍である「執行」行為によって出迎えられるということにおいて、明白である。「合意できない」と言うことはできない。実際には、強制者は選択を押しつける。非応諾を被害にリンクさせることで応諾を確実なものとしているのだ。真正な申し出と異なり、それらは拒否することができない、「合意できない」と言う選択肢のない「申し出」なのである。

もちろん強制者は、申し出という理念そのものを腐敗させているこのやり方を、隠蔽しようとする。自らの「強制」行為を「帰結」として、あたかも迎合的選択肢の拒絶の当然のまたは必然的な論理的結果であるかのように、紛らわしく語るのである。強制者が他者の行為者性を損ねる仕方は、他者を制圧するために暴力を使用する人びとのそれよりはラディカルではない。だが強制者は、他者の行為者性をまったく尊重しない。彼らの「強制」行為は、「誘因と非誘因を加えることで他者の選好を変更する」ものであるとかなり不適切に説明されているが、もっとあくどいものである。強制者は、単に迎合的行為を望ましいものにしようとするだけではない。残余の非迎合的な（複数の）選択肢を、特定の行為者にとって維持できないものとするのだ。彼らは非応諾を、特定の行為者がそれなしでは生きていけないと思われる（生命または手足、友人または家族、財産または生活、アイデンティティまたは名誉といったものへの）被害とリンクし、次いでこのあくどい脅しを申し出というよく知られた外観で覆うのである。

強制者は寡黙であるため、真正な拒否しうる申し出がなされているのかどうか、あるいはマフィアが割に正直に述べているようにそれはあなたが拒否できない申し出であるのかどうかは、当然ながら必ずしも簡単には見極められない。ある申し出に「合意できない」と言える選択肢が含まれているのかどうか、あるいはすべての非迎合的で残余の申し出が行為者にとって維持しえないものとされているのかどうかは、かなり曖昧であるだろう。ゆすり屋が、彼らが提供するサービスへの「会費」を小商人は支払っているのだと示唆する場合、この申し出が「いやだ」と言える可能性を排除しているのかどうか、またそれは非応諾という選択肢が被害を招くものであるため拒否できない「申し出」であるのかどうか、これらを明らかにするためにはもっと多くの背景が埋められなければならない。性的な求愛が高まった場合、受け手にそれを拒絶する自由があるのかどうか、あるいはその「申し出」が非応諾をたとえばレイプ、暴力、屈辱にリンクさせることによって拒否しえないものとなっていないかどうかも、明確ではないだろう。

5　統一性と拒否可能性

これまでの議論はどれも、「何が「申し出」を拒否できないものとするのか?」という問いへの一般的回答があることを示せていない。拒否できない「申し出」が機能するのは、それらが迎合的選択肢以外の選択を、特定の行為者には乗り切れないか持ちこたえられない残余の（複数の）選択肢と結びつけてしまうからである。強制者のスキルは、「申し出」を特定の犠牲者の無力さに合わせてどう仕立てるかと、いかにして非応諾の行為を単に比較的望ましくないだけではなく持ちこたえられないものとするかを明らかにし、犠牲者を応諾に押しやることにある。実に拒否できない「申し出」とは、すべての犠牲者に対して非応諾が論理的または身体的に不可能とされたものではない。それは特定の犠牲者にとって、自我もしくはアイデンティティの感覚への深いダメージなくして、拒否できないものなのである。

持ちこたえられるものが何であるかは犠牲者によって異なる。殉教者、英雄、反逆者、そして名誉ある男女はしばしば、強制志望者が彼らに応諾させようとしている選択肢を拒否している。強制者が犠牲者についての判断を誤ることもある。ソクラテスのような人、あるいはアウン・サン・スーチーのような人は、巨大権力によって注意深く練られた強制的な「申し出」を（少なくとも部分的に）回避することができるだろう。しかしながら、彼らの回避でさえ完璧ではない。応諾を拒否したことでソクラテスは殺され、アウン・サン・スーチーの人生は徹底的に束縛され制限された。彼らが成し遂げたことは、「拒否できない申し出」にある残余選択肢を選ぶことの意味を明白にしている。そのような英雄的行為は結局のところ「拒否できないものを拒否すること」だと記述されるべきだろうか？　日常会話的な意味ではそう言われかねないが、ここにパラドックスはない。非凡な人びとが強制された場合に拒否するのは強制者が望む選択肢への応諾である。彼らが、その選択肢を選言肢のひとつとする「申し出」を拒否することはないし、また拒否できない。強制のしるしは拒否できない「申し出」にあるのであり、拒否できない選択肢にあるのではない。強制が意志に影響するという事実は、応諾者と抵抗者の両方にとってあまりにも明白であり、彼らの痛みを増す。犠牲者のなかに（たぶん彼らを強制しようとしている人びとの驚きにあたることに）応諾を拒否し、その「帰結」を受け入れることを選ぶ人がいるとしても、「申し出」が非強制的に言い渡されることはない。大胆で英雄的な犠牲者もまた、拒否できない「申し出」の枠組みに収まらなければならないのである。

非応諾の「帰結」が過酷なものとされていても、英雄と殉教者が応諾を拒否するのは、彼らの生と自我感覚にとって不可欠なものと思われる何かを応諾が破壊してしまうと考えられているからである。彼らは、強制者が応諾を確実なものとすることを求めて課す「帰結」を切り抜けることができる場合もあるだろうし、切り抜けられない場合もあるだろう。もっとも完全でもっとも過酷な形態の強制は、応諾と非応諾のいずれもが犠牲者を破壊することを確実なものとする。あらゆる選択肢が、生命と肢体の破壊か、心理的もしくは道徳的な統一性(integrity)の崩壊につながる。たとえば強制者への応諾は、個人的、集団的、あるいはナショナルな統一性とアイデンティティの感覚を喪失させるかもしれない。他方で非応諾の残余選択肢は、物理的生存と、究極的には統一性とアイデンティティの諸側面をも喪失させるかもしれない。一九三九年、ナチスがポーランドに侵攻したとき、ポーランド人はナチスの最後通告に応諾し、国土占領に協力することもできただろう。だが彼らは抵抗を選んだ。迎合的選択肢は、ナショナルな統一性や個人的統一性を犠牲にしただろう。残余選択肢は、ネーションの物理的統一性と多数の命を犠牲にするものであった。英雄的な拒否者と臆病な協力者、またその能力が両者のあいだに横たわる人びとは、そのすべての選択肢が破壊し、損害を与え、彼らが誰でありまた何であるかを変形させる「申し出」に捕えられた時点で強制されているのである。

確かに、ほとんどの強制は規模が小さい。だがたとえ小規模であっても、同様に腐敗した類型の「申し出」に依拠していることに変わりはない。犠牲者のケイパビリティが乏しく、資源がわずかで、他者へのコミットメントがいくつもある場合、拒否できない「申し出」を構成するのはたやすい。ある人にとっては持ちこたえうるように思われる暴露や危害の脅しは、他の人に対しては大きな屈辱や危険を意味しうる。学校、家庭、そして職場におけるいじめは、犠牲者を打ちのめす拒否できない「申し出」を組み立てる簡単な方法を探しだす。著名人を鈍感にしているメディアによる暴露は、脆弱な他者の破壊を意味するかもしれない。取るに足らない脅しでも、もっとも弱い人びとを脅すには十分かもしれない。

強制者が犠牲者に押しつける苦境は、それが異なる選択肢に付随する相対的な「コスト」と「誘因」を調整し、犠牲者に自らの変更された信念と欲求に照らしてその選好を調整するように導く事柄にすぎないと考えられた場合に、矮小化されてしまうと私は思う。危機に瀕せられているのは、犠牲者の生存と統一性であり、自我感覚であり、良心に恥じないように生きる能力である。ミゲル・デ・ウナムーノはこのことを、「人間も人民も（ある意味でひとつの人民もひとりの人間である）人格の単一性と連続性を破壊することになる変更を迫られてはならない」と指摘した際に、適切な説得力をもって表現した。[7] 強制者は、そのような変化はもし単に頼まれただけならば拒否されるだろうが、そのような変化は拒否できない「申し出」を構成することでおそらく確実なものとなりうるということに留意している。犠牲者は、迎合的選択肢を選ぶことは統一性や自我感覚（および、おそらくはそれ以上）を破壊するが、残余選択肢を選ぶことは強制者が拒否できない「申し出」を構成するために選んだもの――生命や肢体、友人や家族、あるいはさらに名誉や統一性――を何であれ喪失させるということを、見いだすのだ。

しかしながら強制者は、持ちこたえられない「帰結」を同定し、また拒否できない「申し出」を構成するためのどの一般式も使用しておらず、また必要ともしていない。彼らは予定犠牲者が耐えられない何らかの（いくつかの）選択肢を同定し、それらや何であれ犠牲者に選ばせたい選択肢に限定された選択を「申し出る」だけでよい。他方で強制を行いたくない行為者は、拒否できない「申し出」をうっかりとしてしまわないことを確実にしなければならない。彼らが他者に対してなす「申し出」はどれも、選択肢をその他者には耐えられない帰結と陰に陽にリンクさせるものであってはならない。したがって彼らは強制者と同じように、他者の強さと弱さ、他者の具体的な脆弱さ、そして他者のケイパビリティの実際の限界を考慮に入れる必要があるだろう。特に弱い人びとが簡単に強制されやすい事例に敏感でなければならないだろう。

すると熟練の強制者は、弱者を対象としていようが強者を対象としていようが、あらゆる情況下のあらゆる犠牲者が迎合的選択肢を拒否できないようにするために、どの程度の痛み、どの程度の脅し、あるいはどの程度の効き目の「ムチ」と「アメ」の組み合わせを「申し出」の選択肢に盛り込むべきかを決定するための何らかの測定基準を、悪用する技術者ではない。ノウハウは、予定犠牲者――彼らの自我感覚および統一性や、行為のためのケイパビリティおよび他者との絆には、確定的な相対的配置がある――にとって拒否しえない「申し出」を構成するために、具体的な苦痛、威嚇、見当識の喪失、不安、屈辱、暴露といった損傷を見いだすものである。拒否できない「申し出」はしばしば犠牲者の選好を応諾から非応諾へとシフトさせ、よってまた強制が「うまくく」というのは確かであるが、強制がより大きな誘因を応諾に結びつけるということを指摘するだけの強制の説明は、役に立たない。むしろ、応諾にはより大きな誘因が付随しているという主張は、そうでなければ選ばれなかっただろう選択肢に行為者が応諾しているという事実から推論されている。強制者の動きがその目的に十分かなったものとなるのは、その動きが迎合的選好を導くときではなく、その動きが非応諾の残余選択肢を特定の犠牲者にとって耐えられないものとすることによって迎合的選好を導くときである。

6 力と脆弱性

そのため強制志望者は脆弱性への鋭い目を必要とする。彼らは、自らが強制したい人びとは一般に、選択をなしうる行為者であるが、その選択は拒否できない「申し出」の構成によって部分的に支配されうるかもしれないと、ただ想定するだけではない。彼らは形態をつぶさに調べるのである。彼らはそれに関して拒否できない「申し出」を組み立てうる、具体的な脆弱性を探すのである。いかにも不特定の行為者にとってではなく、特定の予定犠牲者にとって拒否できない「申し出」を。

もっとも強力で大胆な強制者、もしくはもっとも想像力に乏しい強制者だけが、身体的なダメージや苦痛といったあからさまな脅迫にのみ依拠するだろう。身体のみを威嚇する強制には、弱点があることが多い。そのような脅迫を行う際、強制者は自らを過度に露出しなければならない。そうすることで強制者は、自らの要求事項に犠牲者が応諾する能力をつぶしかねない。脅迫さなかの暴力を強制者が加える力または意欲が限定されている場合には、多くの人びとが彼らの「申し出」をまったく拒否しうるものと判断し、またそれを報復の十分な理由とするかもしれない。強制者の力に問題がない場合でも、その「申し出」のいくつかは殉教者を生み、またその殉教者はしばしば他の人びとに動機づけを与えるということが考えられなければならない。脅迫を実行すると、強制者は復讐と法による裁きのリスクも受け持つことになる。強制者が持ちうる目的の多くにとって、暴力の脅しはあまりにも切れ味のわるい道具なのだ。[8]

こうしたよく知られた点は、不透明で欺瞞的な「申し出」に対する強制者の傾向について、いっそう明らかにしてくれる。強制者が自らの「申し出」を覆い隠すのは、彼らが単に発覚あるいは抵抗を恐れているからではなく、説得という仮面が彼らにとって非常に役に立つからである。（強制として非難される）「危害の脅威」と（強制的ではないものとして大目に見られる）「便益の申し出」あるいは「誘因」を体系的に区別することを通じて、強制を詳しく調べることになぜ見込みがないのかについて、今や新しい観点から理解できる。政治的統一性、ナショナルな統一性、あるいは個人的統一性およびアイデンティティ感覚の変容という脅威は、ある一定の「申し出」を拒否しえないものとして見なすよう私たちを導くものであるが、それは〈突きつけられた危害〉または〈便益の申し出〉のどちらとしても、同じくらい妥当な仕方で記述しうることが多い。現在の自我感覚、家族、共同体、ネーションと強く結びついている、また実にそれらによって構成されている強制の受け手の観点からすれば、提案内容はまさに脅迫である。つまり彼らが大切にしているものの大部分またはすべての破壊であり、彼らの自我そのものの破壊なのである。変容の提案者は時にバラ色の説明を行うだろう。彼らは他者に対して、活動に参加する好機を、新しくてもっと立派なアイデンティティを獲得する好機を、野蛮なよそ者ではなく帝国の一員になる好機を、進歩と発展を受け入れる好機を、さらには文明化のミッションによって高められる好機を、提供していると主張するだろう。あるいはまた、解放運動を滅ぼすという脅しは、地方の鎮圧と法および秩序の回復という申し出のかたちでなされるかもしれない。強制的な提案は時に、それによって統一性とアイデンティティ感覚がかつて脅かされ、実際に破壊された人びとによって、便益として回顧されることもあるかもしれない。ある観点からは損失の脅威と見られることが、他の観点からは利得の約束して描かれることもしばしばありうる。そうであれば、脅迫と申し出の鮮明な区別とされているものを持ちだしたところで、強制を解明することはできない。

なかでも資本主義の賃金交渉は、利得の提供か危害の脅威かのいずれかであるというのが妥当であろうし、また実にいくつかのコンテクストにおいてのみ強制的であるだろう。あるコンテクストでは、労働者の側には、ある一定レベルの給料と独立性を提供してくれる仕事を選ぶさまざまな選択肢があるだろうし、このことは生存最低生活《サブシステンス》と比較的低い独立性を得るための奴隷制や農奴性よりも、はるかにましな選択肢でありうる。それは、拒否しうる申し出のようであるし、その受諾は自由な、ゆえに正当な契約のようである。別のコンテクストでは、同じ賃金交渉が、強制的な「申し出」における選択肢である可能性がある。他に仕事がない場合や福祉国家が不在の場合、他に手段がない人びとは、差し出された賃金交渉に応諾するか、貧困に直面するしかない。脆弱な労働者は、無慈悲な賃金交渉に応諾する他ないだろう。だがさらに別のコンテクストでは、不適切な賃金レートは、より明るいか多様な見通しのある、もしくは扶養家族が少ない、もしくは頼れる福祉国家のある労働者によって、拒絶しうるかもしれない。さまざまな状況がさまざまな申し出を伴って労働者に迫りくる。特定の「申し出」を拒否しえないものとするのは、単に賃金のレベルでもなければ、その法的形態でも賃金交渉の提案内容でもなく、特定の仕事の受託が、「申し出」がなされた人びとの脆弱な人生状況によって確実なものとされた、耐えられない残余選択肢への唯一の代替案とされているという事実である。

もっと一般的に言えば、「申し出」を拒否しえないものとするのは、予定犠牲者の相対的な弱さであることが見てとれる。強制に対する脆弱性を構成するのは、彼らのケイパビリティおよび資源の絶対的な欠如ではなく、彼らのケイパビリティ、力、あるいは資源が他者よりも少ないということ、また具体的には強制者よりも少ないということである。行為者が犠牲者となるのは、彼らが貧しかったり、無知であったり、スキルがなかったり、身体的に弱かったり、あるいは感情面で脆かったりするからだけではなく、彼ら以上に金持ちで、知識があり、スキルがあり、あるいは身体的・感情的に強く、自らのこうした有利性を不当に使う準備ができているような他者と直面させられるからである。力は較差に依存する。拒否しえない「申し出」がなされる可能性は常に多数で多様であり、力の較差が大きい場合にはもっと多数で多様である。力のある人びとにとって、彼らが望む選択肢への非応諾が未来の犠牲者にとって耐えられない残余の（いくつかの）選択肢に必ずリンクするようにすることは、たやすいのである。

このことは、強制を一般的に不正であるものとして、そして防がれるべきものとして考える場合、二つの補完的アプローチが使用可能であることを示唆する。第一の、比較的議論されているアプローチは、相対的に力のある人びとが彼らの有利性を悪用する方法を制限しようとする。全員を平等に処遇する法と規制の体系、そして基本的権利と民主的統治の実施は、相対的に力のある人びとに対して実効的な制約をかけ、よってまた彼らが他者に対して拒否しえない「申し出」をする能力に効き目のある制約をかける。こうした制度・構造それ自体は何らかの強制的な後ろ盾を強化目的で要求するものの、課される強制はそれが防止する強制よりも少ないものとなるだろう。少なくとも、ここでは論じられない政治理論の長い伝統が、そう告げてくれている。

強制を減らすための第二の戦略は、悪用を減らすことではなく、本来であればもっとも脆弱であるがゆえにもっとも強制に開かれているだろう人びとの相対的な弱さを減らすことで、力の較差を減らすことである。なるほど脆弱性におけるすべての較差を取り除くことは不可能であるが、多くの著しい較差は取り除かれてきた。奴隷制の廃止は、一部の人びとにとっての深刻な脆弱性と、他の人びとにとっての強制からのゆとり、これらを確実なものとしてきた一揃いの社会的役割を除去するものであった。世界の多くの場所で女性の隷従が徐々に減ったことは、力および脆弱性の較差のいっそうの削減と、たやすい強制という数多くのコンテクストの除去とを、約束している。法を執行するための国家権力の使用がそうであるように、力の較差を削除するために国家権力やその他の権力を用いることそれ自体に強制の側面があるかもしれない。けれどもここでもまた十分な理由から、（全体としてみれば）そのような変容は、強制者に悪用の機会を与える脆弱性のコンテクストを除去あるいは制限することを通じて強制を削減すると判断できるだろう。

第六章　女性の権利[1]

――誰の責務か？

正義をとりまく現代のレトリックは人権を称讃するものとなっており、他方で女性のための正義は女性の権利を称讃するものであると考えられている。だが、権利を尊重する責務を他者が有していない限り、権利は単なる見せかけであるに過ぎない。そうであればなぜ今日、権利についてはこれほどまでにくまなく語られているのに、責務についてはほとんど語られていないのだろうか？　このことは、権利が重く受け止められていることを示しているのだろうか？

火星人か金星人であれば、政治家の平素の公式見解やメディアによる通常の報道など、現代の公共的なレトリックを耳にすれば、私たちが権利を実に重要視していると、さらには権利に執着しているとさえも、結論づけるだろう。火星人か金星人は、私たちが女性の権利を実際に非常に重く受け止めているとも、結論づけるかもしれない。女性の権利は、メアリー・ウルストンクラフトが一七九〇年に『女性の権利の擁護』というタイトルを選んだ時には、衝撃的であったかもしれない。今では女性の権利は、既成の秩序とその批判者たちの双方が用いるレトリックの一部となっている。女性の権利は敵意よりも、欠伸と不注意を生じさせているのだ――敵意はなお少しは残っているとはいえ。

レトリックを重要視することと、その内容を重く受け止めることとは、別問題である。このレトリックの主たる用途の一つは、どのくらいの頻度で人権が――またそれに併せて女性の権利が――侵害されているかを指摘することである。レトリックと現実の隔たりは確かに予想されるものだろう。だがこの隔たりが証明するのは、私たちが現に説き勧めていることを実践し損ねていることにとどまらない。このことを飾らずに示すと、正義を主として権利で考えるならば、私たちは正義を実践することはない、もしくはできないということのみならず、実践しようとしていることの意味を理解することさえもできないということが、多かれ少なかれ見いだされることになる。権利のレトリックは、普及が驚くほど容易であるのみならず、巧妙なごまかしが利く。女性の権利について考えることが難しいのは、権利についての思想のこの一般的な捉えどころのなさから主に生じている。そのため本章では、女性が持つべき権利についての論争ではなく、この蔓延した問題を最初に取り上げたい。

1　権利と責務

私は権利のレトリックを捕えどころのないものとして扱うが、人権や女性の権利は取るに足らないとか、それら権利の保障はささいな政治目標であるとかいったことを示唆するつもりはない。私の憂慮はむしろ、権利があたかも正義の中核であるかのように、また女性のための権利があたかも女性のための正義の中核であるかのように述べることは、権利を重く受け止めるべきならば思考しかつ行う必要がもっともあるだろう事柄を体系的に不透明にしてしまう、手を抜いた議論や思考の仕方である、ということにある。

私たちはしばしば、権利を持っていることに言及する。それによって権利には、まるで触ったり交換したり、盗まれたり保護したりできる、金物類の断片であるかのような、いい感じの実質的感触が与えられる。このような言及の仕方はミスリーディングである。権利について言及することや責務について言及することは共に、行為について述べることであり、所有しうる品目について述べることではない。さらに、たいていの重要な権利は請求権であるため本質的に関係性的なものであり、ある種の責務を反映している。請求権とそれに対応する責務は共に、要求される行為の範型あるいは不作為の範型に関わるものである。[2] そのような権利に言及する場合には、私たちは要求される行為を請求者もしくは権利者の観点から見ており、責務に言及する場合には、要求される行為を責務者つまり行為をしなければならない者の観点から見ている。このように、他者が責務を持っていない限り請求権はないということは、十分に明らかである。もし誰かが自由な結社への権利を持つとすれば、全員が自由な結社を妨害しないという責務を持っていなければならない。もし誰かが家族計画についての情報への権利を持つとすれば、誰かが、あるいはたぶん多くの人が、その情報を入手可能にする責務を持たなければならない。もし誰かが同居していない子どもへ面会する権利を持つとすれば、他者はその面会を認めかつそれが阻止されないことを確実にする責務を持たなければならない。もし誰かが未就学児用の無料または安価な保育所へ子どもをあずける権利を持つとすれば、誰かが、そしておそらくは多くの人が、その保育所の提供に貢献する責務を持たなければならない。

これまでの議論は平凡である。責務を伴わない請求権がないことは非常に明白でありよく知られているため、それを取り上げて論じるのはある意味で様にならないとも言える。だが私が思うに、女性の権利を含む権利についての議論の大部分は、権利と責務が相互に対応する仕方と程度を絶えず誤述しており、したがって正義に関する議論が権利または責務を強調しているかどうかがいかに重要であるのかを理解し損ねている。

権利から出発することは、倫理さらには正義について思考するいびつなやり方であるということについては、きわめて一般的な理由が二つある。第一のより一般的な理由は、請求権は責務の鏡像であるがすべての責務に鏡像があるわけではないというものであり、これについては後で取り上げる。もし対応する権利を伴わない責務があるならば、権利から出発して、どの権利の鏡像でもない責務を脇に置いてしまうと、道徳的思考は間違いなく貧困化する。この考えそれ自体が、権利ではなく責務から出発する十分な理由となる。権利から出発するということは、ある国の成人人口をすべての親の人数で数えようとし、子どものいない人全員を捨て置くのと同じくらい、実用的なことである。しかしながら、権利ではなく責務から出発するためのこの重要な理由をしばしば脇に置いて、権利のレトリックがなぜ、まさにそれが掲げる正義の希望を粉々に打ち砕くような大きな力を持っているのかを検討するとしよう。

権利のレトリックが問題を引き起こす第二のきわめて一般的な理由は、対応する権利を伴わない責務を権利のレトリックが見落としていることではなく、責務ではなく権利に焦点を合わせることで実際の問題が曖昧にされてしまうことである。この曖昧さが生じるのは、権利の対応物である責務にあまり注意を払わなくとも、その権利をうたうことが容易だからである。この外見的な簡便性は、積極的（制度的、慣習的）権利に関する議論と道徳的（自然本性的、人道的）権利に関する議論のあいだの移動がいとも簡単であるという事実に、少なくとも大部分が起因している。積極的な請求権にはよく定義づけられた対応責務がなければならないということは、誰もが承認することである。それらを積極的なものとして述べることは、まさにそれらを制度化されたものとして述べることであり、私たちは積極的な請求権とそれに対応する責務とについて述べる際、明らかに、行為（もしくは不作為）に対する同一の制度的要求事項について述べている。しかし人間の権利、もしくは女性の権利に訴えかけることの要点は、既存の制度に埋め込まれた積極的権利を是認することではない。その要点は多くの場合、既存の積極的権利（またはそれらの欠如）と、言うまでもなく既存の積極的責務（またはそれらの欠如）とに挑むことであり、あるいはまた、さまざまな権利とその論理的帰結（コロラリー）であるさまざまな責務とを正当化することである。もし人権が何らかの社会秩序の制度化された権利に過ぎないのであれば、あるいは憲章や宣言にうたわれ、さまざまに痕跡的な仕方で制度化された「宣言《マニフェスト》権利」に過ぎないのであれば、それにどれほどの威厳があろうとも、人権への訴えかけは無意味だろう。[3] 権利のレトリックは根本的な道徳原理に訴えかけ、制度的・積極的な権利を正当化または非難することを、また実に崇高な宣言や憲章の主張を正当化または非難することを目指すものとされているため、それらを整合的に前提とすることはできない。

だが、ひとたび道徳的（人道的、自然本性的）権利について論じ始め、それら権利は正当化されるべきものだと必至に考えだすと、責務についての問題は見えないところに簡単に吹き飛ばされてしまう。「人間の権利」には、「人間の義務」よりも、はるかに即時的な魅力がある。同様にして、「女性の権利」には「女性の義務」よりも、はるかに即時的な魅力がありうる。それが「女性の権利」に対応する義務よりも魅力をもちうることは言うまでもない。

権利の魅力に屈することはたやすく、権利を主張することは考えるだけで楽しい。ある一定の自由に対してであろうと安全保障《セキュリティ》に対してであろうと、もしくは財あるいはサービスに対してであろうと、そしておそらくは福祉に対してであろうと、人間には権利がある――こう主張することは陶酔的でありうる。これは、一つには人間が得るべきまたは為しているべきことについて、もう一つにはそれ以外の人びとが（どの人びとであるかは別問題であるが）為すべきまたは提供すべきことについて、考えることである。もちろん請求は、誰かがそれに応えるべきでなければ実効的なものとはならないだろうし、また多くの場合、何らかの行為者もしくは機関に単に割り当てられるだけでなく、受諾されかつ実施可能なものでもなければ、効果がないことになる。だが実際の請求は、何であろうとそれに応じるべきは誰であるのかの確証がなされることなく、声高にそして自信たっぷりに、堂々とそして無鉄砲になされうる。誰も応じえないものを権利として請求することさえ可能である。私はかつて、（単なる健康管理《ヘルスケア》への権利ではなく！）いわゆる健康への権利に対応する責務を持つのは誰かと質問したところ、健康は人間にとって重要であるため権利の対象にしかなりえないという理由で、公然と説諭されたことがあった。

さらに、責務について曖昧でいることは、魅力的なだけではなく、政治的・修辞学的にも有益でありうる。権利についての請求は、権利者が権利資格を有している事物を強く主張するだけでよい。異議を唱えるのは気難しい人だけである。なかには鼓舞され、希望を掲げる人もいるかもしれない。だが責務についての請求は、何が果たされるべきかについてだけではなく、どの責務者が誰のためにどの犠牲を支払って何を為すことになるのかを、特定しなければならない。これはあまり魅力的な話題ではない。当然ながら、責務と義務のレトリックには芳しくない評判があり、また重荷を背負うことになるだろう人びとが異論を唱えることも多い。

さらに奇妙なことに、権利のレトリックは人間行為者とその尊厳を重く受け止めていると、しばしば称賛を得ている。他者を権利者として考える際の私たちが、彼らをよりましな扱いを絶望の淵で嘆願する単なる臣民としてはもはや思い描いていないというのは、確かである。私たちは権利者を、十全な人格として、市民もしくは未来の市民として、思い描いている。そのうえ、請求者が他者の義務（どの他者の義務であるかは別問題であるが）を指し示す際、請求者はたいした行動を起こす必要はないのであり、また不満や憤慨といった覆いで自らを受け身的に包むことさえあるだろう。請求者は、自らがどの犠牲を支払って何を為すべきかはもちろんのこと、誰が誰のためにどの犠牲を支払って何を為さねばならないのかを、理解する必要はない。要するに権利のレトリックは、臣民であるにすぎない人びとの依存的な嘆願よりは能動的なものであるとはいえ、なお行為というよりは受領のレトリックなのである。権利のレトリックは依然として、貢献者というよりは請求者の、生産者というよりは消費者の、能動的市民というよりは受動的市民の観点を採用している。

2　自由と福祉

こうした指摘はもちろん決して新しいものではなく、正義論に関する現代の実に膨大な文献において繰り返し浮上してきた。この文献の大半は権利を支持する議論をしており、またもし請求権が確証しうるならば、責務が平然とそれに続くと想定している。この理論的文献には、権利のレトリックのより公共的な使用にある政治的切れ味は言うまでもなく溢れんばかりの魅力と無鉄砲さに欠けているかもしれないが、その大部分は請求権の知的失敗を共有しており、責務を権利ほど重要視していない。

こうした失敗は二〇世紀後半にわたる正義に関する生産的な論争において繰り返し現れた。もっとも息の長い論争は、大なり小なりリバタリアンな思想家と、社会正義に関するさまざまな構想の主唱者とのあいだで、なされてきた。リバタリアンは、すべての普遍的な請求権は自由権であり、そのコロラリーとして不干渉の責務があると主張してきた。社会正義の主唱者は、自由権に加えてある一定の財・サービス、また特に福祉に対する普遍的な請求権もあることと、そのコロラリーとしてそうした財を引き渡す責務があることについて論じてきた。

権利の主唱者の全員が、もし自由に対する普遍的な請求権があるならば、そのコロラリーである責務もまた普遍的でなければならないことに合意している。たとえばレイプされない権利や雇用を求めて他者と競う権利は、それが一部の人びとにのみ対する権利であり全員に対する権利ではない場合、台なしになってしまうだろう。レイプを慎む責務がない人びとがいる場合、あるいは市場で他者に競争させる責務がない人びとがいる場合、どちらに関しても制限されていない権利をもつ人はいないことになるだろう。単なる自由は別として、普遍的自由権は、それに対応する普遍的責務を要求するのである。

リバタリアンの権利の主唱者は、普遍的な請求権は自由権でなければならないということ、また財やサービスへの普遍的権利、よって福祉への普遍的権利は矛盾しているということをも、強く主張している。財やサービスは、特定の時間と場所で、よって特定の行為者と機関によって、引き渡されなければならない。全員があらゆるところへ駆け込み、互いの足を踏みつけているような状態では、引き渡されえない。他者の自由を尊重する普遍的責務が普遍的自由権に対応するのと同じ仕方での、財やサービスへの普遍的権利に対応する財やサービスを供給する普遍的責務は、成立しえない。したがって財やサービスへの普遍的権利はありえず、よって普遍的な経済的、社会的、文化的な権利はありえないとリバタリアンは結論づけている。また彼らは、威厳ある憲章と宣言はつじつまの合わない主張をしているのであり、確かに修辞的な用途はありうるが、それらを真剣に受け取る人びとを失望させるだけであるとも結論づけている。

このリバタリアン的な思考の流れは次の主張、つまり財やサービスへの普遍的権利は成立しえないため、そのような権利はどれも普遍的ではなく、特定当事者の「特別」責務が対応する「特別」権利でなければならないという主張とともに、しばしば拡張されている。要するに、財やサービスへの権利とそれらを供給する責務は必然的に、道徳的権利でも人間的権利でもないのであり、そうした権利は特定の社会秩序の制度的権利もしくは実定的な権利であるか、特定の契約的取り決めもしくは社会的役割の反映に過ぎないとされているのである。

この思考の流れの含蓄は、かなり辛辣でありうる。たとえばリバタリアンは、産科病棟のスタッフは入院が許可された患者に対してケアの責務——特別責務——を持ち、またそうした患者はスタッフによるケアへの特別権利を持つだろうことに同意するだろう。だがリバタリアンは、スタッフがケアを提供する一般的な責務を持つことや、妊娠中の女性がケアを請求する一般的な権利を持つことを、否定することになる。この思考の流れは財やサービスへのすべての権利は特別権利であるということを認めているが、この特別権利はたとえば立法や契約によって、もしくは慣習や慣行によって確立される具体的な関係性を前提とするものである。財やサービスへのどの種類の特別権利とどの種類の特別責務とが確立されることになるのかは、まったくもって未決定である。産科病棟のスタッフが医療ケアと世話を提供する特別責務と、〔患者が〕産科病棟のスタッフから医療ケアと世話を受ける特別権利は、分娩中にも女性の受刑者に手枷をかける特別責務と、分娩中に逃亡する女性の脅威から保護される特別権利と、同等かもしれない。[4] この説明では、財やサービスへの権利は、人間的な権利でも道徳的な権利でもまったくない。それらはまさに権利のレトリックが批判を望んでいる種類の、制度的な権利の事例であるにすぎない。

だが、この議論は健全ではない。財やサービスへの普遍的権利は、該当するあらゆる時間と場所で供給するという普遍的に交付された責務によっては対応されえないという、この説得力のある思考から導かれるのは、もし財やサービスへの普遍的権利があるならば、対応する責務の供給に関わる側面は異なる形式をとらなければならないだろう、ということだけである。ここに内在的な問題はない。レイプされない権利、あるいは雇用を求めて競う権利が、対応する責務が普遍的に負われていない限り台なしになるというのはその通りであるが、財やサービスへの権利についてはそうではない。たとえばもし、扶養児童のいる人びとが適切な住居への権利を持つとすれば、その権利は、誰かが――もしくは幾人かが――住居に欠く扶養児童のいる各人に適切な住居を供給することで、十分に充たされうる。全員が供給に貢献する必要はないし、またもし全員があらゆる場合に供給者となろうとするならば、それは不可能とまでは言わないが、まったくもって非生産的である。あるいは、もし女性が出産前の医療ケアへの権利を持つとすれば、幾人かの医療的な資格要件を充たした人びとが各女性にそのケアを提供することで、十分だろう。医療的な資格要件を充たした人びと全員が各々の女性あるいはすべての女性にケアを提供しようとするならば、疲労困憊は言うまでもなく、まったくもって危険であり、また究極的には不可能であるだろう。

　要約すると、財やサービスへの権利に対応する責務は、自由権に対応する少なくともいくつかの責務と、形式が異なるものでなければならない。財やサービスへの普遍的権利は、それに対応する責務の供給に関わる側面が特定の行為者および機関に分配されているか配分されているならば、かなり筋が通ったものである。[5] その一方で、供給スキームの決定や、供給の妨害の自制、あるいは費用の比例的負担に関わる対応責務の側面は、普遍的に負われうる責務である。

　何らかの財やサービスへの普遍的権利が、関連する財やサービスを供給する特定責務の確立を通じてその権利が各人つまりは権利者全員に対して保障されない限り真剣に受けとられないというのは、確かである。私たちは普遍的権利が分配的なやり方で充たしうるという考えにずいぶん慣れ親しんでいるし、また個々の、したがってすべての権利者をカバーする福祉を提供する責務の分配を通じて、普遍的福祉権がある一定諸国の領域内で確立されている事例を多く指摘することもできる。そのような福祉権を確立した人びとは、それら諸国内の全員があらゆる場所で食料や医療ケアや住居を個々のしたがってすべての人に対して、あるいは実に困窮しているすべての人に対して供給する責務を永久に果たしうるやり方を、奇跡的に編み出したのではない。彼らが為したことはきわめて困難であったが、物理的に不可能ではなかったのだ。

するとリバタリアンが主張しているように、普遍的自由権と財やサービスへの普遍的権利とのあいだには、ある種の明らかな反類比がある。しかし財やサービスへの普遍的権利は整合的ではないというリバタリアンの主張は、今なお確証されていない。この反類比は次のようにまとめられるだろう。リバタリアンの議論が導きだす結論は、自由権とそれに対応する普遍的責務からなる特定リストは保障するが、財やサービスへの権利は保障しないという、政治的アジェンダである。社会正義的な思考の流れが導きだす結論は、リバタリアンのアジェンタの一部——かなり限定された一群の自由権が保障されるべきだというもの——と、困窮した人びとを支援する責務があり、そうした責務を果たすためのスキームが確立されなければならず、ひとたびそれが確立されたならば困窮者全員が特定の財やサービスへの特別権利を得たということになるという思考に基づく開かれた政治的論争を、混成するものである。財やサービスへの普遍的権利は、各人と全員のためにそれら権利を叶える責務を分配する数多くの可能なスキームのどれかひとつを確立することで、保障されることになる。

社会正義を擁護するリベラルは、しばしばこの反類比に疑問を呈してきた。[6] 彼らは、普遍的自由権と財やサービスへの普遍的権利のあいだには重大な違いはないとしている。彼らは、たとえば拷問されない権利やレイプされない権利といった、明確に定義された対応責務を伴う一分の隙もない自由権でさえ、争いごとを解決し権利を行使させる複雑な制度がなければ保障されえないことを指摘している。諸々の自由権とそれに対応する諸々の責務は、強化の対象となる場合、警察、裁判所、その他さまざまな形式の応答責任《アカウンタビリティ》を必要とするだろう。強化のための制度もまた、強化の具体的な側面に関する責務を、何らかのスキームに沿って分配しなければならない。そのため自由権もやはり、何らかの制度的スキームが確立され、対応責務を負うのは誰であるかが定められるまでは、一定のかたちを持たないのである。

しかしながら、自由権と財やサービスへの権利とのあいだには、両者をつなごうとするこの試みが考慮に入れているものよりも、もっと根深い相違がある。なるほど自由権の、あるいはもっと正しく言えばその対応責務の強化は制度を必要とする。これはよく知られていることだ。だが、普遍的自由権と普遍的責務の対応関係は、制度がなかったり貧弱である場合でさえ、比較的はっきりしている。たとえば、強化のための制度が嘆かわしいほどに貧弱な場合でさえ、レイプされない権利や拷問されない権利の侵害は十分に明らかだろうし、また加害者の特定も可能であるだろう。だが、財やサービスへの普遍的権利と〔財やサービスの〕供給または〔権利の〕実現の責務の対応関係は、制度がないか貧弱である場合には、一定のかたちをまったく持たないままである。マタニティ・ケアをなんら受けていない人は自らの権利が侵害されているとたぶん断言するだろうが、そのケアを提供する責務が確立されかつ分配されていない限り、その人は自らの請求の宛先がわからないだろうし、また加害者はいるのか、あるいはその人の権利を無視または侵害したのは誰かが、体系的に曖昧であるだろう。

財やサービスへの権利については、それら権利が少なくとも部分的に制度化されるまで、権利のレトリックが支持しまた許容している霞がかった仕方でしか考えられない。何が供給または実現されるべきかを述べることは可能であるかもしれないが、誰が供給または実現すべきであるかと、供給がしくじったか何も実現されなかった場合に誰が責任を取らされうるのかを述べることは、確立された制度と輪郭のはっきりした特別関係がない限り、不可能であるだろう。財やサービスへの権利は宣言が容易であるが、そうした宣言は実効的な制度ができるまで、それら権利をもっとも必要とする人びとにとって苦々しい見せかけだけのごまかしに見えるだろう。しかし制度が欠けているか貧弱である場合でさえ、はるかに多くのことが定まっている自由権は、そうではない。何が供給されるべきか――つまりは不干渉――を述べることが可能となるやいなや、誰が供給すべきかを述べることも可能となる。全員とすべての制度が供給すべきなのだ、と。制度は後で強化のために役割を持つようになる。対照的に、どのような種類であろうとも責務について論じる場合には、私たちはすぐさま誰の責務を念頭に置いているのかを考慮しなければならず、したがってまた権利者は誰に対してその請求を申し立てることができるのかを明らかにしなければならない。

3 女性の権利

これまでの議論は女性にとって、また女性の権利にとって、どのような意義を持つのだろうか？ ここでちょっとした、また気恥ずかしいほどにありきたりなリマインダーが役立つかもしれない。女性の権利について述べるにあたって、たいていの人びとは、男性が持っており女性も持つべき権利について述べようとしてきた。彼らは、女性が持つべきで男性は持つべきでない独特の権利については、一般に述べようとしてこなかった。論争的で重要な例外は、性差および再生産にかなり具体的に結びついた権利である。マタニティ・サービスへの権利はおそらく、男性の権利ではなく女性の権利として適切なものだろう。だが、女性も投票権や結社の権利を持てるように、男性もレイプされない権利を持てるだろう。

しかし明らかなことだが、女性と男性がもっとも頻繁に頼る可能性のある財やサービスへの権利の種類は、しばしば異なりうる。たとえば真の扶養家族（子ども、病人、老人）のケアという本当に重要な労働のより多くを女性が担い続けている限り、また女性がその際に用いる資源がより少ない限り、女性はより頻繁に資金援助および関連する社会サービスへの権利を必要とするだろう。同様にして、未成年犯罪の過剰な件数が少年と青年によって引き起こされている限り、デュー・プロセスの権利およびその他の関連する社会サービスへの彼らのニーズは、それらに対する少女と若い女性のそれよりも大きいだろう。しかし、そのような（平均的）状況における差異は、女性の権利がマタニティ・ケアといった領域の外部で男性の権利と異なるに違いないということを示しはしない。当然ながら、女性運動史の大部分は、財産を所有する権利から政治に参加する権利、そしてどんな仕事にも就ける権利といった男性のために請求されていたのと同じ権利を、女性のために請求する運動であった。

　だが一九八〇年代から、女性運動の一部は、まったく新しい展開を見せた。影響力のある多数のフェミニストが、男性と女性の類似点や、同じ権利に対する両性の権原ではなく、男性と女性の差異を強調することで、男性と女性の倫理的な請求も異なるかもしれないという思考へのドアを開けたのである。だが驚くことに、差異の強調は結局のところ、女性の権利に関する代替的説明を展開するためには用いられてこなかった。その理由のひとつは、女性と男性の異なりを是認する人びとが、女性がその道徳的カテゴリーもしくは「声」において異なるということをもしばしば強調していることにある。[7] ドアが開かれたのは、女性は自らの然るべき権利を否定されてきたという伝統的なフェミニストの主張に対してではなかったし、あるいは実に女性は何らかの代替的権利を持つべきだという修正的な主張に対してでもなかった。ドアは次の主張のために、つまり正義への注目はどれも――責務を中心とするものだろうと権利を中心とするものだろうと――耳障りで不適切な倫理的音域を用いており、さらには女性の解放というよりは抑圧の一側面としてさえ見なしうるという、よりラディカルな主張のために開かれたのであった。一九八〇年代と一九九〇年代に増加したラディカル・フェミニストの著作物は、正義、そして権利への関心を抽象的、敵対的な「男性」の関心事であると批判し、ケアと気遣い、責任と連帯といったある一定の「女性」の徳を中心とする倫理的生活の構想を提示するものであった。この著作物の一部は、私たちがこうした倫理的な声あるいは構えのなかから選ばなければならないということ、つまり正義（合わせて責務と権利）と、ケアおよび気遣い、このどちらかを選ばなければならないということ、要するに正義と徳は人間の生に関して補完的というよりは敵対的なヴィジョンがそれぞれ重視しているものであるということを、示唆しているのである。[8]

　私たちはこの悲痛な選択を余儀なくされるだろうという不安の源泉はいくつもある。ひとつは、すべての権利が対応責務を必要とするのと同様に、すべての責務が対応権利を必要とするという、（先述の）潜在的な信念である。もしすべての責務が権利の対応物であったならば、責務に関する議論のどれもが、非常に多くのフェミニストと非常に多くの徳倫理学者が倫理的に重要であると適切に主張してきた徳について、つまりケアや気遣いやそれ以外の事柄について、何も言うことを持ちえないように思われるのである。というのも、確かにこうした徳のどれも、権利の事柄として請求されえないからである。

　だが、なぜ物事をこのように考察しなければならないのか？　権利が対応する責務は数多くあるだろうが、どの権利も対応しない他の重要な責務があってはならないのはなぜか？　対応権利を伴う完全もしくは完璧な責務と、どの種類の対応権利をも伴わない不完全もしくは完璧でない責務という伝統的な区別、これが私たちに思い起こさせるのは、人間の責務に関する歴史的に重要な議論の多くが、権利が対応するはずの責務の領域には限定されてこなかったということである。[9]たとえば、受け手が特定されていないケアと気遣いを他者に示す責務があるかもしれないが、その責務は何人かの他者に何らかの適切な形態のケアと気遣いを示すことで果たされることになるだろう。そのような責務は、すべての可能なケアと気遣いをすべての他者に提供する事柄ではありえない。それは不可能である。ケアと気遣いは不可避的に選抜的なのだ。他方でもし、正義に関する非常に多くの著作物のように権利を基本的な倫理的カテゴリーとして扱うならば、対応する権利のない責務は単に見落とされるだろうし、またすべての徳はまったく任意《オプショナル》の卓越になるに違いないと思われるだろう。[10]

　しかしながら、権利を伴う責務がすべてではない可能性があるという事実は、権利を伴う責務が重要ではないことを意味しないし、特にそうした責務が女性にとって重要ではないことを意味しない。女性の問題に関する議論において、責務とそのコロラリーである権利を軽視することは、単なる見落としではすまない。女性が男性と同じように、いくつもの複雑な制度と制度体系に従って行為し影響され、また数多の遠くの見知らぬ人に向けて行為し影響されている世界では、彼女たちの重要な倫理的関係性は完全に対面型であるとか、まったくもって有徳な関係性の問題であるとか、個人的な愛着とコミットメント、そしてケアと気遣いに関するものであって決して要求された行為でなければ責務または権利の事柄でもないとかいう見せかけは、幻想的であり、かつ危険である。

この危険性がいとも簡単に見落とされているのはおそらく、独特の倫理的「声」もしくは音域を使用する者としての女性の理想像――それは正義ではなくケアを、権利ではなく徳を強調するものとなっている――が、女性は今なおともかく男性よりは、中心的な倫理的カテゴリーをいみじくも正義ではなく徳とする「私的」な領域で暮らしているという（時に暗黙の）想定と結びつけられているからである。この想定は二つの異なる理由によって誤りである。第一に、多くの女性に関して、特に比較的開発された世界の女性に関して言えば、彼女たちの生活のすべてではないにせよ多くの側面が私的領域と呼びうるような何かにおいて送られているというのは、率直に誤りである。就業率、投票パターン、そして公的支援制度への依存といったもののすべてが、女性の生活はもはやどの私的領域にも、居心地よくも悪くも収まっていないということを示している。女性の生活は公的領域から遮断されているという想定が誤りである第二の理由は、公的な影響力や活動の効果から完全に遮断されたいわゆる私的領域はひとつもないことである。経済的、政治的、社会的な影響力は、すべての私的領域をかたちづくり、またしばしば苦しめている。経済的な影響力は、家族やコミュニティを元気づけるか疲弊させる。政治のリアリティは、親密で個人的な関係性を破壊するか可能にする。これは開発されていない社会にも開発された社会にも当てはまる。それが当てはまらなかった可能性のある世界は、公的領域と私的領域のどんな明確な区別にも欠けていた古代の（もしくはともかく廃れた）世界――真のゲマインシャフトからなる世界――だけである。私たちがいま生きている世界では、女性の生活は男性の生活と少しばかり違うかもしれないが、その違いは単に女性が扶養家族に対して、つまり子ども、重病者、老人に対して、現実の持続的な責任を男性よりも負っているにすぎないことが多い――女性の経済的・社会的な力は男性より弱いままであるにもかかわらず[11]、このような世界では、通常のありふれた権利を不要なものとする保護的な隠れ家を私的領域が提供すると考えるのは、ただの夢想にすぎない。

4　本物の家父長制？

それでもなお、公的領域の圧力から家庭生活と個人生活を遮断することができて、さらには徳を開花させることができる遮蔽空間というイメージには、強い魅力がある。その魅力はたぶん、私たちの生活に関わる経済的、社会的、政治的、文化的な影響力がますますグローバル化するなかで増してきたのだろう。もし私たちが、この遮蔽空間は女性に特有の領域であって、そこでは男性が公的領域の荒廃から女性を保護しているという世界を想像するならば、私たちはゲマインシャフトのイメージよりも本物の家父長制のイメージの方に引き寄せられることになる。

女性に特有の倫理的な声の擁護者たちは、言うまでもなく、どの種類の家父長制にも熱中していない。けれども公的影響力からの遮断の可能性を少しでも女性に提供するのは家父長制だけであり、実にその魅力は、女性の道徳的な声とヴィジョンの特異性を過度に重視し、また道徳性のすべてをケアの倫理に収めようとしている幾人かにとって、きわめて永続的に見えるのである。すると本物の家父長制は、本物の責務――それは、女性が犠牲を払うとしても、持つに値する何かを与えてくれるかもしれない――を本物の家父長が負っているか少なくとも負っていたという理由しかないとしても、少なくとも真剣に受け止められるべきである。しかし（少なくとも開発された世界では）家父長制に残っているのは、家父長的責務をほとんど伴わない、家父長的な情緒とレトリックの名残だけである。開発された世界に本物の家父長制がほとんど存在しないことの証拠は、男性の親戚が家父長制の責務を負うことを、たとえば相応しい夫や一生涯の最低水準生活《サブシステンス》を供給することによって、あるいは人の道を踏み外した夫を堅気に戻すことによって負うことを要求するどの女性によっても、容易に集めうる。こうした本物の家父長制の正の産物は滅多に差しだされないため、私的領域が女性に対して、正義を不要とするとされる安全保障《セキュリティ》を提供することはないだろう。家父長制のレトリックにしがみついている人びとでさえ、今日ではその責務を負うことを気に留めていないことが多い。その責務を負うことを試みれば、それを果たしうるための権力と保護空間がもはや利用しえないとわかるだろう。家父長志望者は失望し、またおそらくは少し怒りっぽくなるに違いない。低開発の世界の隅々で生き延びている家父長の残存者でさえ、広範な経済的、政治的、社会的な勢力による影響を受けて、女性を保護する力をますます失っている。彼らもすぐに、家父長制の責務として引き受けている事柄を叶える力がおのれにはないと知るだろう。

とはいえ、今日ではよく遮断された私的領域がないということと、本物の家父長制はもはや選択肢ではないこと、したがって女性には責務と正義への権利について気をもむことなく自らの庭を耕し徳を涵養する場所はどこにもないということとは、まさか本気で悲観すべきことではありえない。もし家父長の残存者が無力であるならば、公的領域における権利と何よりも責務は、女性にとって決して無関係ではありえない。またもし彼らが有力でありながらも応答責任《アカウンタビリティ》を果たしていないならば、彼らは別の危険をもたらすだろうし、やはり公的領域の権利と何よりも責務は女性にとって決して無関係ではありえない。いずれの場合も、権利は女性にとって無関係であるという考え、あるいは男性と女性は根本的に異なる権利を持つべきだという考えには、理由がないのである。

もし女性の権利がこの世界において余分なものではないならば、そうした権利を重く受け止めることが何を意味するのかが問われなければならない。本章では、女性の権利を重く受け止めることは、何よりもそうした権利の対応物である責務を重く受け止めることだと主張してきた。権利はさまざまな種類のものでありうるため、責務もさまざまな種類のものでありうる。自由権に対応する責務は全員に降りかかるため、その責務は女性にも男性と同じくらい、そして男性にも女性と同じくらい、降りかかる。対照的に、財やサービスへの権利に対応する責務のいくつかは、何らかの制度的スキームが確立されるまで、一定のかたちをもたないままである。女性にとって重要なことは、財やサービスを提供する責務の配分それ自体が、責務を負うことになる人びととの実際の資源と責任、そして実際のケイパビリティと脆弱性を考慮に入れたものであるべきことである。一部の人びと――今日では女性と、特に貧しい経済圏の貧しい女性であることが多い（が決して常にというわけではない）――の資源がより少なくて依存的な他者への負担がより多い限り、そしてそれ以外の人びととは異なる仕方で脆弱である限り、責務の配分としては、資源がより多いか依存的な他者への負担がより少なく、その結果ケイパビリティがより大きい人びとに、責務がより多く降りかかるやり方を支持しうるだろう。しかしこれは、マタニティ・サービスなどの領域を除いて、女性の権利が男性の権利と異なることを支持するものではない。異なる種類の生活の実情を考慮に入れた、財やサービスを供給する責務の配分を支持するものである。[12]

第二部　政治的な正義の境界

第七章　トランスナショナルな経済的正義[1]

1　国境を越える正義

世界規模の正義、特に世界規模の経済的正義についての議論は、新しくまた混乱している。この混乱は、使われている用語そのものにも及んでいる。以前から使われている「インターナショナルな正義」という用語は、表向きはネーション（国民）を基本単位として議論をスタートすることを想定するものであった。しかし近現代では実際のところ、前提とされてきた基本単位はネーションではなくステート（国家）であって、その多くはネーション・ステート（国民国家）ではない。けれども「インターステータルな正義」という用語は流通していない。しかしそれも当然で、正義はイントラステータルな（国家内）正義とインターステータルな（国家間）正義に分けうる——つまり正義には国家内正義と国家間正義の二つがある——という考えもまた、時代遅れなのだ。正義の問題を引き起こすのは、諸国家をつなぐ活動や関係性に限られない。国家内部の政治単位、企業、国際機関、政府機関、ＮＧＯ、共同体、職業団体、そして慈善団体を含む多種多様な組織体をつなぐ活動や関係性にも正義の問題を引き起こす可能性がある。その一方で「グローバルな正義」という用語は、世界のための単一の正義体制が当該議論の主題であると前提することによって、論点を先取りしているように思われる。そうした懸念から本章では、「トランスナショナルな正義」および「トランスナショナルな経済的正義」という比較的新しい用語を用いることにする。これにより、国境を越える（経済的）正義、つまりどの単一の国家や制度にも限定されない正義の諸々の関係性を、少なくとも指摘することができると考えるからである。

この用語上の混乱の裏側には内容上の困難がある。トランスナショナルな正義、特にトランスナショナルな経済的正義が難しいテーマであるのは、グローバルな経済関係およびグローバルな経済的分配もまた、新しい可能性を含んでいるからである。さらに言えば、経済的正義の諸原理そのものが非常に論争的である。そうした原理のいずれかをトランスナショナルな問題に取り組むために拡張しようとすると、それは誰に向けて述べられるべきなのかが不明確であるという、ひとつの難題に突き当たる。つまり、変化をもたらす行為者は誰なのか？　トランスナショナルな正義の原理に基づいて、あるいはそれを無視して、行為しうるのは誰なのか？　影響を受ける当事者のうちの誰が、その原理の遵守を求めて、どのような種類の権利主張を行うのか？

世界規模の経済関係の正義を論じることの新しさには、技術的側面と歴史的側面もある。明らかなことだが、富と権原（エンタイトルメント）[2]は一部の人びとにとって常に十分以上にある一方、貧困と飢餓は不均等に分布しており、多くの人びとにとって深刻であり続けている。しかしながら、伝統的な諸社会が遠くの見知らぬ人びとの情況改善のためにできることは、ほとんどなかった。現代の技術と制度がなければ、遠くの貧困を撲滅したり削減したりすることはもちろん、ある地域で余剰の食糧を他の地域の食糧不足を改善するために輸送することさえ、困難であるか不可能である。かつての大帝国の内部では、中央が穀物の分配を適切に統制することもあったが、帝国の境界が再分配の最大限の境界でもあった。穀類や財の輸送はそうした境界の内側でさえきわめて困難であり、グローバルな輸送など単純に不可能だった。グローバルな経済的正義は想像を越えるものだったのである。

こうした状況のもと、伝統的な法典《コード》は、部族であろうと共同体であろうと帝国であろうと、その境界の外に住む人びとへの経済的正義について、ほとんど何も定めなかった。「ストレンジャー」の正しい待遇に関する限られた勧告はあったかもしれないが、彼らは遠くの見知らぬ人びとと見なされたのではなく、旅行者や避難民として領域内に入った他所者《アウトサイダー》であり、限られた期間に限られた人数で存在し、資源の分け前に対しては限られた要求しかしない人びとと見なされたのである。このようなホスピタリティおよび援助の義務と、ストレンジャーの権利主張では、投資、生産、財が長大な距間を移動しその開発が計画されうる状況、貿易がグローバルに行われグローバルに規制されている状況、そして経済プロセスが世界中で活性化し膨大な数の人びとに影響を及ぼしうる状況において、啓発的な資源配分のモデルを提供しえない。

長大な距離を越える経済および分配の正義について思考するためのよりましなモデルが、伝統的な西欧政治思想に見いだせるかどうかは、明らかではない。[3] 初期近代ヨーロッパの思想と政治では、「他所者《アウトサイダー》」の道徳的地位は否定されることが多かった。彼らが土地を占有しても所有権は認められず、彼らの慣習や制度は弱体化され、しばしば破壊された。現在の世界経済と政治的秩序を形成したヨーロッパの植民地の拡大は、侵略、ジェノサイド、収用、追放、奴隷制、そして改宗によって部分的に達成されたのであるが、それらはヨーロッパ人がその道徳的地位を認めた相手への待遇としては不正だと非難したであろうものである。

今日、トランスナショナルな正義の問題は、私たちがそれに取り組むための理論的資源を見いだせるかどうかに関わらず発生している。現代の技術的・制度的な発展可能性によって、より広範でより距離のある介入が可能になっているばかりでなく、不可避のものともなっている。個人、制度、そして社会が遠くの貧困と窮状をいかに変えうるのか（悪化させうるのか、緩和しうるのか）を問わずに済ませることは、今やほとんど不可能である。現在出されている解決案は、何も手を打たないことが容認可能でありさらには義務であるとするレッセフェールの見解から、グローバルな経済的正義が要求されまたどの余剰もその在処を問わず窮状緩和のために用いなければならないという主張までと、さまざまである。

こうした解決案は異論が多いばかりでなく、焦点が曖昧であることも多い。それらをより的確なものとするためには、誰が誰のためにどの種類の行為を行う義務があるのか（ないのか）を確証しなければならないだろう。だが、行為と活動を通じて資源を生産、分配、統制する行為者と機関は無数にあるばかりでなく非均質的でもあるため、容易に得られる概要はない。行為者と機関の種類は個人から多種多様な法人へと幅広く、法人の場合、ひとつの法域でのみ活動しているものもあれば、トランスナショナルに活動しているものもある。ひとつの法域でのみ活動している法人であっても、トランスナショナルに活動している他の法人と複雑なつながりがある場合や、それに依存している場合もあるだろう。トランスナショナルに活動している法人はさまざまな国家の法律や国際条約による影響を受けるだろうし、そうした統制を部分的に逃れることもあるかもしれない。同様に、現在のトランスナショナルな経済秩序によって不当な扱いを受けている可能性のある人びとは多くの地域や法域に散らばっており、他者の経済活動との関わりや依存の形式もさまざまである。ある程度の世界秩序を現実のものとし、またトランスナショナルな経済的正義を少なくとも理論的な可能性としたこうした変容こそが、経済的正義に関する判定に応じてその正当性が批判の対象となりうる行為、実践、そして制度の網の目を、大幅に拡張してきたのである。

　このことが示すとおり、トランスナショナルな経済的正義に関する議論はどれも、こうしたさまざまな行為者と機関の行為能力および射程範囲の多様性と、それらの変容の可能性および限界を、考慮に入れる必要がある。ところがこれまでの経済的正義の議論は、行為者性に関する非常に中途半端な見解に基づいて行われることが多かった。幾人かの著述家は関連する行為者を個人だけだと想定しているが、他の著述家は「主権」国家も含めている。ほとんどの著述家は、それ以外の法人（政府、企業、国際機関、慈善団体）の行為者性または責任について確信を持っていない。経済学者と開発専門家がさまざまな機関と制度について語る際に行為という語彙を積極的に用いている一方、倫理的問題に関する議論は、集合体の責任に関する一般的かつ説得力のある説明に欠けているため、愚図ついていることが多い。[4]

また、（公正な）経済関係の受け手の側の人びとをどう説明するかについても、合意は容易でない。経済的正義、特にトランスナショナルな経済的正義は、ある一定の人間のニーズを考慮に入れるべきだろう。ところが現代の倫理思想の多くは、ニーズというカテゴリーをほとんど用いていないか、まったく用いていない。[5] 功利主義の思考では、ニーズは欲求や選好に反映された場合にのみ考慮されるが、それは不完全な反映である。人権に関する議論のなかにはニーズをまったく考慮に入れないものもある。権利論の基本構造に何らかの無理を加える仕方でニーズを考慮に入れる議論もある。より有望な方略のひとつは、トランスナショナルな経済的正義の十全な説明には人間のニーズに関する完璧な説明が要求される可能性があることを認めつつも、基本的な経済的権利を考察する議論には、それほど多くは必要されないと主張するものである。人間が疾病や若年死を防ぐためには、適切な食糧、気候に合った住まいと衣類、清潔な水と公衆衛生、そして何らかの子育てとヘルスケアが必要であるということについては、異論の余地はない。これらの基本的ニーズは、基本的権利を支持する論証の基盤となるだろう。だが、人間にとって交友関係、家族生活、教育、政治、あるいは精神的な糧が必要かどうかは論争的である。というのも、それらのいくつかがなくても、いくらかの長期間にわたって、明らかな発育不良になることもなく、生きてきた人びとが少なくともいるからである。だがこうした問題は、飢餓と困窮に関する議論を進めていくうえで、完全な決着をつけなくてもよい問題である。トランスナショナルな経済的正義の議論は、ニーズに関する初歩的な説明からとにかく開始しうる。本章では、こうした思想的立場のいくつかを概観しまた評価し、そのうえで、行為者性とニーズについてよりはっきりした見解を提供すると思われるカント的な代替案を提唱したい。まずは、トランスナショナルな正義にもっとも関心を払わない思想的立場の検討から始めよう。もしこの立場に説得力があるならば、議論を先に進める意味はほとんどないだろうから。

2　共同体とコスモポリス

トランスナショナルな正義についてのもっとも根深い対立は、国境を越える義務について少なくとも何かしらは言われるべきだと考える人びとと、倫理的気遣いは国境を越えることができず越えるべきでもないと考える人びとの間にある。[6] リベラルな思想家と社会主義の思想家は伝統的に、正義の射程範囲は無制限であると、またゆえに正義にはコスモポリタン的な含蓄があると見なしてきた。しかし実際には、リベラルな実践と社会主義の実践はどちらも通常は、ネーションと国家の要求に正義を従属させてきた。だが、それは根本的な譲歩というよりは、実際的かつ一時的な譲歩であった可能性がある。対照的に、さまざまな形式の相対主義、歴史主義、そして国際関係の「リアリスト」の見解は、正義というカテゴリーがネーションや共同体の境界または彼らが適切に構成されていると見なす国家の境界を越えて影響力を持つこと、もしくは意味をなすことさえも、否定する。「人間の権利」に対するバークの批判、そしてフランス革命はフランス人が有する伝統的権利へ訴えかけたならばもっとうまくいったであろうとするバークの主張が、この思想の古典的な例えである。「抽象的」なリベラリズムの正義を批判する現代のコミュニタリアンは、権利の初期の批判者たちが提起した論点の多くを、繰り返し持ちだして展開している。[7]

正義に関するリベラルな構想、特に権利基底的な正義の構想は「抽象的すぎる」という一般的な批判は説得力に欠ける。[8] 厳密な意味での抽象化は、あらゆる言語と推論にとって不可欠である。複数の事例を単一の原理の下におこうとすれば、述語を一括りにまとめる必要があるからである。「抽象的リベラリズム」の批判者たち自身も抽象化を回避していないし、また回避することができない。アテナイの正義とスパルタの正義は異なると考える相対主義者やコミュニタリアンでさえ、アテナイの正義の抽象化の元となったアテナイ人とは多くの点で異なるアテナイ人にも適用されるような原理を用いて、アテナイの正義を考えることになるからである。ある特定の現実に当てはまる述語のいくつかを括弧に入れる抽象化は、必ずしも思考や議論を損なうものではない。ある特定の現実に当てはまらない「理想化された」述語を生み出すのは、これとはかなり異なる思考パターンである（これが紛らわしくも「抽象化」と呼ばれることが多い）。トランスナショナルな経済的正義の議論には、理想化があふれている。完全に合理的な行為者や、完全無欠の主権国家、そしてまったく通り抜けられない国境といった、実例がひとつも存在しないような構想が次々と登場する。このような前提の上に築かれた正義論は、実践との関連性を失う恐れがある。

コミュニタリアンは正義のコスモポリタンな構想を疑問視するだけではなく、共同体内部の正義について肯定的なことを述べている。コミュニタリアンの多くによれば、いかなる倫理的言説のカテゴリー、意味、そして権威も特定の共同体または伝統に根ざしており、そうした推論を国家や社会の境界を越えて適用しようとすれば、推論を、それが拠って立つところの生活や思考の様式から切り離すことになる。この説明では、トランスナショナルな経済的正義に関する構想はどれも、異なる共同体の人びとがカテゴリーと原理を共有するという誤った想定をなしていることになるため、幻想となる。一部のコミュニタリアンの理解にあるように、正義の最大の領分は政治共同体である。[9]「抽象的リベラリズム」を批判する他のコミュニタリアンは、正義の境界を文化的共同体の境界と同一視している。たとえばアラスデア・マッキンタイアによれば、倫理的推論はそれが促進しようとする特定の伝統に内在的なものでなければならないため、リベラリズムの要求とナショナリズムの要求の間には解消不能な緊張関係がある。[10]ロールズの後期の「政治的」な著作では、正義原理は現代のリベラルでデモクラティックな政治組織体の市民の合意に基礎づけられている。[11]

もしコミュニタリアンの議論が精確であるならば、同国人が正当な優先権を持つのだから、[12]トランスナショナルな経済的正義は要求されるものではなく、おそらくは考えることすら不可能だろう。もし国家間の境界と言説および文化の様式間の境界が完全であり何も通さないならば、トランスナショナルな経済的正義は確かに考えられないものになるだろう。しかしこの点こそが、現代世界がかつての世界、あるいは（より正確には）想像上のかつての世界とは異なる点である。現代世界は、相互に浸透不可能な思考様式、自給自足の経済、そして理想的主権国家を戴く複数の閉じた共同体から成る世界ではない。しかもコミュニタリアンも実際には、他の誰とも同じ程度に、この点を承認している。外国人との交流を期待し、国家と文化の境界を越える翻訳、交渉、貿易の実践に頼っている点で、コミュニタリアンも他の人びとと変わりない。もし複雑で筋の通ったコミュニケーションと交際が境界を越えるならば、正義の要求もそうであるはずである。国際主義者が描く「世界共同体」や「世界村」のイメージは感傷的なスローガンであるかもしれないが、現実の共同体や国家の境界を浸透不可能とする見解は甚だしく理想化されたノスタルジーであり、時に利己的なノスタルジーでもある。トランスナショナルな経済的正義の問題を不適切なものとして無視することは、もはやできない。

3　帰結主義的な推論とトランスナショナルな経済的正義

帰結主義的な推論は、グローバルな経済的正義について考えるうえで、二つの大きな利点と二つの深刻な欠陥を持つ。まず利点から見ていこう。現在のグローバルな経済秩序は、何億もの人びとを深刻な貧困のまま放置し、彼らを不安定で不健康で無力な状態におくという、過酷な帰結をもたらしている。帰結主義的な思考、また特に功利主義の思考は、行為と構造をその帰結から判断することに力を注いでいるため、こうした過酷な現実に目を向けることになる。第二の利点は、行為ではなく帰結に焦点を合わせる帰結主義的な推論は、手に負えない行為者性の問題の数々を一括りにできるだけでなく、全面的に回避することができるだろう（と思われる）。

こうした利点は広く受け入れられているし、グローバルな分配に関する帰結主義的な推論も多数存在する。第三世界で活動する慈善団体の単純な広報活動（「五ポンドの寄付で一人の子どもの視力を守れます」といったもの）から洗練された経済モデルまで、さまざまなものがある。

帰結主義的な正義の理論化はしばしば、功利主義的な価値説を用いており、また人間の幸福もしくは福利への貢献可能性を考慮しつつ政策や行為の選択判断をしている。期待されるグローバルな福利に極大に貢献する行為と政策が、正しい行為と政策（義務的な行為と政策）なのである。

トランスナショナルな経済的正義についての帰結主義的説明、また特に功利主義的説明は、まったく異質で、実に両立不可能である多数の行為系列を、支持すると考えられてきた。幾人かの議論によれば、トランスナショナルな経済的正義のためには、富める者が貧しい者へと、資源をこれ以上譲渡すれば福利の総計が縮小することになるまで、譲渡する必要がある。[13] 限界主義者の考察によれば、どの任意の単位の資源も富める者よりも貧しい者にとって価値が大きいため、福利の最大化に至るまでに、平等な資源の分布へ向けた相当程度の譲渡がなければならないことになる。他の人びと、特にさまざまな新マルサス主義の著述家は、帰結主義的な推論を用いながら、富者は貧者に何ら譲渡すべきでないという真逆の主張を行う。その理由は、資源の譲渡によって、扶養できない子どもを産むよう貧者が促されることになるため「持続不可能な」人口増加につながり、結局は利益よりも損害のほうが多くなる、というものである。[14] 他方では、多くの開発機関やNGOからのものを含む多数の主張が、帰結主義的な推論によって、富者から貧者への選択的な分配が、特に食糧支援は行わずに経済的権原を確実なものとすることを目標とすることで依存文化を永続させてしまいかねない開発支援が、正当化できるとしている。

このようなラディカルな相違が生じるのは、帰結主義的な推論が最初に思われる以上に変形しやすく、また融通が利くものだからである。帰結主義はこうした相違を計算で正すという希望を掲げているが、その計算方法はあまりに柔軟であるため希望は粉々に打ち砕かれてしまう。正しい行為のためのアルゴリズムを提供しているように見えながら、そのアルゴリズムが使える状況は限られている。つまり比較する「選択肢」をすべて生成する方法があり、各「選択肢」の起こりうる結果を予測するための因果関係に関する適切な理解があり、また「選択肢」の十分正確なランクづけを伴うそれぞれの結果を評価するための（功利主義的な、もしくはそれ以外の）適切な価値論がある場合にのみ、そのアルゴリズムは使用できるのである。この手続きがおおよそでも辿られうるのは、おそらくいくつかのかなり限定された問題においてだけであろう。したがって帰結主義の手続きには、トランスナショナルな正義への取り組みを成功させる見込みはない。解決すべき「問題」も、そのための「選択肢」も、異論の余地なく提示されることはありえず、ほとんどの「選択肢」の結果は不確実であり、その価値も論争的である。帰結主義が原理上は提示する可能性のある、正確であるとされる勧告は手に入らない。代わりに手に入る勧告のいいかげんな正確さは、利用可能な「選択肢」、予想される結果、そしてその結果の価値に関してコンテクストによって異なる（おそらくイデオロギー的に異論の多い）見解を反映している。現実の問題についての帰結主義の推論は科学的でなく、救いがたいほどに印象論的である。[15]

この欠陥は帰結主義に内在的なものであるが、第二の重大な欠陥は外在的である。帰結主義は、人びとが正義にとって中心的だと考えるものの多くを軽視する。利益（福祉、幸福）の製造を正しい行為の規準とする帰結主義は、ある人びとを他の人びとの利益のために利用し犠牲にすることを、単に容認するだけではなく要求する。さらに、帰結主義者のほとんどは利益の尺度として善の主観的説明を用いているため、あらゆる選好を同等のものとして扱っており、喫緊のニーズへの対応よりも、強力な選好の充足を優先することもある。グローバルな経済的正義のコンテクストにおいて、これは些少なことではない。なぜなら極度の欠乏には、選好を強めるよりも鈍くしてしまう可能性があるからである。[16]

たとえ現実の選好はニーズの喫緊性を反映したものであると私たちが知っているとしても（どのようにして知っているかは別問題である）、ある人びとを他の人びとの利益のために利用することは、開発倫理学において無数の問題を提起する。多大な努力によって生み出されたものを、他者の貧困の緩和のために取り上げることは、どこまで許容されるのか？　将来世代のためにひとつの「世代の犠牲」（または多くの世代の犠牲）を要求することは、どこまで許容されるのか？　再生不可能な資源を利用したり人口数を増やすことは、それが将来世代に危害を加える場合、どこまで許容されるのか？　どれほどの平等のためにどれほどの自由を引き換えにしてよいのか？帰結主義者はトランスナショナルな経済的正義の議論において、論争を計算で正してこなかった。帰結主義者が経済的権原に影響を与える可能性のある事実上すべての政策に対して行っている提案の多様性が、その証拠である。

4　行為基底的な推論——権利と責務

もし帰結主義的な倫理的推論がこうした問題を避けられないのであれば、もっとも有望な代替案は、それほど野心的ではない形式の倫理的推論を考察することだろう。行為基底的な倫理的推論は、私たちに最適な結果、またしたがって最適な行為を同定するように求めるのではなく、行為にかかる道徳的に重要な制約を探究するものであるため、帰結主義的な倫理的推論ほど野心的ではない。正義への行為基底的アプローチのほとんどは、正義を構成する権利と責務に関する説明を試みている。

必要とされる行為に関する推論の多くは権利から出発している。それらは権利のコロラリー（論理的帰結）として責務を導きだしており、また行為や行為者性の観点よりも受け手の観点を重視している。これには利点がありうる。行為者と行為者性についての論争的な問題を脇に置きやすくするかもしれないし、権利への訴えかけが持つ政治的反響をトランスナショナルな経済的正義の問題に利用しやすくするかもしれないからだ。だが権利の説明から始めることには、代償もつきまとう。

明らかな代償の一つは、権利からの出発は対応する権利のない責務を無視することになる、というものである。それを尊重する責務が誰にもない権利は幻想であるだろうが、それを要求する権原が誰にもない責務はむしろ重要でありうる。しかしそのような責務は通常、正義の側面とは見なされないため、ここでは脇に置くとしよう。より重要なことは、仮に権利を出発点としたところで、それが行為に対して有する含蓄はひどく不明確なままでありうることである。権利は通常、何が許可または供給されるべきなのか（つまり居住権、自由に発言する権利、食糧を得る権利、労働権など）が指し示される過程で、個別化される。その権利が尊重される場合に誰のどの行為が要求されるのかが指し示されながら、個別化されるのではない。ある一定の類型の権利を尊重するために〈誰が誰のために何をしなければならないのか〉を考えだすのは容易だが、他の類型の権利の場合はまったくそうではない。

簡単な事例は普遍的自由権と特別権利である。普遍的自由権には、他者全員によって負われる対応責務がなければならない。たとえば移動の自由への権利は、それを尊重する責務のない人が一人でもいるならば損なわれる。同定しうる行為者と機関から財やサービスを受ける特別権利は、そうした特定の行為者と機関に対して、その権利を尊重するように行為したり、あるいはその権利をかなえるように行為することを要求する。私が特定の店主から品物を購入した場合、購入された品物を私に提供する責務を負うのはその店主である。他の権利はこれほどまでに義務を負わせる仕方では構成されておらず、対応義務が誰に割り当てられるのかを特定しないままでその権利に言及することができる。

議論によく登場し、経済的に重要である可能性のある権利のいくつかは、対応責務の割り当てを特定していない。経済的に重要な自由権（契約する権利、売買の権利）と、同定しうる当事者間の特別権利（契約を守らせる権利、合意に従って支払いを受ける権利）は、対応責務を明確に割り当てているが、財やサービスへの普遍的権利はそうではない。食糧、（雇用という意味での）仕事、もしくは開発への普遍的権利があるとした場合、要求されるだろう責務は誰が負うことになるのだろうか？　財やサービスへの普遍的権利は、数えきれないほど多様な方法で充足されうるだろうという点で、独特である。「食糧への権利」は、食糧を買うのに十分なお金を稼ぐこと、食糧を育てるのに十分な土地を持つこと、あるいは食糧の提供責務のある家族や友人を持つことなど、さまざまな方法によって充たされうるだろう。いずれの場合も、アマルティア・センが言う意味での食糧への権原があることになるだろう。だが何らかの確定的な制度構造がない限り、こうした想定上の経済的権利は権原ではなくレトリックになってしまう。行為中心的な推論のもっとも抽象的なレベルを超えると、権利と責務の間に間隙が生じる――権利は受領されるべき物を特定し、責務の方はそれを提供すべき者を特定するのである。この間隙が反映しているのは、権利に焦点をおくと、他者の行為の受け手という――まさに請求者という――受動的観点が採用されるという事実である。受け手の観点の内部では、請求者の構えは実のところ、他にありうる構えほど受動的ではない。請求者は謙虚な請願者でも、忠実な臣下でもない。恩恵や好意を請うのではない。不当に扱われている同等者として発言し、他者の行為を要求する。そうであるからこそ、初期近代が導入した権利の観点は、猛々しい力と政治的重要性を持ったのである。踏みつけられた人びとはこれを利用することで、既存の権力とその政治的・経済的な責務の構想を強固に拒絶しえたのだった。このレトリックは支配者と服従者の世界において強烈な力を持ち、後の帝国と植民地、そして超大国とその属国からなる世界においても影響力を持ち続けている。けれども自らの権利を主張する人びとは、依然として自らを受領の枠組み全体のなかに見ている。権利は他者に対する要求である。自由権が要求するのは、他者が権利者に干渉したり妨害したりしないことであり、財やサービスへの権利が要求するのは、他者が権利者のために供給することである。

このことが示すように、権利のレトリックは行為中心的な推論の基本的な語法ではなく、派生的な（そして潜在的に恨みを伴う）思考法である。この思考法においては、他者が、時に特定されていない他者が主要な行為者と見なされる一方、他方で権利者は自らを、他者の自制や供給におのれの行為が依存している副次的な行為者として見ている。貧窮し脆弱な人びとにとっては、これがもっとも能動的な形式に近い、倫理的・政治的な言説なのかもしれない。他者のニーズを減らすためにならほとんど何でもなしうる強者にとって、権利と受領に焦点を合わせることは、彼ら自身の権力と真の責務の要求とに関する認識を曇らせてくれるのだろう。

権利を出発点におくことの最大の問題点は、対応責務の割り当てが制度化されていない権利が、重要視されない可能性のあることである。責務が割り当てられていないとしてもその責務が果たされるべきだとするのは正当であるが、それが果たされることへの実効的な権利——強制可能であるか、請求可能であるか、あるいは放棄可能な権利——を持ちうる人はいない。そのように抽象的な権利は実効的な権原ではない。いわゆる食糧や開発への「権利」の請求者がその要求を突きつける相手を見つけられない場合、それら権利は空虚な「宣言《マニフェスト》」権利となる。[17]「食糧への権利」が普及したところで、特定の権利者に食糧を提供する責務が、特定された行為者に割り当てられない限り、食糧のない人びとに保障されるのはわずかばかりの分け前に過ぎない。

権利を正義にとって基本的なものとすることで生じるこうした問題に対しては、リバタリアン、補償的正義の主唱者、そして「社会正義」もしくは「福祉」のリベラリズムを主唱する実に多くの論者が、異なるアプローチを提案してきた。それらの回答がトランスナショナルな経済的正義に対して持つ含蓄は、以下で見てゆくように異なる。

5　リバタリアンの正義

責務の割り当てがないと、財やサービスへの権利は問題含みとなる——このような異論を唱える人びとに対して、リバタリアンの著述家は歯切れよく応答する。すべての権利は対応責務が普遍的な自制のみを要求する普遍的自由権であるか、自発的な関係性と特定当事者間の合意とから生じる特別権利のいずれかであるということに、リバタリアンは同意しており、実際にそう主張している。それ以外の、たとえば食糧、福祉、または開発に対する権利といった普遍的権利とされるどんな権利も、責務負担者の何らかの自由権を侵害する責務を課す可能性があるため、開発援助を提供するための課税も含め他者利益のための課税は、被課税者から財産を取り上げる不当なものであると見なすリバタリアンによって、拒否されている。リバタリアンの正義の中心にある要求は、ナショナルなものであれトランスナショナルなものであれ、再配分はするな、というものである。

そのためリバタリアンの主張は、財産権の特に強硬な解釈を支えるための、説得力のある論証を必要とする。自由権が、自由に結ばれた取引の全結果を保護するものとして理解されているからである。だが、実際に提示された論証は大いに批判されてきた。一部の批判者は、自由には他の善に優る無条件の優先権が与えられるべきだというリバタリアンの主張を、ただ単純に否定している。[18] 他の批判者は、自由が他の善よりも優先するという点にはそれほどこだわらないものの、自由をもっと広く解釈してこう主張している。人間がそれなしでは成長したり、自由に行為したり、あるいは自由権を行使することができない種類の福祉の形態や基本的ニーズの供給への権利によって、人身《パーソン》の自由への権利が強化されなければならない、と。たとえ自由に優先権が与えられるとしても、財産権は一定の仕方で制限されなければならないというのが、彼らの結論である。[19] また、全員にとって最大限の平等な自由というリバタリアンの中心的な理念は、単純に不確定的であるという批判もある。[20]

国家権力や国家機関による再配分は不当であるという主張が、援助、福祉、そして貧困に関するリバタリアンの見解を決定づけている。リバタリアンの考えでは、貧窮した者への援助形態として容認できるのは、（よく用いられる冗語法によれば）「自発的供与」と慈善のみである。なぜなら、それらだけなら正義を「侵害」しないからである。[21] 慈善でさえ、それが依存を確立させたり促進したりする場合には不正であるとの懸念を示すリバタリアンもいる。しかしながら自発的供与は、グローバルな貧困といった大規模な現象への取り組みとして、完全に不適切である。[22] いずれにせよリバタリアンは、慈善を支持して多くを語る立場にはない。彼らは権利のコロラリーではない責務を理解する上で役に立つ概念的手立てを持っていないため、そうした責務や、慈善活動や供与において表出されるような徳について、有益なことは何も言えないからである。責務の事柄ではない慈善は義務を超えた行為であると示唆することを通じて慈善を称賛する類いのリバタリアンの著述もあるが、これは単なる言葉遊びに過ぎない。リバタリアンは、自らが認める限定的責務を「超える」行為を道徳的称賛の対象とするのは何であるかについて説明することはないし、またできないのであるから、単に個人的選好を表出させる一つの可能性として慈善的供与を説明するほうが、より正確であるだろう。[23]

ただし、リバタリアンは経済的再分配を憎悪するにも関わらず、第三世界の貧者にとって強力でおそらくは役に立つ含蓄のある立場をとることができるし、また幾人かはそうしてきた。諸個人と彼らの権利の尊重とを思考の基礎とし、最小国家以外の国家を不正と判断するリバタリアンはおそらく、どれひとつとして最小国家ではない実際の国家は正当な権力以上のものを行使していると見なしているに違いないし、また特に諸個人の移動、居住、求職の自由に対する国家の制限を権利侵害として見なしているに違いない。疑う余地のない解釈として、このことが示唆しているのは、移住しどこにでも住む権利と、どのローカルな賃金水準よりも低賃金で働く権利とを、リバタリアンは擁護するに違いないということである。労働許可と居住許可は、保護主義の貿易障壁と同様に、リバタリアン的権利を侵害する。とはいえ、リバタリアンは自由貿易の唱道と賃金規制への反対ではよく知られているものの、移民法廃止の唱道では知られていない。このことは、リバタリアンによる財産権の重視が公共空間をきわめて限定的なものとしているため、〔彼らの理論においては〕ナショナルな法域の内部ですら、無産者の移動の自由と居住の権利が損なわれていることと関係しているのかもしれない。[24]

ラディカルでコスモポリタン的なリバタリアニズムの、グローバルな意義は何であるだろうか？　おそらくそれが支持するような政策のもとでは、富裕経済内部の相対的貧者は交渉力が低下し、大いに立場を弱めることになるだろう。ことによると表向き「完全化した」グローバル市場は、世界人口に対して、機会と、それゆえに資源を、ますます均等に広げることになるかもしれない。それとも、移動、居住、貿易にかかる制限の除去は、まったく異なる結果をもたらすのだろうか？　生産の自動化が進む時代において、貧者と技能のない人びとは、グローバル市場で販売できるものがほとんどないことを見いだすだろう。彼らの労働力にさえ、市場価値はないかもしれない。これまで比較的自由な国内市場では、経済権力の集中を形成し持続させることが可能であった。トランスナショナルな経済権力の集中も、より幅広い競争の波に同じくらいうまく乗っていくように見える。

6　補償的正義とトランスナショナルな経済的正義

トランスナショナルな経済的正義へのもうひとつのアプローチは、補償を受ける権利によって示される。たとえ貧者に同国人または国外からの経済的支援を受ける普遍的権利がないとしても、なかには彼らに危害を加えたり、もしくは現在危害を加えている特定の他者に対して、補償への特別権利を持つ人がいるかもしれない。[25]補償への特別権利は、具体的な歴史的事実や日常的事実、また具体的な関係性に根ざすものである。低開発世界の現在の苦境は、部分的には、先進世界の国家、企業、そして個人の過去の行為によるものである（よりローカルな行為者や力のある集団によるものも確かにある）。植民地支配は侵略と自由の甚だしい侵害とともに開始した。第三世界の多くの経済は帝国に都合よく開発された。南で生み出された利潤は再投資されずに「本国に送り返され」、植民地の産業と貿易には制限が加えられ、北の発展は南の搾取を部分的な基盤とした。しかしながら、植民地支配による権利侵害の因果関係は、複雑で不明瞭である。ほとんどが遠い昔の暗闇のなかに隠されている。旧植民地の多くは、植民地化された際、経済的に遅れていた。植民地保有国のなかには、植民地の近代化と発展に大きく寄与したものもあった。第三世界の経済が植民地行政のもとで繁栄した事例もいくつかある。そして過去に植民地支配がなければ現在どうであったかは、永久にわからない。

それでもなお、第三世界の貧者の現在の苦境の原因を、残存している行為者または機関によって加えられた過去の不正に遡らせうる場合、そうした行為者または機関から補償を受ける権利を有する人もいると論じることが可能かもしれない。しかしながら、それよりも遠い過去において権利を侵害された諸個人と彼らの権利の侵害者はとうの昔に亡くなっており、また関連する制度は通常、変容しているか廃止されている。それにもかかわらず、補償への権利は一部の人びとにとって役立ちうるだろう——もしそれが、制度的な行為者性に関する適切な説明と結びつけられ、またその説明がどの現存する行為者と機関がどの過去の損害に対して責任を負うと無理なく考えうるのかと、責務とされるものは誰に対して負われるものであるのかを、明らかにしてくれるならば。そうでなければ、過去の不正を補償する責務とされるものが現在どこにあるのかを、あるいは（いるとすれば）誰が補償を受ける権利を現在持っているのかを、示すことができる人はいないだろう。しかしながら、過去の抑圧、損害、搾取の事実がはっきりと確立できる場合でさえ、現在のどの個人、集団、国家、地域が補償を受ける特別権利を持つのかを示す確定的な根拠は提供されないかもしれない。どの程度の現在の苦境が過去の不正によって生じたのか、あるいは同時代人のうちの誰が過去の不正によって危害を被ってきたのか、あるいは同時代人のうちの誰が過去の不正から利益を得てきたのかは、確かでないことが多い。そうであれば、誰が誰に対して何の補償をしなければならないのかが容易に示されえないとしても、不思議ではない。長期にわたって存続する責務負担者のもっとも典型的な例はおそらく国家であろうが、国家ですらそのアイデンティティを変容させてしまう。たとえば現在のロシア国家は、その部分的前身であるソビエト国家の条約上の責務にとどまらず、強制的集団化がもたらした経済的損害についても責任を負うのだろうか？　もしそうだとすれば、補償のために誰が誰に対して支払うべきなのか？　また、貧しいながらも植民地時代の諸活動からほとんど影響を受けなかった人びとに対して、補償への特別権利は——もしあるとすれば——何を提供できるのか？　そうした人びとのニーズは、過去の損害に対して補償を受ける特別権利への訴えかけに主に依拠するトランスナショナルな経済的正義の説明においては、完全に無視されることにならないだろうか？

第三世界の苦境の多くを過去ではなく現在の不正に帰する類似の考慮事項もある。現在行われている不正の明白な事例が特定しうることが時にあり、戦争と暴力、ジェノサイド、略奪、そして有害廃棄物の放出には加害者がいる。こうした加害者を特定できる場合には、処罰もしくは補償のためのコンテクストが整う。しかし加害者が特定できない場合も多く、特定できる場合であっても、彼らが（補償の意欲に欠けていることは言わずもがな）まったく補償できないことも多い。さらに、過去か現在かを問わず、どの行為者にも帰することができない貧困や基本的ニーズの欠如の事例は他にも多数ある。いつも通りの仕方で廻っている経済システムは、何億もの人びとの経済的安全を蝕んだり繁栄を危うくしかねないが、依然として加害者を特定することは困難であるだろう。特にリバタリアンは、不平等な競争者から成る世界のなかでより脆弱な人びとが被っている危害を、不当なものとは見なさない。他方で普遍的権利のリバタリアン以外の主唱者の幾人かは、豊かで力のある人びとがトランスナショナルな経済秩序の基本ルールを支配している世界、特に金融と貿易の制度の枠組みを支配している世界におけるレッセフェールは、まやかしであると申し立てている。

このような論難の詳細はきわめて複雑であるが、基本パターンは単純である。それは、もし他者の生活の基本的情況に大規模な干渉があるならば、彼らの権利は尊重されていないというものである。政治的・経済的な権力の行使は、第三世界の遠くにいる困窮した人びとの生活を助けることもあれば、害することもある。損害がなされたならば、補償の責任は強者が負うべきである。よりあからさまに言えば、多国籍企業、通商条約、銀行および金融機関、そしてＩＭＦおよび世界銀行の運営が世界全体の経済生活の基本ルールを定めており、貧者と弱者の苦しみはある程度これらの振る舞いによるものであるというのが、よく知られた告発である。それによれば、こうした情況のもとでは、強者の自由への不干渉が正義によって要求されるという主張はどれも、まったくの偽善である。

こうした議論は概論として印象的であることが多いが、その詳細な含蓄はなお曖昧である。もし経済権力の活動が権利を侵害するものであると見なされるべきならば、権利についてのどのような想定が、リバタリアンが認めるだろう想定の他に必要となるのか？　この議論は、市場開放と外国投資の政策（「従属的発展」）を拒否し、おそらくはゆっくりとした内発的で自律的な発展の道筋を支持する議論なのか？　先進世界から途上世界への大規模な補償支払いのスキームを指し示しているのだろうか？　もしそうならば、現在の投資の範囲と「援助」措置は、そのミスリーディングな名称は別として、補償として適切なのだろうか？　それとも現在の政策は不均等に展開しており、「供与者」の利害関心に縛られることが多く、また補償原理のもとで行われていないため、不適切なのだろうか？　第三世界に〔先進世界並みの〕先進地区を作りだした一方、他方で広大な後背地を貧しいまま放置してきた政策は、現在――あるいは過去――の損害に対する補償として数え上げられうるのか？　こうした取り決めは、その影響がおよぶ人びとや、おそらくは彼らの政府の同意があれば、十分なのか？　それとも第三世界内部の有力者は、同国人に対してむしろ補償の義務を負うのだろうか？　そして補償すべき人びとが補償できない場合、どうなるのだろうか？

第三世界の貧困もそれを越える範囲における貧困も、補償的正義では容易に改善できない。特別権利を請求するためには特別な関係性があることを示さなければならない。だが、損害を与えた側と受けた側、または現在損害を与えている側と受けている側である、特定の個人や制度の間にある因果関係は、補償を受ける権利を割り当てるには明瞭さが足りないことがあまりに多い。割り当てがなければ、権利は宣言《マニフェスト》のレトリックに過ぎないのである。

7　財とサービスへの権利とトランスナショナルな経済的正義

トランスナショナルな経済的正義に対する、より野心的でより広く支持されている第三のアプローチによれば、人権には自由権と、ひとたび何らかの普遍的権利が認められたらば生じうる特別権利（補償を受ける権利も含む）だけではなく、ある一定の財やサービスへの普遍的権利も含まれる。いくつかの正義論の主張によれば、基本的ニーズを充たすために必要とされるあらゆる財やサービスへの権利といった、（ある水準の）経済的供給や福祉への権利もある。この類型の主張は、国連の宣言と他の経済的、社会的、文化的権利の宣言の基本にもなっている。実質的な経済的権利を認め容れる立場は、トランスナショナルな経済的正義論に好意的な土俵を必ず提供するはずだが、常にそうだとも限らない。

自由権と特別権利以上のものを含む経済的正義論のひとつとして、ジョン・ロールズの『正義論』がよく知られている。[26] ロールズの正義論は、ほぼ自己完結的で自足的な共同体として描かれた社会の基本構造を前提としている。[27] ロールズはそのような社会のために正義の二原理を論じる。第一原理はリバタリアン的見解と同調しており、全員が平等で最大の自由を持つべきだとする。第二原理はいわゆる格差原理と呼ばれるものであり、第一原理を制限して、もっとも不遇な人びとの代表の利益になる場合にのみ不平等が容認されるとする。この構成は閉じた社会の枠組みを想定しているため、「もっとも不遇な人びとの代表」は全世界でもっとも不遇な人びとを代表するとは考えられていない。正義は国家に内的であるとの想定を最終的に緩める時も、ロールズは選ばれたトランスナショナルな正義原理について論じているにすぎない。[28] 当事者は相対的に自足的な自主独立体として描かれる国家の代表者たちであるという仮説の上に、原初状態の思考実験が繰り返されるものの、『正義論』の第一原理に類比的な国際正義の原理のみが、つまり不介入、自決、パクタ・ズンダ・セルヴァンダの原則〔「合意は守られねばならない」という原則〕、自衛の原則、および正戦の原則が、確証されると主張されている。格差原理の国際的な類比はなく、したがってトランスナショナルな経済的正義の説明もない。

数人の著述家が、ロールズのこの手抜かりを、基本的にロールズと同じ枠組みのなかで修正しようとしてきた。たとえばチャールズ・ベイツは、ロールズの手続きと類比した手続きを用いて国家間正義のための原理を正当化することを提案しており、そこでは国家の代表者たちが無知のヴェールのもとで出会い、グローバルな資源の分配のための原理を選択するとされる。[29] 自国には資源に乏しい領土しかないことが判明する諸国を保護するために、代表者たちは十分な資源の再分配を要求することになるグローバルな格差原理を選択するだろうと、ベイツは主張している。これとはかなり異なる仕方でロールズの立場を修正することを提案したのがトマス・ポッゲである。ポッゲは、原初状態の構成においては最初から国家中心主義的な視点ではなくコスモポリタンな視点がとられるべきであり、すべての正義原理はコスモポリタンな射程範囲を持つべきだと論じている。[30]

こうしたロールズ的思考の拡張が実際に対して持つ含蓄は、見極めが難しい。ロールズの正義論は制度に制約をかける。彼の第二原理は、制度構造全体の評価および〔他の選択肢との〕比較を要求するため、帰結主義者を悩ます評価と比較の困難の一部がここで再発する。マキシミン原理の使用は判断のランク付けに必要となる情報を多く求めるが、トランスナショナルな相互依存はきわめて複雑であるために、どの制度的変化が最貧者の生活をもっとも改善することになるのかは、激しい意見の対立を免れない。

権利に関するリバタリアン的見解以外の他の説によれば、諸個人には物質的ニーズの充足を要求する基本的福利への権利がある。アラン・ゲワースやヘンリー・シューの説を実例とするそうした議論においては、[31] 制度編成は福祉を供給せず基本的ニーズを充たさない場合に不正となる。最低水準生活《サブシステンス》という最小基準がなければ行為者性そのものが損なわれるため、行為の自由の意義、ゆえにまた自由権の意義さえも、失われてしまう。要は言うまでもないことだが、制度編成を無視してはならないのだ。何億もの人びとの基本的ニーズは、適切な経済秩序を構築することでしか保障しえない。問題は、そうしたニーズを充たす権利を保障する何らかの制度編成を見つけだすことである。

このように考えられた経済的権利は多くを要求する。財やサービスへの普遍的権利を重要視しようとするならば、こうした権利に適切に対応する何らかの責務が割り当てられなければならない。だが、こうした責務のどの割り当てが支持されることになるかは明白ではない。権利論者は通常、普遍的権利には普遍的責務が対応すると想定する――対応する制度上の権利を充足し強化することのさまざまな側面を、特定の行為者に割り当てることも可能だろうが。この想定は、対応する普遍的責務が消極的である場合、自由権の議論とうまく適合する。自由への権利は、あらゆる行為者と機関がその自由の毀損を控えない限り、尊重されたことにならない。しかし、一定水準の財やサービスへの経済的権利はそうではない。その場合は全員が、たとえば貧困もしくは飢餓の根絶のために同一の貢献を行うというように、同一の責務を引き受けることは不可能である。食糧を得ることへの普遍的権利、あるいは基本的な住まいや保健医療を得ることへの普遍的権利は、殺されないことへの普遍的権利や自由に発言することへの普遍的権利とは異なる。殺されない権利や自由に発言する権利は、殺さない、あるいは自由な発言を封じないという普遍的責務と対応しており、またそれを要求すると考えるのは妥当だろう。だが食糧への普遍的権利が、一口分に割り切れる食糧を提供する普遍的責務によって対応されうることは、絶対にない。自由権と「福祉」権のあいだにあるこの非対称性は、リバタリアンが彼らの正義構想を拡張しようとしないことの大きな理由であるが、それには十分な根拠があると私には思われる。（とはいえこのことは、自由に優先権があることや最大限の自由を構成するものについてリバタリアンが確証できないならば、彼らにとってほとんど慰めにならないのだが。）

大雑把に言えば、これらやそれ以外の「社会正義」論は、基本的ニーズへの請求権を含む経済的正義に関する説明を提案している。だがこうした理論は典型的に、これらの権利を非常に抽象的に同定してしまうため、責務負担者への割り当てを決めることができない。誰に対して請求すればよいのかが確定しないのである。このような理論によって私たちは、たとえば食糧への権利、最低水準生活《サブシステンス》への権利、あるいは基本的なヘルスケアへの権利についてかなり流暢に語ることができる。だがこうした理論は、そのような財やサービスへの権利と普遍的自由権――その対応責務は端的に普遍的な自制の責務である――とのあいだにある、実際の非対称性を曖昧なものにしてしまう。財やサービスへの権利を、そして「福祉」権を保障しそのための支出を行う既存の制度を、二一世紀の福祉国家のコンテクストにおいて考える場合、このような責務の割り当ての欠如は明白ではないかもしれない。国家を越えて「社会正義」の理論を拡張する場合には、対応責務が割り当てられていない経済的権利の含蓄が根本的に不確定的であることが判明するのである。

　財やサービスへの普遍的な経済的権利の提唱者の幾人かは、普遍的権利のさまざまな区別そのものに挑戦することで前進しようとしている。たとえばヘンリー・シューは、ひとたび権利の行使に関する議論を始めるならば、自由権と、他者からの積極的行為を要求する実質的な経済的権利とのあいだの区別は消滅すると、的確に指摘した。シューによれば、「もっとも「消極的」に見える自由権ですら……それを保護するためには、そして……回避と保護のどちらも失敗した場合にそれを回復するためには、社会による積極的な行為が要求される」[32]。しかし権利の行使は、責務の適切な割り当てが同定されていることを前提とする。結局のところ励行を必要とするのは、権利ではなく責務の方である。権利の行使可能性を要求する側からの議論は、財やサービスへの権利とされるものに対応するとされる責務を誰が負うのかを定めることができない。拷問されない権利の行使は積極的な行為を要求し、それは食糧への権利の行使とまったく同じであるが、この二つの権利のあいだにはなお非対称性が残る。拷問されない権利と食糧への権利の両方があると、私たちが考えているとしよう。権利が行使されていない場合に、ＡがＢを拷問するとすれば、誰がＢの権利を侵害したのかは明らかである。だがＡがＢに一口も食べ物を提供しない場合、ＡがＢの権利を侵害したのかどうかはわからない。というのも、Ｂの食糧への請求権が有効でありかつ行使されるべきなのはＡに対してであるということを、示すものは何もないからである。[33]

8　普遍的責務とトランスナショナルな正義

権利の「社会正義」論は、トランスナショナルな経済的正義について考えるための枠組みを提供するところまできている。先に概説した立場に欠けているのは、ニーズと貧困の権利要求に応える責務を特定し割り当てることのできる制度構築の役割に関する説明である。リバタリアンは責務の割り当てを重要視するが、ニーズを軽視している。「社会正義」を主張するリベラルはニーズの権利要求を承認するが、責務の割り当てを重要視しないことがある。ここでは権利ではなく責務を正義の出発点におくやり方の可能性を素描することで、責務の割り当てとニーズの権利要求に応えたいと思う。また、責務は有限の欠乏した存在者たちによって負われ、また彼らに向けて負われるという事実にも目を向けることにしたい。

自らの正義の説明の中心に権利をおく人びとは、全員が等しい権利を持つという考えから出発する。正義の責務を同定するための類比のアプローチは、全員によって負われうる、普遍的に採用可能な責務原理を求めるものとなるだろう。よく知られているように、これはカント倫理学の企ての基本的な指し手である。[34]カントは責務原理を、普遍的に保持されえない原理が退けられる場合に採用されるはずの原理として同定した。普遍化可能ではない原理を制度や生活の基本とすると、全員に対して開かれえない地位や特権を仮定してしまうことになる。この説明によれば、不正義とは、政治制度やそれ以外の公共制度を全員が採用しえない基本原理に基づかせることであり、正義とは、政治制度やそれ以外の公共制度を全員が採用しうる基本原理に基づかせることである。

カント的な責務原理の構成はある重大な点で、多くの人権の構成ほど、野心的ではない。人権の構成は例によって、最大限に可能な自由を、あるいは最善の自由権と財やサービスへの権利のセットを確定しようとする。そのような構成では、ある段階において、最適な制度編成または最大の制度編成が同定されなければならない。ウィグワム〔北米インディアンのテント〕の支柱が一本ずつでは立つことができないように、そうした権利に関する構成は全か無かの事柄である。つまり「もっとも広範な自由」を構成する権利のひとつが同定できなければ、それ以外の構成権利も特定できないのである。責務原理がカント的な理路で構成される場合には、そうした権利は順次同定されることになるだろう。この構成が用いる手続きでは、生活と制度にかかわるどんな基本原理であっても、それが普遍的に採用されうるのかどうかが決定する。たとえそうした原理のすべてを同定することが不可能であるとしても、いくつかを同定することは可能であるとわかるだろう。

普遍化しえない原理が退けられる場合にどの原理が採用されなければならないかが判明しても、なされるべき特殊的な行為の範型そのものは示されない。具体的な時期、場所、人、または希少資源に言及する行為記述は、普遍的に充足されえないものである。とはいえ、許容可能で義務的な行為を含む諸々の行為は、どう見てもそのような記述に該当するに違いない。すると明らかなのは、ことごとく表面的で詳細な行為記述を組み入れた原理が普遍化可能でありうるかどうかを確認することは、重要ではないということである。それはありえないことなのだ。全員が同一の穀物を食べることはできないし、同一の屋根を共有することもできない。カント的アプローチの達成目標は生活と制度を組み立てるための基本原理を同定することに限られるのであり、そうした原理は翻って、法律、政策、実践、そして社会生活の規範に埋め込まれているだろう多数の特殊的な原理のなかからの選択を導くために使用されうる。カント的正義は、普遍的に共有されえない原理に行為や生活や制度が基づくことがないことを要求するものの、一様の行為を要求することはない。

9　正義、能力、ニーズ

普遍的な責務原理に関するカント的な説明は、表面的には普遍的権利に関する他の説明を反映しているように見えるかもしれない。[35] 実のところカントは、人間の行為と自律の能力に関する強固な見解と、[36] 人間は有限で相互に脆弱であり、物的資源に依存し、常に互いに好意的であるとも限らないという主張を混成させているため、正義に関する彼の議論と結論は一種独特なものとなっている。人間が脆弱でありまた欠乏していなければ、かくも効果的に損害を与え、破壊し、強制し、欺くことはできないだろうし（あるいはまったくできないだろうし）、また正義の必要性もなかっただろう。カントの見解では、行為者性と脆弱性の組み合わせが正義の情況を引き起こすのである。

カントが想定する人間生活の状況では、限りある能力とさまざまな脆弱性を持つ行為者が相互に交流する。普遍化可能性の規準が正義の責務を同定するためには、この状況がなければならない。有限であり、また相互に交流している存在者のあいだでは、ある一定の原理が普遍的に採用できない理由を理解するためのもっとも容易な方法は、単純な背理法の思考実験である。もしある一定の原理が（ありえないことだが）互いに脆弱で相互に交流している存在者によって普遍的に採用されうるとすれば、そうした原理に基づく行為の（どの合理的存在者もその原理は普遍的に採用されているという想定の下で予期するに違いないレベルでの）穏当な成功でさえ他者の一部を犠牲にするだろうから、そのような原理は採用されえず、したがって（仮説に反して）普遍的に採用されえない。この方法によって普遍化不可能と同定されうる原理の実例には、損害、暴力、強制、詐欺の原理が含まれる。もし（ありえないことだが）これらの原理のいずれかが、相互に交流しているが脆弱な存在者のあいだで普遍的に採用されたならば、それらの原理に基づく行為の（どの合理的存在者もその原理は普遍的に採用されているという想定の下で予期するに違いないレベルでの）穏当な成功率でさえ少なくとも幾人かの犠牲者を生みだすだろうし、[37] 彼らは（仮説に反して）その原理を採用することはできないだろう。したがってカント的な説明では、損害、暴力、強制、詐欺といった基本原理に依拠してはならないという責務の問題[38]、つまりカントが「他者の外的自由の尊重という要求事項」という見出しのもとに一括している責務の問題となるのである。[39]

外的自由を蝕むために損害、暴力、強制、詐欺といったものを用いるやり方は、殴打や脅迫や嘘を重ねることで諸個人の行為能力を損ねることを通じてだけではなく、恫喝、自信喪失、服従、ごまかしといった文化を維持することを通じても可能である。損害や脅迫や実効的詐欺を引き起こすものは常に、不正を行う行為者や機関の相対的な力と、不正を被る人びとの相対的な力の欠如および帰結的に増進された脆弱性とに依存している。反対に不正義は、それを働く可能性のある人びとを妨げ、取り締まり、処罰することによって、またそれに晒される可能性のある人びとを力づけ、教育し、支援することによって、防止したり最小限に抑えたりすることができる。

明らかなことであるが、こうしたきわめて抽象的な正義原理は、行為を精確に導くものではない。またカントの見解では、人間の条件のもとで正義を完璧に実現することも不可能である。人間は相互に対して常に好意的であるとは限らないため、正義は、外的自由を縮減せざるをえない制度の施行を要求する。カントの見解では、より具体的な正義論を展開するうえでの最初の課題は、この現実を認め、そして正義が〈強制を限界づけるために強制を行う制度〉を要求することを受け入れることである。このことを受け入れる理由は、それに代替する非国家的な制度――たとえば無政府状態や封建体制など――では、外的自由の尊重がいっそう保障されないからである。

ひとたび正義原理が同定されると、次はひとつの課題、もしくは一連の課題を設定することになる。強制力の必要性、特に国家が有する強制権力の必要性を示すことは、正義へ向けた最初の一歩にすぎない。その後は政治制度と経済制度の連動が必要となり、それら制度が共に外的自由の広範かつ実行的な保障を提供する。正義の制度に関するカント自身の説明は当然ながら多くの点で時代遅れであるが、正義のコスモポリタンな射程範囲を強調することによって現代への余韻を残している。カント的な正義の説明で現代への関連性を有しているものはどれも、カントが同定している正義原理がグローバルな政治経済システムの制度や実践、そして政策に埋め込みうることを示す必要があるだろう。

カントの正義の説明は外的自由の保障を要求するものであるが、これに関する的確な見解はどれも自由権に対応する責務のみを認めることになると主張してきた人びとがいる。それによると、カントの経済的正義の説明は、リバタリアン説に類似したものになるだろう。これは、カント的原理を発展させうるひとつのやり方かもしれない。しかし私が思うにこれは、そうした原理に則って生きるべき人間が実は相互に脆弱でありまた欠乏しているというカントの主張を、十分に重んじたものではない。人間が自由に行為できる能力は貧困、無力さ、自信喪失、あるいは他者への依存などによってあまりに容易に損なわれてしまうため、単なる自由権の尊重ではカント的正義の広範かつ実行的な実現をほとんど達成できないだろう。その逆に、行為者が相互に極度に脆弱である場合には、強者の行為を規律し、かつ弱者に力を与えてその脆弱性を緩和するという、二元的な方略でしか正義を追求することはできない。

したがって、正義にかなった経済システムは脆弱な行為者の能力を支援するものでなければならない。この支援の一側面は、全員に対して、少なくとも生活必需品への最小限の権原を保障するものでなければならない。しかしカント的な経済的正義を、自由権に福祉権を追加することを単に是認するものとして考えることは、誤りである。福祉権は、基本的必需品への権原が保障される可能性のある、ひとつの方法にすぎない。雇用、土地やそれ以外の生産的資産の所有、狩猟や漁獲の包括的権利、協同組合の会員資格、確固たる家族的責務、あるいは最低賃金制度も、関連する権原を保障できるだろう。権原は各人に何らかの形で保障されている限り、全員に同じ方法で保障される必要はない。カント的な経済的正義は単に平均所得や富の増大を促すものではなく、ましてやどの種類のものであれ経済的な一様性の達成を求めるものでもない。正義の他の側面と同様、相対的な力や無力さを限界づけ、それによって人びとがその内部で自らの生を送るための手段を得ようとすることができる外的自由を保障することを問題としているのである。さまざまな制度構造が経済的正義の支柱となりうるだろう。

　こうした考慮事項がトランスナショナルな経済的正義に対して持つ含意は大きい。なぜなら、行為し行為される力の格差がこれほど大きい領域は他にないからである。貧しく相対的に無力な国家と制度は、貧しく相対的に無力な個人と同様に、不十分な見返りのために唯一の資源を売ったり、損害の大きい取引条件に「同意」したり、返済不能な融資を受けたりするなど、惨めな「取引」を行うかもしれない。汚染をまき散らす製造業の受け入れに「同意」したり、税制上の過剰な優遇措置を外国人投資家に「提供」したりするかもしれない。腐敗したエリートに支配されることもあるだろうし、資源を無駄にすることもあるだろう。これらはすべて脆弱性の反映である。というのも、見込み違いの場合を除けば、課題とされるものに対して公共の制度があまりにも弱体であるために、完全に失敗しているからである。より正義にかなったトランスナショナルな経済秩序は二つの取り組みを必要とするだろう。一つは、一部の制度を、したがって多数の個人をもたやすくそして繰り返し他者の行為の犠牲としてしまう力および脆弱性の格差を限定する取り組みであり、もう一つは、依然として存在する脆弱性に便乗しないようにするための継続的な取り組みである。正義にかなった改革を追求することと、（現行の不正な制度のなかで）正義にかなった取引を求めることは、どちらもきわめて難題である。もし正義が根本的に、全員に対して外的自由を保障する事柄であるならば、より正義にかなったトランスナショナルな経済秩序を築く改革は、国際的な市場や取引や関係を規制し取り締まらなければならないだろう。それによって、何らかの地域の市場や取引や国内の社会関係を弱者にとっても比較的安全なものとする条件が、より広範に確立するようにしなければならないだろう。より一般的に言えば、正義にかなった制度へ向けた進捗は、安全保障と経済協調のための地域組織および国際組織を強化し、またそれらの応答責任《アカウンタビリティ》を向上させることで、国家権力および非国家権力が相対的弱者を抑圧したり搾取したり支配するのを防ぐことになるだろう。

大規模な制度変革はたいてい緩慢で危険に満ちたプロセスであり、その結果は不完全であることが多い。さらに、たとえ正義にかなった制度が構築可能だとしても、それだけで十分とはならない。制度構築のどのプロセスの前であるかあいだであるか後であるかを問わず、正義にかなった取引も必要なのである。正義にかなった取引がもっとも難儀であるのは、制度が依然として不正な場合である。制度を通じて補強された他者の脆弱性に乗じることは非常にたやすいことが多く、実に日常化しており、また受け入れられた慣行となっている。すると取引における正義は、制度的に要求された契約や駆け引きと交渉、あるいはその他の法的要求事項といった単なる外形を尊重するという事柄ではありえない。偽の同意や合意を脆弱な者から引き出すのはあまりに容易である。もし脆弱な他者が強制されたり搾取されたりするべきではないのであれば——つまり彼らの外的自由が不正に制限されてはならないのであれば——不当で抗し難い圧力が彼らにかけられることがあってはならないだろう。特にそうすることがきわめて容易な場合には、そうであってはならないだろう。

もちろん、他者の弱みにつけこまないことへのコミットメントは、相も変わらず脆いものである。強者はいとも簡単にそそのかされてしまう。結局のところ彼らもそれほど強いわけではなく、ほとんどは多数の競合者やより強い権力者とともに生きているのである。自らの有利を追求しない限り他者に押しつぶされてしまう制度や行為者に対して、弱者に圧力をかけてはならぬと要求することは、非現実的に思われるかもしれない。特に、容認しうる商業と、容認しえない圧力を用いる取引とのあいだの境界は、見分けがつかないことが多い。そのため正義にかなった取引は重要であるものの、トランスナショナルな経済的正義へのアプローチはどれも、詰まるところは制度改革への要求を中心とせざるをえないのである。

だが改革の強調は、できることがほとんどないことを認める、気取ったやり方ではないだろうか？　おそらくそうである場合もあるだろう。しかし、どれほどの改革がほどほどの短期間で達成されてきたのかを想起してみる甲斐はある。現在トランスナショナルに相互影響を及ぼし合っている行為者と機関の多くはかなり新しく、第二次世界大戦の終結以前にはほとんど存在していなかった。一九四五年当時、二〇世紀後半に見られる類いの多国籍企業は一つとして存在しておらず、またヨーロッパ系統の人びとからなる旧植民地を除いて、独立していた旧植民地はほとんどなかった。トランスナショナルに活動している企業、国際政府組織、銀行、開発機関、そしてNGOは、新しい類型の集合的行為者である。そのなかにはトランスナショナルで経済的な不正を悪化させたものもあるだろうが、それを削減したものもあるだろう。このことは、大規模な制度変革が歴史上の比較的短期間に達成しうることを示している。丘の下から見れば、改革は果てしなく続くシーシュポスの苦業のようである。だが振り返ってみれば、私たちが全速力で前進してきたことも明白である。

第八章　正義、ジェンダー、インターナショナルな境界[1]

女性のための正義、および国際正義に関するさまざまな問いが、開発の議論のなかでしばしば持ちあがっている。しかしどちらのテーマも、有力な正義論の多くにおいて扱い難いものとされている。本章ではまず、この二つの領域で発生している理論的問題点のいくつかを比較する。そのうえで、ジェンダーおよび国際正義の両方の問いに、より適切に対処できると考えられる正義の説明について素描するとしよう。

まず、抽象的正義論と相対化された正義論を区別することから始めたい。抽象的正義論は、諸個人や彼らの情況の特殊性を単純に捨象すべきだとする。そこでの正義は、ジェンダーやナショナリティに関する情報を遮断している。抽象的正義論の原理は「抽象的個人」に合わせて整形されたものであるから、男女の差異を考慮せず、国境を超越する。一方、相対化された正義論は、人間の多様性と差異を認めるだけでなく、正義の原理を現実の共同体の言説と伝統に基礎づける。しかし現実の共同体はほぼすべて、女性の生活（のさまざまな部分）を正義という政治的な徳が存在しない「私的」領域に追いやり、国家の境界を正義が及ぶ最大限としてとらえているため、現実の伝統への訴えかけは、正義が適切に問題化される「公的」領域から女性を排除する制度を是認し、なおかつ、ある「公的」領域を別の「公的」領域から遮断するということになりがちである。

抽象的正義論と相対化された正義論は、それによって周縁化された人びとの視点からすると、いずれも不適切に見える。女性、それも特に貧しい女性からすれば、再生産と生産の両方の役目を負いながら、自身の生活の情況については男性と比べてほとんど決定権がないという現実を、いずれの正義の説明も考慮していないことになる。女性の生活は、抽象的個人の生活のように十分に想像されていない。抽象的個人からなる世界は、依存や相互依存の関係を想定しないが、それこそまさに、女性が実際に手にすることのできる生活の大部分にとって中心的なものである。一方、女性を「私的」領域に追いやる伝統にもっぱら頼る見方においても、女性の生活は十分に想像されていない。現実の女性の生産面での貢献と、認識的・実践的な別個独立性はきわめて広範で、明白で、かつ経済的重要性が高いものであり、完全な家庭性と依存性というイデオロギーでは覆い隠すことなどできないものである。

このように理論が現実に適合していないことは、貧困国の貧しい女性に関して特に鮮明である。こうした女性たちは他者に依存しているが、依存につきものとされる保障は得ていない。また、困窮していながら、一家の稼ぎ手でもあることも多い。女性たちに力はないが、彼女たちは、さらに脆弱な人びとを保護するよう、頼られている。[2] 他者の要求の重さと、自らが使える資源の少なさが、女性たちの脆弱性につながっている。女性たちは家庭生活の領域に追いやられ従属を強いられているが、その領域は、正義への訴えかけではなく家族生活と名誉についての定着した見解を通じて、公的領域と区別された固有の場として正当化されている。さらにまた、こうした家庭が埋め込まれている経済は、遠くの豊かな経済に従属するものでもある。女性たちは単に貧困のなかで子どもを育てるだけではない。作物を育て、その他の低賃金で危険な仕事もするが、報酬はどこか遠くの経済的要因に振り回され不安定である。そしてこの第二の従属もまた、課税と福祉という「国内」制度だけを除いて国際化した経済秩序を是認する、さまざまな言説により正当化されている。正義に関する真剣な説明は、周縁化された発展途上経済圏における困窮した稼ぎ手の苦境を軽く扱うわけにはいかない。

1　抽象的原理と、コンテクストに敏感な判断

正義は人びとの特殊性を捨象すべきだという要求は正当であるように思われる。差異に関する情報を遮断することは正義の伝統的なイメージの一つであり、それに不偏性を保証してくれるのではないだろうか？　しかし、権力と資源の差異を覆い隠すとされる正義の原理は、往々にして、特権層に適した慣行と政策を是認することになっている。そのため正義はコンテクストを考慮すべきだという要求も、同じく理にかなっているように思われうる。それによれば、正義には抽象的原理を超えるものが必要である。つまり正義は、現実のコンテクストや苦境、そして人間のあいだ差異を考慮に入れた判断を、導くものでなければならないということになる。そしてその要求に応えるのは、相対化された正義原理である、と。ところが相対化された正義原理は、歴史、伝統、あるいはローカルなコンテクストに根づいているため、伝統的な性差別主義、ナショナリズム、そしてその他の形態の排除を是認することになってしまう。どのような相対主義も、弱者の立場を害する傾向がある。弱者の弱さは、一般に受け入れられている考え方のなかでの周縁化と、確立した秩序内での従属および抑圧を通じて映し出され、またそうしたことによって部分的に構成されているからである。とはいえ、正義の抽象的なとらえ方の多くも、これより優れているというわけではまったくない。相対主義的アプローチが確立した特権に対して無批判であるとすれば、抽象的アプローチは時に抽象の対象である特権に対して無批判であるからだ。

さらに深刻な問題として、正義への抽象的アプローチの多くは、単純に抽象的なのではない。それらのアプローチは確かに普遍的な射程範囲を持つ抽象的原理を提案するが、同時にまた、特定の重大事項を理想化した構想を、（以下に説明する意味で）持ち込んでいる。現代の道徳的推論の大半、そのなかでも特に「抽象的リベラリズム」（「義務論的」であれ、功利主義的であれ）は、ジェンダーと国際正義の問題をうまく扱えずにいるが、それは厳

密には（性別、人種、ナショナリティ等の）抽象化を行っているからではなく、同時にほぼ必ず、人間の行為者、合理性、家族関係、あるいは国民主権といった特定の構想を理想化しているからなのである。これらの構想は称賛されることが多く、また女性よりも男性の方に、そして発展途上社会よりも先進社会の方に（ほぼ）実現可能なものである。けれども抽象化それ自体は、理想化を伴わないならば、視野を拡大する方途の一部であり障害ではないのであって、正義の原理において反対すべきものではない。

しかしながら（厳密な意味での）抽象化は、正義の説明にとって十分ではない。抽象的原理のみでは空虚になってしまうというわけではないが、不確定的であり過ぎる可能性がある。正義の適切な説明には、抽象的原理を個々の事例に結びつけつつも、そうした事例の個別的特徴が自動的に正義の原理に入り込むことによって一般に受け入れられている信条、伝統、もしくは慣習に対して原理が相対化されてしまうことを回避することが必要となる。なぜなら文化的特殊性は、規範的重要性を自動的に提供するものではないからである。相対主義的ではない正義の説明を完璧に行うには、抽象的原理と、個々の事例のコンテクストに敏感な判断を、結びつけることが必要となるだろう。

2　抽象的正義と人間の差異——フェミニストの議論

ジェンダーの正義に関する議論の多くには、男女間の差異の程度および重要性についての論争が含まれている。メアリー・ウルストンクラフトとジョン・ステュアート・ミル以来、リベラルたちは正義の抽象的原理を擁護し、女性は男性と基本的に違わないために同等の権利を持つ資格があると論じてきた。こうしたリベラルたちは、「人間の権利 Rights of Man」がかくも長いあいだ、かくも多くの先任者により男性の権利として考えられてきたこと、また、リベラリズムの実践がかくも長いあいだ、男性の特権を終わらせることができずにいることに困惑してきた。[3]（そして社会主義フェミニストも類似の困惑を感じてきた。）また、リベラルな解決策は、実現してもなお不適切であるように見えた。女性が男性と同じ政治的・法的権利を獲得した場合ですら、政治参加と経済的報酬は依然として男性より劣っており、しかも資格や労働力の点で同程度の男性と比べて、やはり劣っていたからである。デモクラティックな政治構造や市場といった、建前上はジェンダー中立的で中立化を促すとされる制度も、ジェンダー格差を解消しなかった。[4]政治的で法的な正義への接近は、道のりや見通しに関する男女間の根深い隔たりを埋めるには、不十分に思われたのである。[5]

そのため特に一九八〇年代に、リベラル・フェミニストの一部は次のように論じた。すなわち、正義のためには、教育と雇用におけるアファーマティブ・アクションや逆差別といった表面的・過渡的に不平等な待遇が、貧困者と過重な家族的責任を負う人びとへの社会的支援に対する福祉権の改善と並んで、必要であるということである。正義の原理はある一定の差異を考慮に入れなければならなかったが、これによって二つの難問が生じた。

第一の難問は次である、リベラリズムの思想では、ある一定種類の教育や雇用といったポジション財は、競争的で能力主義的な手続きを通じて配分されるべきものである。したがって、あらゆる形態の優遇措置は、リベラリズムの原理とは両立しがたい。この点は先進世界において特に顕在化している。第二の難問は、分配される財がポジション的ではない場合でも生じるものであり、特に第三世界において重大な問題となっている。資源が希少な場所では、基本的なヘルスケア、所得支援、児童手当、失業保険といった非ポジション財が、薄弱な「国内」の税基盤ではまかなえない場合があるだろう。そのため、もし社会正義が基本的な福祉プログラムを要求するならば、社会正義は境界を越えて影響が及ぶ諸制度を要求することになる。するとジェンダー正義に関する説明は、トランスナショナルな経済的正義の説明のひとつに結びつけられるべきものとなる。[6]

この、次第にリベラルではなくなる議論はさらに続いた。一九八〇年代にフェミニストが、リベラリズムの諸条件をますます疑問視するようになったのである。フェミニストのなかには、リベラリズムの願望とは裏腹に、リベラリズムの正義論にはジェンダー・バイアスが不可欠の要素として含まれていると論じる者もあった。[7] 彼らの嫌疑が焦点としたのは、リベラルな正義の独創的な品質証明となっている、差異や多様性の捨象に他ならなかった。幾人かの「ポスト・リベラル」なフェミニストは「抽象的リベラリズム」を批判し、ジェンダー中立的とされる理論が実際には人間主体と合理性に関するジェンダー中立的ではない説明を暗黙のうちに想定ないし是認している点を浮き彫りにした。こうした批判には多くの点で説得力がある。

このようなフェミニストの挑戦のなかには、抽象的リベラリズムだけでなく、抽象化に対する信頼それ自体に異議を唱えるものもあった。たとえばキャロル・ギリガンは影響力のある著作のなかで、正義の強調は倫理的思考の「もうひとつの声」を排除し、周縁化すると主張した。「抽象的リベラリズム」は単純かつ容認しがたい形で、特定の他者に対するケアや配慮という、女性の道徳生活と思考の中核にあるものを低く評価し、女性を道徳的に未熟なものとして扱っているのだ、と。[8] リベラルが考える正義は、道徳問題に対して不完全、そしておそらくは欠陥のあるアプローチを提供する。それは人間の差異という現実をとらえ損ねており、人間の善についての健全な見解を欠き、徳を無視し、愛情とケアを否定しているのだ、と。この〔ギリガンにおいて見られる〕思考の道筋から導かれる結論は通常、適切な願望は女性に対して同等の待遇を確保することではなく、全員に対して差別化した待遇を確保することでなければならない、というものである。

「抽象的リベラリズム」を批判する幾人かのフェミニストは、正義とケア（およびその他の徳）の区別を、抽象的原理を信頼することの正当性に関する意見の相違に位置づける際、ケアへの関心は正義への関心と単に異なるだけではなく対立するものであるとしている。なかには正義を断固として低く評価するあまり、女性を周縁化し私的領域に閉じ込める社会経済構造に挑戦するのではなく、むしろそれを是認してしまっているフェミニストもいる。倫理理論のレベルにおける分離主義は、既存の権力と伝統の受容へと進んでしまう可能性がある。ケアと関係性を重要視して抽象的正義を排除することは、子育ておよび家事、パルダ〔女性隔離の習慣〕および貧困へと、〔女性を〕追いやることを是認することになりかねない。「抽象的リベラリズム」を拒否するフェミニストは、女性を経済的で公共的な生活から排除してきた伝統に向かってしまう。「女性の経験」「女性の伝統」「女性の言説」への訴えかけは、女性を周縁化し抑圧してきたさまざまなやり方を避けるものではなく、むしろそれを増幅する。もうひとつの「声」を称揚する幾人かは、現実の差異が是認される場合にのみ差異は重要視されるということを主張しているように見られる危険を冒している。[9]

リベラル・フェミニストとその多くの批判者とのあいだで現在起きている論争は、ジェンダー正義をめぐる厄介なジレンマを表向きは示している。もし私たちが抽象的な正義論を採用して人びとの差異を無視し、それによって先進世界と途上世界における女性の生活が男性の生活と異なる有様にも目をつぶるならば、差異に配慮しない一様の扱いを支持する立場をとることになる（と言われている）。だが、人間の差異の倫理的重要性を承認するならば、女性を従属させ抑圧しているものも含むそうした差異を維持している伝統的な社会形態を是認することになるだろう。

3　抽象的正義とナショナルな差異——コミュニタリアンの議論

同様のジレンマは、国際正義に関する一定の議論において繰り返し生じている。抽象的リベラリズムは「人間の権利」をうたっている。バークがすかさず文句を言ったように、このことは、イギリス人やフランス人や、その他の特定集団の伝統的権利をうたうこととはまったく別の事柄である。抽象化は、国家やネーションの境界を越え、普遍的なアピールを持ちうることのできる倫理的言説を手にするための代償であった。だがバークは、その代償は受け入れ難いと考えた。啓蒙の理想と、それに続く自由主義思想および社会主義思想の理想に潜在した国際主義的でコスモポリタンな立場は、しばしばバーク的な保守主義とコミュニタリアニズムの批判の的となってきた。

しかしリベラリズムの実践は、ここでもまた、かなり異なるものであった。実際の面で普遍主義的ではなく、明らかに国境と国家の要求とに従属してきたのである。この点は、豊かな国家と貧しい国家のあいだの関係において明白である。同様の事例を同様に扱うことは、多くの民主国家の内部では、部分的ながら法と慣行により保障されている。世界政府を支持したり、居住、労働、福祉の権利は納税の義務とともに世界規模のものであるべきだと考えたりするのは、ごくわずかな熱狂者だけである。そうした熱狂的主張は多くの場合、管轄権の複数性がリベラリズムの理想の追求を可能にする枠組みを提供すると考える実際的な人びとによって、拒絶されている。リベラルは概して、差異を重要視しようとしたがらないかもしれないが、国家間の差異は著しく真剣に考慮に入れてきたのである。[10]

リベラルな正義に対するさまざまな批判の多くは、実践だけではなく理論においても、差異と境界を真剣に考慮に入れることを望んでいる。[11]しかし、境界を完全に真剣に考慮に入れると、トランスナショナルな正義は軽視されるばかりでなく、倫理マップからほぼ抹消されてしまう。ウォルツァーの著作がその好例である。ウォルツァーによれば、正義の最大限の領分は政治共同体であり、政治共同体に内的ではない問題は、政治共同体のメンバーシップと政治共同体間の紛争に関わるものだけである。メンバーシップの争点は個々の部外者の受け入れに関わるものであり、権利と義務が国境を越えることはない。[12]共同体へのコミットメントは、政治共同体の歴史的境界へのコミットメントであり、そうした境界がたまたま何であるか、またその構造や維持がどのような不正義を生み出しているかは、関係ない。抽象化に対するコミュニタリアンの批判は、「私たち」の言語、「私たち」の文化、「私たち」の伝統を真剣に考慮に入れる倫理的言説を半ば要求するものであるため、彼らが倫理的境界についてそれ以上幅広く考えることは、容易ではない。[13]

ジェンダー正義に関する現在の議論と同様、国際正義の議論もまた、厄介な選択を明らかに突きつけている。つまり、境界という現実を抽象化して、正義と人権が国境の前で止まることのない理想的でコスモポリタンな世界を想定した正義原理について考えるのか、あるいは、境界という現実を認め、正義原理を国家主権の原理に従属するものとして解釈するのか、の選択である。コスモポリタニズムの理想は、人権運動の多くの言説において、歴然としている。だが最近のリベラリズムの思想家の一部は、リベラリズムを批判してきたコミュニタリアニズムの方向へシフトしており、さらにはリベラルな正義原理は民主的な市民が合意するだろう原理として正当化されるのだとまで、主張するようになっている。ロールズは後年の著作で、彼の正義論が、原初状態という抽象的な――実際には理想化された――構成によってではなく、リベラルで民主的な諸社会の市民が抱く実際の理想によって条件づけられるものとした。[14] ここに見られるのは、「抽象的」なリベラリズムの理論家とその幾人かの批判者とのあいだの、驚くべき、そしておそらくは不安定な収斂である。

4　理想化を伴う抽象化と、理想化を伴わない抽象化

ジェンダー正義に関する議論と国際正義に関する議論はそれぞれ、抽象的原理の擁護者とコンテクストに敏感な判断の擁護者の対立によって組み立てられている、という点で似ているだけではない。どちらの議論でも、これらの要求は両立不可能なものとして描かれている。しかしこの両立不可能性は、抽象化の擁護者の多くとコンテクストへの敏感性の擁護者の多くが、実際に両立不可能である別のより強固な主張を行っていることを理由としているのかもしれない。これらの議論が「抽象化」と称するものは、人間の行為者性、合理性、および生活に

関する、また諸国家の主権および独立に関する、立証されていない特定の理想像の一式であることが多い。またそれぞれの議論において、判断における現状およびコンテクストへの注視として説明されるものは、実際はしばしば、現実の差異に関する認識を基本原理に組み込むことにまで及んでおり、相対主義に傾いてしまっている。立証されていない理像物の混入と、現実の差異に関する認識の基本原理への組み込みは、ともに回避しうる。

　抽象化は、厳密にいえば、ある一定の主張を他から分離することに過ぎない。抽象的な推論は、捨象する述語の成立もしくは非成立には何ら依存しない。言語の使用はすべて、多かれ少なかれ抽象化を行うものである。どんなに詳細な叙述であっても、言語の不確定性を曲げることはできないのである。実際、きわめて抽象的な正義原理に反対すべきことが何かあるかは明らかではない。高度に抽象的な推論方式は称賛されることが多く（数学、物理など）、高い報酬を受けることとすらある（会計、法律など）。抽象的な倫理的推論とて同じであろう。「抽象的」で倫理的な原理および推論への異論を詳細に見れば、より妥当な批判は多くの場合、ある一定の述語からの分離に対するものではなく、理論の適用対象となる領域の対象に関する誤った述語の主張に対するものであることがわかる。ある述語を捨象する推論は、その述語を成り立たせる対象に条件づけられない主張を行う。これは困ったことではない。理想化を行う推論は、ある一定の「理想的」な述語を成り立たせる対象に条件づけられた主張を行う。そうした述語が成り立たない場合には、その推論は単に利用されないのである。

「抽象的リベラリズム」の批判者が異議を唱える正義の原理および理論は、確かに抽象的である。それらは行為者と社会が有する多くの特徴を考慮に入れていない。しかし、こうした原理と理論の多くは、抽象化だけでなく、理想化も行っている。こうした原理と理論の多くは、たとえば合理的選択に関する説明を想定しているけれども、情報、整合性、計算能力といったものに関するこの説明の主張は、一部の欠陥があるか憶えの悪い行為者においては成り立たないだけでなく、実際にはどんな人間の行為者においても成り立たない（おそらく人工的に制限されたショッピングやギャンブルといったコンテクストにおいては近似されるか、少なくとも高く評価されるだろうが！）。

そうした原理と理論の多くは、諸個人の相互独立と自らの個人的な「善の構想」を追求する機会とについて、また諸国家の主権および独立について、理想化された説明を想定するけれども、それはあらゆる人間とあらゆる国家について誤っている。こうした理想化に理論的な利点があることは確かだろう。何よりもそれによって、容易に運用可能な理論モデルが構築できる。しかし、厳密に言えばそうしたモデルは、人間の選択と公共政策に関して、実践問題のすべてではないにせよ大部分に当てはまらないのである。

もし理想化された記述が、実際の行為者に関して真である記述から単純に捨象されたものではないならば、それは推論の射程範囲を拡張する当たり障りのない方法ではない。それぞれの理想化は、そのモデルが適用される領域の対象の「強化」版を事実と仮定するものである。理想化は、ある一定種類の人間の行為者と生活、そしてある一定種類の社会の具体的特徴（の強化版）を、あらゆる人間行為と生活において真であると暗黙に示すことによって、特権化してしまうかもしれない。このようにして、隠れた熱狂的ジェンダー差別主義と誇張された国家主権の構想とが、リベラリズムの諸原理と結びつけられうるのである。抽象化のふりをした理想化から生まれるのは、表面的には広く適用できるように見えながらも、ある理想に合わない人びと、もしくはその理想に他の人びとほどには合わない人びとをこっそりと排除する理論である。排除された人びとはその結果、欠陥があるか、適当ではないとみなされる。ジェンダー正義および国際正義に関するいくつかの思考様式の再検討は、リベラリズムの正義への批判者が、理想化を避けた抽象化を非難することなく、偽の理想化を正当に攻撃しうるということを示している。

5　ジェンダーと理想化された行為者

リベラルな正義論は表向き、ジェンダーの差異になんら左右されるものではない。それは具体的なアイデンティティ、コミットメント、そして情況の捨象において考察された諸個人に適用されるものである。だが、最近の批判者たちの主張によれば、リベラルな正義論は、その擁護者たちが主張するようなジェンダー・ブラインドなどではまったくない。教訓的な実例はロールズの『正義論』である。ロールズは人間の行為者に関する大それた見解の回避に特に努めていた。彼が示す正義原理は、「原初状態」にある行為者によって選ばれるとされる原理であるが、この原初状態において行為者が知っていることは、現実の人間の行為者よりも多いのではなく少ない。ロールズは自らの研究を、社会契約の伝統を「より高度な抽象レベル」に引き上げるものと考えている。とりわけ、原初状態にある行為者は、自らの社会的・経済的な地位や、自然本性的な資質、あるいは善の構想について知らないとされる。[15] 原初状態は正義のイメージを、差異にブラインドなものとして操作可能にするのである。

しかし、ロールズはある段階で、原初状態の人びとが自らの後継者について心を砕く根拠を導入しなければならなくなる。彼らは家族の長として、もしくはある時は家族の代表者として、「永続的な道徳的行為者か制度のいわば代理人であるとして」考えられてもよいことと、[16] 何らかの形態の家族は正義にかなっているだろうことを、ロールズは示唆している。そうすることでロールズは、家族内部の正義の問題をあらかじめ回避している。それも家長は男性でなければならないという粗雑な断言によってではなく、ある人びとの利害関心が他の人びとによって正当に代表されることを可能にする何らかの正義にかなった家族の形態が存在するという解釈を可能にすることによって、である。構成の行為者としての個人から家長への移行は、単なる抽象化ではない。互いに異なる諸個人の利害関心の同一性を確保する家族構造が、想定されているのだ。それは何らかの正義にかなった「性的契約」[17] の存在を、すなわち正義が「公的」領域からの「私的」領域の正当な分離を前提にしうるというこ

70th
1945-2015
msz

みすず 新刊案内

2016. 1

刑法と戦争

戦時治安法制のつくり方

内田博文

今の状況は昭和三（一九二八）年に似ている。この年、議会制の下で「治安維持法」が改正され、以後、猛威をふるった。三年後に満州事変が勃発、「法の支配」が換骨奪胎され、日本は戦争に突き進んだ。刑法学者である著者は「歴史的なものの理論化」という法学の方法論によって、治安刑法の論理と運用に切り込んでいく。

戦時体制をつくるには、軍法のほかに、戦時治安法・秘密保護法・国家総動員法等が必要になる。現在の日本は、戦前に学んだ設計図があるかのように、戦時の治安政策へと変化している。

残虐非道な行為の多くは、法令に基づいて行われてきた。「量の民主主義」（多数決）は「悪法」をももたらす。治安維持法が取り締まったのは、「普通の人々」の「普段の生活」であり、戦時体制下では、人々が思いをデモや集会や出版物などを通して表現すること、訴えることができなくなる。だが、今ならまだ引き返せる。日本国憲法を使う時だ。

四六判　四五六頁　四六〇〇円（税別）

国境なき医師団

終わりなき挑戦、希望への意志

レネー・C・フォックス
坂川雅子訳

アフリカからロシアまで、戦場や震災地、スラムに赴き、エイズ、結核、マラリアなど様々な病気と闘う。その熱意に満ちた行動はどのような信念に基づくのか。

人道支援の境界や任務遂行に伴うリスクにどう対処するか等、理念と活動、組織の詳細を描く。また誕生から現在までの歴史も解説。米国を代表する医療社会学者による決定版。いつどこで介入すべきか。人員、物資、資源の配分の仕方は？　長期プロジェクトと短期緊急の判断はどう区別しているのか。個人への対応と共同体への支援のバランスは？　活動に参与した体験をふまえて書かれた力作。

［目次抄］現地からの声／成長にともなう痛み／発端、分裂、危機／ノーベル賞か反抗者か／討議の文化／南アフリカで／HIV・エイズと闘う／カエリチャで／非西欧的存在の誕生／ポスト社会主義ロシア／モスクワのホームレスとストリートチルドレン／シベリアの刑事施設で結核に取り組む、他。

四六判　四八〇頁　五四〇〇円（税別）

セザンヌ

アレックス・ダンチェフ
二見史郎・蜂巣泉・辻井忠男訳

〈われわれが見ているもののすべてが散り散りになり、消えてゆくのじゃないかな。自然はつねに同じ自然だが、その自然がわれわれに現わしている姿のうち何ひとつ同じままのものはない。われわれの芸術は、そこに、そのさまざまな要素を含む持続の震え、そのすべての変化の面影を示さないといけない。芸術はわれわれに永遠なる自然を味わせてくれなくてはいけない。自然の下に何があるかって？　何もないね、たぶん。〉

日々、外に出て写生をする。思考に囚われず、ただ描き、制作する。そこから、われわれの知るセザンヌは誕生した。

エクサン＝プロヴァンスでゾラと共に学び遊んだ少年時代から、画家としての出発、妻オルタンス、ピサロとの写生の日々、セザンヌ独自の画法誕生、その晩年と死まで。当時の一次資料や先人のセザンヌ論、最新の研究成果を読解し、これまでの伝説を乗りこえその真姿に迫った、決定版伝記。カラー八〇頁。

A5判　五九二頁　九〇〇〇円（税別）

哲学への権利 2

ジャック・デリダ
西山・立花・馬場・宮崎・藤田・津崎訳

デリダの哲学教育論の集大成。第二巻では哲学が拠って立つ制度のすべてを問い直し、来たるべき哲学教育の構想を展開する。

〈私たちがここで提案している図式にしたがうなら、産業時代の黎明期より西洋で支配的である大学制度モデルにおいて確立されてきた、哲学とさまざまな知の関係を問いに付すこと――そしておそらくこの関係を転移させること――に行き着く〉

近代哲学がその始まりから国家の言語政策と緊密な関係を持っていたこと、デカルト、カント、シェリング、そしてハイデガーに至る大学への問い、軍事政策が文系・理系を問わず学問的合目的性を軍事目的に転換する危険、哲学することは学びえないが、哲学するためには学ばなくてはならないこと……

哲学教育を破壊しようとする力の所在を正確に見抜き、哲学が自らの権威に幽閉されることなく、現代の諸問題に接続していく新たな道筋を切り拓く。全二巻完結。

A5判　四八〇頁　七二〇〇円（税別）

最近の刊行書

——2016年1月——

ジョーディ・グレッグ　小山太一・宮本朋子訳
ルシアン・フロイドとの朝食——描かれた人生　5500円

酒井啓子
移ろう中東、変わる日本 2012-2015　3400円

ウィリアム・カーロス・ウィリアムズ　富山英俊訳
代表的アメリカ人　予3800円

ジョルジョ・アガンベン　上村忠男訳
身体の使用——脱構成的可能態の理論のために　予5800円

＊＊＊

—好評書評＆「2015年の三冊」にあげられた書籍—

紅葉する老年——旅人木喰から家出人トルストイまで　武藤洋二　3800円
世界文学論集　J. M. クッツェー　田尻芳樹訳　※東京新聞　5500円
動いている庭　ジル・クレマン　山内朋樹訳　※朝日新聞　4800円
21世紀の資本　トマ・ピケティ　山形浩生他訳　※日本経済新聞　5500円
日本鉄道歌謡史　上・下　松村 洋　※毎日新聞　①3800円②4200円
長田弘全詩集　※読売新聞　6000円

＊＊＊

—好評重版書籍—

動くものはすべて殺せ——アメリカ兵はベトナムで何をしたか
ニック・タース　布施由紀子訳　3800円
ヘイト・スピーチという危害　J. ウォルドロン　谷澤・川岸訳　4000円
ＧＤＰ——〈小さくて大きな数字〉の歴史　D. コイル　高橋璃子訳　2600円
失われてゆく、我々の内なる細菌　M. J. ブレイザー　山本太郎訳　3200円

＊＊＊

月刊みすず　2016年1／2月号

2015年読書アンケート特集　300円(2016年2月1日発行)
■ 年間購読料3780円（年11回発行／税・送料込）　お申込・お問合せは小社営業部まで

msz
みすず書房
http://www.msz.co.jp
東京都文京区本郷5-32-21　〒113-0033
TEL. 03-3814-0131（営業部）
FAX 03-3818-6435

表紙：ヨゼフ・チャペック　※表示価格はすべて税別です

とを、当然視している。これは理想化に他ならない。ジェンダー正義の問題を解決するのではなく、覆い隠しているからである。ロールズのテクストでは、誰か（女性？）が「私的」領域に追いやられ、正義の構成において他の誰か（男性？）に代表されることになるのかどうか、また、「公的」領域と「私的」領域の両方が等しい条件で全員に共有されることになるのかどうか、あるいは、誰か（女性？）が両方の領域の負担を負うことになるのかどうかについて、驚くほど不明瞭である。[18]

より急進的なフェミニストが繰り広げる、抽象的リベラリズムに対する批判は、キャロル・ペイトマンとスーザン・オーキンが一部の古典的および現代的なリベラリズムの著述家に関して見破っている〈主体の密かなジェンダー化〉を攻撃するだけでなく、抽象化そのものをも攻撃する。そうした批判者の幾人かは、ケアの倫理と正義の周縁化とを提唱するなかで、伝統的なミソジニー（女嫌い）の立場と倫理的相対主義との両方に接近することとなった。正義の「声」とケアの「声」が、どちらか一方しか選べないものとして提示される場合、それぞれが道徳的争点への完全なアプローチとして提出される。しかしこの二つは、実際には生活の異なる側面に焦点をおくものである。正義は公共制度を問題にする。ケアとそれ以外の徳は、具体的な他者との直接の関係性においてきわめて重要な（そして制度的に媒介された関係性においても重要であることが多い）人柄を問題にする。正義の「声」とケアの「声」の中心的な違いは、それぞれが互いに異なる推論を必要としているということではない。正義は抽象的な原理のみならず個々の事例に関する判断も要求する。ケアは差異に敏感に反応するのみならず原理に基づいてもいる。困窮した稼ぎ手にとって正義がきわめて重大であるのは、彼女たちの苦境は制度的に構造化された貧困の一つであり、対面の関係性においてもっとも重要な役割をもつ〈ケアの倫理〉を理想化するだけでは、それを払拭することができないからである。

6　理想化された国境

避けられない抽象化から疑わしい理想化への類似の移行は、国際正義の議論においても見いだしうる。グローバルな経済的・政治的な争点に関する議論はしばしば、主要なアクターを国家とすることを当然視している。伝統的にこうした議論の中心的な対立軸は、国家は行為者でありながらも道徳的な責務と批判からは免責されると論じる現実主義者と、国家は単なる行為者ではなく説明責任を有する行為者であり、正義の要求を充たさなければならないと論じる理想主義者のあいだにある。[19]

しかし、正義の議論においては、理想主義者と現実主義者のあいだの衝突よりも、両者がともに国家を、国際情勢における重要なアクターと想定していることの方が重大である。こうした議論の共通の土台は、主権国家の行為者性と相互独立性に関する誇張され理想化された見解を是認するとともに、一部の国家の無能力と、多種多様な非国家的アクターの重要性を無視しているが、この姿勢はますます時代遅れのものとなりつつある。超国家的企業、国際機関、地域組織、ＮＧＯ、その他多くの組織体を含む国家以外のアクターが世界情勢においてますます重要な役割を果たしているなかで、現実主義者と理想主義者が国際関係を論じる際に伝統的に共通の土台としてきたものは崩れてきているのである。互いに影響し合うことのない個別の主権国家に分割された世界というのは、私たちが生きている現実の世界の抽象化ではなく、その理想化された説明、もしくはかつての姿の一部の理想化された説明である。国際関係に関する理想主義者は、国家が道徳基準から免責されるとは考えなかったけれども、現実主義者と同様に、国家の主権を理想化していたのであった。

国家主権の理想化された構想と国境の理想化された構想は、正義に関する議論、特にトランスナショナルな経済的正義に関する議論に限定を加える。個人の命運の決定において国家が最高権力を持つべきことを否定する人権の擁護者はこれまで、コスモポリタンで正義にかなった制度を理想として描くことが多かったが、実際には、国境の向こう側で行われている権利侵害を批判することに消極的となっている。今日、他国における自由権の侵害に対しては大規模で激しい批判がなされるが、他国の事柄に介入することに対しては、それがたとえ強力な「人道主義的」理由であろうと、大きなためらいがある。正義が、国境の向こう側にはびこる貧困を削減するために国境の侵害を要求するということについては、なおさら確信がもたれていない。援助と開発は合意ベースで行われるが、諸国家がそれらを受け入れない場合には、ほとんど何も起こらない。私たちは依然として、トランスナショナルな正義ではなく、国際的な正義について語っている。そしてグローバルな正義について語ることはなお一層、実践性ではなく理想と結びつけられてしまう。その結果、最低限の財やサービスへの権利を支持する人びとですら、ひとつの（豊かな）国の福祉に主に関心を寄せていることが多い。他の貧しい諸国における開発は依然として、義務的正義としてではなく、選択的な「援助」として捉えることの方が、一般的である。最低限の財やサービスへのグローバルな権利を支持する議論を展開しようとしてきた人びとは、そうした権利に対応する責務を誰が負うのかを示すことの困難に気づかされてきたのであるし、またこの点が骨の折れる課題となっている。実際において、コスモポリタニズムの大志を抱く人びとはしばしば、コミュニタリアン、相対主義者、そしてそれ以外の人びとともに、正義を国境の内側に限定する方向へと収斂している。リベラルと社会主義者はやや恥じ入りながら暫定的にそうするのであり、コミュニタリアンと相対主義者、そしてさまざまな多元主義者は原理に基づいて悪びれずにそうするのであり、それ以外の人びとは暗黙のうちに議論することもなくそうするのである。

7 理想化を伴わない抽象化

幅広い射程範囲を持つ理論を見つける唯一の方法は、行為者の特殊性を捨象することである。だが、理想化が抽象化にとって代わる場合、得られるのは幅広い射程範囲を持つ理論ではなく、理想化された行為者にのみ適用される理論である。

このことは、もし私たちが国際正義もしくはジェンダー正義に関心を寄せているのであれば、人間の行為者性あるいは国家主権を理想化するモデルに依拠することへの誘惑に抗うべきことを示唆している。私たちはその代わりに、仮に抽象化をしたとしても合理性や独立性に関するどの構想の理想化をも拒み、それによって合理性や他からの独立性に関する特定の理想に適合しない人間と政治的・経済的な構造とを周縁化したり排除したりすることを回避したならば、どのような種類の正義論が得られるだろうかを考察すべきである。理想化を伴わない抽象化を行えば、特定の伝統や制度やイデオロギーの特徴にも、特定の行為者が発達させてきた行為能力にも、何ら左右されることなく、幅広い人間の行為者と制度編成について考察することができるかもしれない。もしそうすることができれば、抽象的リベラリズムに対するフェミニストやコミュニタリアンの批判に従って現状を無批判に是認することなく、行為者性と主権に関する理想化された説明を回避することが可能になるかもしれない。

最近の議論は、合理性と行為者性に関する理想化された基準と相対化された基準への訴えかけを唯一の選択肢として扱ってきた点で、間違ってきただろうと私は思う。選択肢は他にもある。権利を支持するリベラルな議論や統治権力の制限を支持するリベラルな議論を、合理性と相互独立性に関する何らかの理想的な基準に見合った人びとによる仮説的同意か、確立された秩序への同意を相対化する見地およびそのカテゴリーの実際の受け入れかのいずれかに、依拠させる必要はない。その代わりに単純に、既存の社会秩序と、既存の欲求および行為能力の構造とを、捨象することからスタートすることができる。行為者についての社会的に特殊な想定を取り込むことなく、理想的に合理的でも、理想的に相互独立的でもない多数の多様な行為者によってどの行為原理が採択されるに違いないかを、考察することができる。理想像と現状はとも考慮に入れなくてよい。そのうえでの論点は次となる。もし私たちが理想的な合理性や独立性という虚構にも、実際の行為者と制度を条件づけている偶発性にも訴えかけないとすれば、どれほど強力で説得力のある正義の説明を提示することができるのか？　もし理想化せずに抽象化するならばどうなるのか？

8　複数性と正義——誰がカウントされるのか

潜在的に相互に行為する、さまざまな行為者の複数性に関する考察から始めよう。このことは二つの事例を除外する。第一に、行為者の複数性、あるいは正真正銘の複数性が存在せず、したがって行為者間の衝突の可能性がないために、正義が問題にならない事例が除外される。（そのように退化した複数性[20]における行為者の行為は、たとえば本能や予定調和を通じて、自動的もしくは必然的に調整されるかもしれない）。第二に、正義の説明が、その〔正義が問題となる〕メンバーの多様性に関する、想定された、偶発的で確定的な制限——この制限がメンバー間に共通の土台を提供し、また偶発的で社会的に保証された収斂および調和を可能にする——に条件づけられることを除外する。除外される二つの事例もやはり、人びとのあいだの想定された理想的収斂、もしくは人びとのあいだの想定された実際の歴史的・社会的な収斂に、正義原理を基礎づけようとするものである。

正義がそのような複数性に対して要求するものは何か？　少なくとも正義が、そのもっとも基本的な原理が全員によって採用しうるものであることを要求するのはわかる。もしそうでないならば、少なくとも一部の行為者が——原理の適用対象であるにもかかわらず——複数性から排除されなければならないだろうことになり、その原理の境界はより狭いものに引き直されなければならないことになるだろう。

言うまでもなくそうした境界の引き直しは、外国人女性はもちろん女性と外国人を、正義の領域から排除するためにしばしば用いられる指し手に他ならない。排除する人びととは特定の他者を、潜在的に相互に行為する人間主体の複数性のメンバーとみなすことを単純に拒否する。原理の共有可能性に依存する正義の説明というコスモポリタニズムの願望は、議論もなしに一部の人びとを正義の領域から排除することによって、容易に頓挫させられうる。そのためこの指し手を、それが何のためであるのかに注目しながら、理解することが重要である。このことは、その指し手を用いるのは誰かを問うことで可能となる。

この指し手を用いるのは、国家と社会の外部で生きる、理想化されたジェンダーレスの理論家ではない。この指し手を用いるのは、女性に対して自分たちと相互行為し、言語や理性に従い、入り組んだ伝統や制度を理解しまたそれに参加し、さらには愛情を捧げ、尊重し、服従することを一般に期待する人びとである。この指し手を用いるのは、翻訳、貿易、そして交渉の通常のプロセスが外国人にも通用することを期待する人びとである。こうした複雑な仕方で相互行為する他者の行為者性を否定することには、不誠実の匂いがつきまとう。不誠実であることを回避する方法は、相互行為がなされる相手、または相互行為が可能な相手は誰であれ、正義原理が適用される複数性のメンバーとしてカウントすることでしかない。すると問われるべきは、潜在的に相互行為する行為者の複数性の全メンバーによって採択されなければならない原理はあるのか、というものとなる。私たちは自らが、ある一定の他者の（不完全であることが明らかな）理性を用いる能力と（限定的であることが明らかな）独立に行為する能力とに依拠していることを知っている。彼らとの相互行為に関して、全メンバーによって採択されなければならないような原理は関係ないなどと、単純に取り決めることはできない。

もし女性が全員、数百光年彼方の恒星ベテルギウスにでも送られて、地球上に残った男性との相互行為が何らできない状況となるのであれば、男性も女性も互いを正義の領域内にあると見る必要はなくなるだろう。もう少し現実的な話をすれば，はるか昔のアンデス山脈の住人と，その同時代のイングランドのアングロ・サクソン人は相互行為することが不可能であったのであり，また実際に相互行為することはなかったため，どちらか一方が他方を正義の領域から除外していたとしても，彼らが不誠実に行為したことにはならなかっただろう。どちらも他方に対して正義も不正義も実践することはできなかった。現在，地球に住む現実の男女にとって，事態は異なる。相互行為の可能性は想定から外すことはできないし，遠くにいる他者を正義の領域から排除するとすれば無原則となるだろう。私たちは無数のトランスナショナルな経済的・政治的プロセスおよび制度に頼っているのであり，正義が（先進世界にとって好都合なように）国家のフロンティアで停止するなどと首尾一貫して主張することはできない。女性の合理性と生産的貢献に頼りながら，正義が（一部の男性にとって好都合なように）想定上の「私的」領域――その存在と境界は実際のところ「公的」領域を定義する際に前提とされている――の縁で停止すると論じることができないのと同じように。

9　複数性と正義――どの原理か？

すると正義は，まず何よりも，潜在的に相互行為する存在者からなる複数性であれば，どのような複数性であっても，その全メンバーが採用しうる原理に従う事柄だということになる。だが，もし理想化と相対化のどちらも避けて，単純な抽象化に頼るならば，そうした原理を同定するために十分強力な前提を手にすることになるのか？　普遍化可能性のテストは有効なのか？　普遍化可能性は（抽象的リベラリズムの一部批判者が考えるような）一様性ではないとしても，正義の説明の根拠づけとしては弱すぎる要求ではないのか？　特に，個々の行為に関する内的に整合的な原理はどれも，普遍化可能な原理になるのではないのか？[21]

しかし、忘れてはならないのは、私たちは今、潜在的に相互行為する存在者、すなわち一つの世界を共有する存在者の複数性という事例を考察しているということである。このような複数性の全メンバーが採用する行為の原理は、いかなるものであれ、体系的で予測可能な形でメンバーの行為に影響し、よってメンバーが共有する世界と他者の行為可能性とに変化を及ぼす（この点について、人びとは採用した原理に基づいて常に行為するとか、いわんや巧く行為するなどと想定する必要はない。全員が行為に失敗すること――よってまたいくばくかの成功をともなって失敗すること――だけが唯一不合理な想定になると考えればよい）。ひとりの行為者によって整合的に持たれうるある一定の行為原理が、全員に対する原理として整合的に提示されえないのは、このためである。普遍化不可能な原理の実例がこの点を示しうる。欺瞞の原理は信頼を損ねるものであるが、仮にこれが普遍的に採用された場合は、信頼を、そしてまたどんな欺瞞の狙いをも、整合性のないものとするだろう。選択的な欺瞞は整合性のある企図だが、普遍的な欺瞞はそうではない。欺瞞を行おうとする者は誰一人として、欺瞞の原理が全員によって採用されることを整合的に意志しえないため、彼らが欺瞞を制度や生活の基本とすべきではないことを、正義は要求する。同様に、暴力ないしは強制を自らの行為の基本とする人びとは、他者の行為者性と独立性を破壊するか損なおうとするため、彼らの原理を普遍化することはできない。暴力もしくは強制を行うという原理の普遍的な採用は、他の誰かの行為者性を危険にさらすだろうから、暴力や強制の基本原理は全員に対して提案もしくは推奨しうるという想定を成り立たせないだろう。[22] 選択的な暴力と強制は整合性のある企図だが、それらを普遍的な方針として推奨したり意志したりすることはそうではない。

事を単純化するため、正義は（少なくとも）、行為および制度が欺瞞、暴力、そして強制の原理に基づくべきではないことを要求する、ということのみを想像するとしよう（正義原理は他にも多数あるだろうから。）しかしなお、欺瞞、暴力、あるいは強制という基本原理を拒否することが特定の情況下で何を要求するだろうかを私たちは知らないため、正義がいったい何を要求するのかを示すにはほど遠い。こうした指針はきわめて不確定である。まさに抽象化の典型的代償が支払われたかのようである――特定のコンテクストにおいて何をすべきかを示さない、堂々とした抽象的原理が。

しかし、倫理的推論をも含むどのような実践的推論においても、抽象的原理はその一部でしかない。原理がそれ自身の適用を明確に定めることは決してない。相対主義者、コミュニタリアン、そして徳倫理学者が好む文化的に特殊な原理ですら、それ自身の適用を明確に定めることはない。すべての実践的推論は、原理を特定の事例に当てはめるための判断と熟考を必要とする。この点においてジェンダー正義と国際正義に関する説明も例外ではない。特に必要とされるのは、もし貧しい経済圏の貧しい女性が正義を手にするべきであるならば、どのような特定の制度と行為が必要なのかを判断できるようになることである。

10　複数性と正義――相対主義を伴わない熟考

抽象的原理から確定的判断への移行について考える前に、二つの予備問題を簡略的に除外しておこう。第一に、正義原理が合理的選択のアルゴリズムを提供すると期待する理由はない。また、原理が重要なものであるためにアルゴリズムが必要とされることもない。行為に対して副次的制約のみを提供する原理ですら、緊急の要求を行うことがあるからである。第二に、正義原理が個人の行為にのみ関わると考える理由はない。制度の行為者性に関する完全な説明は複雑なものとなるであろうが、それについてはここでは議論しない。そのような説明は可能であり、制度と慣行も個人と同様に、正義の要求を充たすよう要求されうるということを、想定しておきたい。

しかしながら、こうした移行は少なくとも、欺瞞、暴力、もしくは強制の原理が拒否される場合に何が必要となるのかをより確定的に説明するという中心的課題に対して、一定の制限を加える。だが依然として、特定の類型の家族生活や経済の構造および活動が、欺瞞、暴力、あるいは強制を基盤としており、またそれゆえに不正であるかどうか、この判断をどう下しうるのかを見分けるのは容易でない。ヒエラルキーと従属は、あらゆる形態において強制なのか？　もしそうでないならば、容認できるものとできないものをどう区別すればよいのか？個人の経済活動とジェンダー関係の一定のカテゴリー（たとえば窃盗や詐欺、妻を焼き殺したり叩きのめしたりといったこと）が欺瞞、暴力、もしくは強制であることを理解するのは難しくない。しかし欺瞞、暴力、強制の他の事例は、判断が難しい。特に、女性を隔離または排除する社会的伝統や、女性の深刻な経済的脆弱性を確実にもたらす経済的・家族的な取り決めを、欺瞞、暴力、強制の基本原理が拒絶されていないことの証拠と捉えるべきかどうかを判断するのは、困難でありうる場合がある。

しかしながら、抽象的な原理からその重要性と特定事例への適用がより評価しやすいと思われる具体的な原理への容認できる移行については、多少のことを言うことが可能である。こうした移行においては、「私たち」の伝統や共同体が、倫理的に重要な「事例」もしくはそれに取り組む際の「選択肢」を選り抜く際に用いる、一般に認められた規準に依存するだけでは不十分である。不正な制度によって自らが抱える諸問題が周縁化され、また行為者性と能力が形成されてきた――おそらく歪められてきた――人びとにとっての正義を見分けるか判断する際に、男性優位、家父長的な社会関係、帝国主義、そして孤立主義を受け入れてきた思想のカテゴリーが決定的なものになりうると想定するならば、論点先取になる。重大な問題を選り抜くに当たって、確立された言説のカテゴリーに無批判に頼ることはできない。たとえそれが社会科学者の言説や、「助けとなる」専門家の言説であったとしてもである。これらのカテゴリーはそれ自体が、倫理的な懸念と批判の対象である。[23] 結局のところ、理想化されたアプローチを無条件に信頼する理由はないのと同様に、正義、ジェンダー、国境に関する相対化された議論を信頼する理由もない。そうした議論は、理想化された正義の議論と同じく、理論やイデオロギーから自由ではないのである。典型的な事例問題を個別化するそのやり方は、より抽象的なカテゴリーを用いる理論のやり方よりも馴染み深いかもしれないが、この馴染み深さは議論の余地のある不正な境界設定を覆い隠してしまうかもしれない。もし社会や伝統についての一般的に受け入れられた見方を、抽象的な正義原理が適用される問題領域を定義するものとみなすのであれば、正当性の裏づけのない理想が持ち込まれ、特権化されるであろう。正義に対する理想化されたアプローチの場合とまったく同じように。

社会関係についての一般に受け入れられた記述が、広大で論争的な理想の反映であることを確認しておくことは、示唆的である。たとえば、ジェンダー問題が目に見えないものであるかのように見過ごされうる仕方について考えてみればよい。社会分析の基本単位の選択においてはしばしば、大量の転位が行われている。個人、賃金労働者、そして家長と、それぞれに焦点を合わせる異なる記述と記述のあいだの転位において、女性の経済的従属とそれ以外の種類の従属というありのままの事実を覆い隠すのに十分な柔軟性が生じる。女性の低賃金は、他の誰かに扶養される妻であるならば、心配すべきことではないと見なされうる。夫や父親への依存も、女性が結局のところ賃金労働者で、それほど危険なレベルまでは依存していないならば、受け入れ可能なものと見なされうる。再生産労働は（都合よく曖昧なことに！）、値段がつけられないものと考えられうる。賃金労働者である女性の低賃金は、低水準のスキルにふさわしいものであり、また賃金労働者である男性に対する家庭内での従属を正当化すると見なされうる。その男性は「家長」として、自由裁量による支出や娯楽への権利資格をもっているが、それは賃金労働者である女性が（男性とは違って！）家族へのコミットメントのために我慢しなければならないものである。女性の貢献を――たとえそれがより難儀でより高いスキルを要するものである場合でも――価値の低いものと分類する社会構造および思考の習慣についてのうんざりするような証拠は、十分に明らかである。私たちは絶えず「男性を家庭を指導する個人として、そして女性を家族のメンバーとして考えている」のだ。[24]

個人の動機に関する議論においても、抽象的原理から確定的判断への移行に疑いを抱くにたる、同じくらい深刻な理由がある。これらの議論も一般に受け入れられた見解によって形成されており、著しく個人主義的な環境においては、犠牲者をも含めた個人に不正の咎めを負わす試みへと容易に流されている――女性は結局のところ社会的・経済的な従属を通常は黙認しているではないか、として。すると女性は奴隷根性を咎められるべきなのか？　それとも男性が、女性を抑圧ないしは搾取しているとして咎められるべきなのか？[25]　あるいは、咎めに関する議論はただ口論を激化させるだけなのか？　ジェンダー正義への相対主義的アプローチだけではなく、抽象的だが理想化を伴わない正義原理を適用する試みすらも、疑う理由があるように見えるだろう。だが、私たちは理想世界に住んでいるわけではない。国家、男性、そして女性が、理想化された行為者のもつ能力と機会に必ず欠けている世界においては、正義の理想化された構想は、国際関係、社会関係、あるいは個人の行為に、単純に当てはまらない。国家は実際のところ最高権力を有していない。超大国ですら持てる権力は限定的である。そして男性も女性も必ず、多かれ少なかれ脆弱であり、無知であり、不安定であり、現状に挑戦したり反対したりするだけの自信や手段に欠けている。限りある能力と機会しかない行為者の世界では、貧しい経済圏の貧しい女性は、他者への依存と他者からの要求とに関して、種類においてではなく程度において、異なっているにすぎない。

11　脆弱な行為者からなる世界における、正義にかなった熟考

理想化されておらず、また現実社会に対して単に相対的なだけでもない正義原理を、脆弱な人びととその苦境に対して適用するとするならば、私たちは現実の事例についての確定的判断に向けてどう移行すべきなのかを明らかにしなければならない。本書でこれまで支持してきた正義原理がこの方向に導いてくれるのだが、なぜかといえばそうした原理は、理想的に合理的で相互に独立した存在者であれば同意するだろう取り決めにも、おそらくは抑圧的な状況にある人びとが同意している取り決めにも、焦点をおかないからである。逆にそうした原理は、

限りある能力をもちながら相互行為する行為者の複数性が同意しうる制度を探求する。先に私は、理想化は伴わないが抽象的な正義の説明の構成方法は、欺瞞、暴力、強制の拒否、およびそれらと類似の他者を犠牲にする原理の拒否を、正義原理として同定するものとなろうと、暫定的にではあるが提案した。

だが、原理だけでは十分でない。理想化のない抽象化は、いくつかの問題を回避するが、それ以外の問題を回避しない。抽象的原理から確定的判断へと移行するのであれば、共有されえない原理に基づく行為を回避するという理念を、現状に関するカテゴリーや見解に従属させることなく、運用可能なものにする必要がある。そうするための理にかなった方法のひとつは、脆弱な人生を構造化する取り決めの可変的な側面のどれかを、その取り決めによって実際に制約されている人びとがどの程度まで拒否したり再交渉したりできるのかを問うことであるかもしれない。原理的には変更しうる任意の取り決めによって影響を受けている人びとが、実際にその取り決めを拒否または再交渉しうるのであれば、その人びととの同意は単なる形式上のものではなく、正真正銘の正当な同意である。彼らがそうした取り決めを「受け入れる」しかない場合は、彼らの「同意」は正当とはならない。可能性のある同意という観念をこのように運用可能にすると、理想的な推論能力や理想的な他者からの独立が行為者に帰されることも、不正義を反映しているかもしれない実際の同意に正当性がおかれることもなくなる。この説明において正義は、制度が行為と同様にその受け手に——たとえ脆弱で依存的な場合でも——自らに課された役割や任務の変更可能な側面について拒否したり再交渉したりする余地をもたせることを要求する。

行為能力が未発達でより脆弱な場合や、独立した行為の機会が制限されている場合、異義申し立ては難しくなる。行為能力は、知識および能力の欠如と、他者へのコミットメントとの両方によって、制約される。制度的取り決めは、理性を用いたり独立に行為したりする能力を制限することと、他者のニーズや欲求を充たすことへの要求を高めることとの両方によって、行為者性を毀損しうる。そうした取り決めに対する見かけ上の「同意」は、取り決めが正義にかなっていることの証拠にはならない。「同意」が無知の反映であったり、「同意」以外に何かをする能力や機会の欠如の反映であったりする場合はいつでも、その同意は正当性をもたない。正義についてこのように考えると、正義は脆弱な人びと――彼らの「同意」は引き出すのがあまりに容易であるために、強者よりも欺きやすく犠牲にしやすい――に対して、より少なくではなくより多く正義にかなっていることを要求することがわかる。[26] けれども、理想化された正義の説明と相対化された正義の説明はどちらも、弱者のための正義は強者のための正義よりも多くを要求するという事実を隠蔽する傾向にある。理想化された正義の説明には脆弱性を無視するきらいがあり、相対化された正義の説明には脆弱性を正当化するきらいがあるのである。

12　困窮した稼ぎ手のための正義

貧しい経済圏の貧しい女性の生活が、これらの点をよく示している。たとえば、日常的な商取引や商慣行について考えてみればよい。それらが通常、そうした取引や慣行の影響下にある人びとによって受け入れられているという事実は、不正義がないことの証拠にはならない。知識と脆弱性に関して行為者間に大きな格差がある場合、弱者の「合意」は見せかけであるかもしれない。弱者は自分が理解できない申し出により騙されているのかもしれないし、拒否しようのない「申し出」に圧倒されているのかもしれない。一部の先進社会では、こうした事実はよく認識されており、商慣行は圧力や詐欺を防止する目的のもとに規制されている。詐欺の場合、契約は無効にしうるし、「真性貸付法」という規定もある。債務や破産が生じても飢えることはないし、恐喝は犯罪である。扶養家族がいる人びとは福祉権というセーフティネットに頼ることができるのであり、それによって他者への依存度を少なくすることができる。

途上社会の内部では、はるかに規制されていない空間で経済取引が行われている。権力や資源においてはるかに大きな格差のある行為者間で経済取引が行われる場合もある。弱者はその無知や脆弱性を利用する特定の他者から損害を被らないとも限らない。そのうえ，何もないこと——法律の欠如，消費者保護基準の欠如，そして他の消費者と連絡を取り合う手段の欠如——によって，遠隔地または地元の経済主体や勢力による意図された帰結，あるいは意図されざる帰結の影響から，弱者は保護されていない。貧困者，そして特に困窮した稼ぎ手は，自らに損害を与える経済構造または取引における自らの役割を，たとえそうした構造や取引が原理的には変更可能な場合であっても，拒否したり再交渉したりすることができない。彼女たちは単に低賃金，労働安全基準の低さ，その土地固有の債務，貸し手への不利な依存に対して脆弱であるだけでなく，[27] 家族内での不利な権原様式の影響も受けやすい。生存のためさらに借金を重ねなければならない債務者は，彼女たちが作る作物の購入について貸し手が申し出る条件について，あまり文句を言えない。もっとも従属的な女性——いくつかの社会では，嫁と，年少の娘たち——は，市場原理と力のある親族との両方に対して，きわめて脆弱である。[28]

理想化された正義のイメージは，経済権力の重要性を見過ごす傾向にあった。そうしたイメージは市場取引に関与する人びとの能力と相互独立性を理想化することで，強者が提案する取り決めに対して弱者は異議申し立てができないかもしれないという事実を，曖昧なものにしている。また，意図された帰結と意図されざる帰結を鮮明に区別し，意図されざる帰結をやむをえない「影響力」とみなす傾向にもある。とはいえ，そうした影響力はそれ自体が制度的取り決めの所産であり，変更や修正が可能であり，実際に多くの法域で変更と修正が行われてきた。こうした影響力から弱者を守るという問題は「自然」のプロセスとは無関係であり，変化を求める声の弱さと改革の難しさとにすべて関係している。これはまったく驚くに当たらない。市場制度はセキュリティを強めており，「持てる者」の声も同様である。改革のプロジェクトが希望的観測にしか見えないとしてもおかしくない。弱者に対する補償は，正式なデモクラシーのものですら貧弱で部分的であり，不足していることも多い。

典型的な家族構造もまた，（市場構造に相応しいのかもしれない）理想的な独立の行為者と，実際の無力さのあいだの溝をよく示している。こうした家族構造はしばしば、「公」と「私」の領域間に境界を設け、（妻や娘として理解される）女性を「私的」領域に割り当て、女性には資源に対する決定権はわずかしか与えないものの、他者のニーズを充たすコミットメントは重く課している。女性には、力の大きい家族のメンバーの提案や計画を確認したり、それに異議申し立てしたりするための、適切な経済的権原、実効的な政治参加権、もしくは情報や論争の出所へのアクセスなどが欠けているかもしれない。こうした苦境に置かれた女性の安全《セキュリティ》保障は乏しく、また自らを支配する（父親や夫として描かれる）他者の要求を充たさなければならない。いくつかの家族構造は欺瞞、強制、支配の諸形態を可能にし、さらには課すものでもありうる。女性が孤立させられ、隔離され、教育や賃金労働を禁じられ、もしくは力の大きい家族のメンバーのフィルターを通した情報へのアクセスしか持たない場合には、判断力は弱められ、独立性も妨げられる。この脆弱性は時に、それに対応する気遣いや自制によって覆い隠されることもあるだろうが、そうでないこともあるだろう。家族的配慮と保護的な家父長主義《パターナリズム》というレトリックは、配慮の無慈悲な欠如を容易にカモフラージュし、欺瞞的な行為や慣行を正当化しかねない。[29]

　もしすべての行為者が理想的に相互に独立しているならば、他者の行為者性の毀損を避けることは難しくないかもしれない。しかし実際の状況は異なる。家族構造はつねに独立性を制限するものであり、通常は女性の独立性を多く制限している。自身の適切な権原を持たず、家族の財産や所得の取り分への権利が不安定な女性は、いつも強制されるとは限らないが、強制に対して常に脆弱である。家族への責任によって実効的な独立が制限されている女性は強制されやすいだろう。そうした情況においては、表面上の同意はほとんど何も明らかにせず、支配と従属の形態をまったく正当化しない。依存関係は必ずしも強制的ではなく、強制的であることが明白なわけでもないが、異議申し立ての表明が容易に黙殺され矮小化され、単なる小競り合いとして片づけられてしまう従属構造を用意する。行為が他者によって共有されえない原理に基づくものではないことを確実にするには、他者に影響を与える提案がその他者によって異議申し立てしうるものであることを確実にすることが必要となる。制度化された依存は、異議申し立てを困難なものか不可能なものにしがちである。経済的独立を確保できない人びとや、正真正銘の依存者（子どもや老人）の世話のたとえ一部であっても他者に頼れない人びとは、簡単に「ノー」と言ったり、自分自身の条件を提示したりすることができない。より力の大きい人びととの提案に従うほかないのである。

正真正銘の正当な同意はしばしば、同意の外観をいとも簡単にまとう制度や慣行のいくつかによって、残念ながら蝕ばまれている。他者との関係が構造的依存の関係になればなるほど、弱者はますます、（相対的な）強者が近接性と優越的地位によって与えられる有利性を行使することはないと信じることに、依存しなければならなくなる。強者がそうした自制を確実に示す場合には、依存を制度化する関係のなかに不正義はないかもしれない。しかし、強者の自制にあまりに頼りすぎる制度は、不正義を確実に避けることはできない。強者の提案が経済的なものであれ性的なものであれ、強者が弱者を欺くために弱者の無知や孤立につけ込むのであれ、あるいは弱者の独立行為の機会の減少や、弱者にとって第二の自然本性となる恭順や妥協の習慣につけ込むのであれ、強者は正義にもとる社会的慣行を利用する。能力と機会が限られている人びとのために、可変的な取り決めを拒否したり再交渉したりする選択肢が確保されるような制度が構築されない限り、不正義が繰り返されるリスクを弱者は負うことになる。

自分の権原を持たない女性は、自分の権原を持つ家族の他のメンバーの裁量下で生きているため、心の底から嫌悪し、不謹慎だと判断し、あるいは自らや子どもたちにとって有害だとわかっている提案にも、従わざるをえないだろう。もし彼女が理想的に独立した行為者であるか、もしくは自らと扶養家族にとって十分な権原を持つ人びとと同じ平凡な独立性と機会さえ保っていたならば、彼女の生活手段をコントロールする人びとによって出された提案の可変的な側面に異議を申し立てたり、少なくとも再交渉を試みたりすることができるかもしれない。しかし無力で脆弱な彼女にはそのどちらも容易に行えない。したがって、彼女が申し出るいかなる同意も妥協であり、他者の提案を正当化するものではない。治療への正当な同意を、観念的な「理想的に合理的な患者」の認知能力および独立性を対象とした手続きに依拠させることが馬鹿げているのと同じように、他者の計画への正当な同意を、観念的な〈理想的に合理的な、困窮しかつ依存的な他者のための稼ぎ手〉の認知能力と独立性に依拠させることは馬鹿げているはずだ。

このことは、困窮した稼ぎ手が非合理的であるとか、完全に依存的であるとか、同意することができないとかいうことを意味しない。しかしこのことは、彼女たちの行為の実効的能力と機会（センの言葉を使えば、彼女たちのケイパビリティと権原）によって彼女たちの拒否と再交渉の可能性が制約されている有様を重視すべきことを示してはいる。もし彼女たちが正義にかなった仕方で処遇されるべきなのであれば、彼女たちと相互行為する人びとは、自らの意志を押しつけるために、彼女たちの弱められた能力と機会に頼ってはならない。そうする人びとは欺瞞、強制、その他の不当な迫害の形態を可能にする不正な制度的構造に頼っているのである。

抽象的で理想化されていない原理を適用する際に考慮に入れなければならないのは、実に不正な伝統を反映しているかもしれない実際の信念、理想、あるいはそれ以外のカテゴリーではなく、他者が行為するための実際の実効的能力と機会であり、また他者の無能力と機会の欠如である。この指し手が相対主義を連れ戻すことはない。実際に受容されているという理由で是認される原理は、ないのである。一般的に私たちは、原理の同定には様態観念を、そして原理の適用には指示観念を用いることができる。正義の原理はどの可能な複数性に対しても明確に定めうる。というのも、そうした原理は、複数性の全メンバーによっては共有されえない原理を退けることのみを要求するからである。実際状況に関する正義の判断は、正義原理に統制されるが、正義原理に必然的に伴われるものではない。正義の判断において考慮されねばならない実際状況のもっとも重要な特徴は、自らの生活を構造化する取り決めや活動の変更しうる側面について人びとが異義申し立てをしたり変更を試みたりすることができるかどうかを決定する、安全保障《セキュリティ》と権原、もしくは不安と脆弱性である。

第九章　アイデンティティ、境界、国家[1]

1　政治哲学における境界

諸々の境界は、ほとんど気づかれることなく政治哲学に忍び込んでいる。たとえばリベラルな政治的言説の伝統内部では、普遍的な射程範囲を有する権利――人権――と、それに対応する正当な国家権力の限界とに関する何らかの説明をするために、正義論がしばしば展開されている。だが私たちは気がつけばいつの間にか、ひとつの国家の正義ではなく複数の国家の正義について語っている。複数の国家を念頭に置くやいなや、私たちは間違いなく、諸国家のあいだの境界を念頭に置いている。境界の正しい位置について誰かが疑問を投じるまでは、新しい国家はほとんど目立たない。疑問が投じられるまでは、自決権やいわゆる分離権といったよく知られた議論が、境界の正義の性質に関する事前考察なしに、まかり通るのだろう。けれども、そうしたよく知られた議論を始める前に、そしてどの境界が存在すべきかを問う前に、境界の正義について省察する価値はあるかもしれない。

コスモポリタンな射程範囲を主張するすべての正義構想、たとえばリベラルな構想や社会主義の構想にとって、表向き境界は問題含みとなる。道徳的コスモポリタニズムはどのような形態のものであれ、制度的コスモポリタニズムの拒絶とは組み合わせられない。だが、とにかく道徳的コスモポリタニズムを拒絶する人びとにとっては、境界に問題はないように最初は思われるだろう。コミュニタリアン、相対主義者、そしてそれ以外の歴史主義者は政治と正義を、何らかの確定的な位置つまり何らかの境界の内部から、その境界によって正当に限定されたものとして、考察する。たとえばマイケル・ウォルツァーは政治的境界を正義のコンテクストとしている。アラスデア・マッキンタイアは文化的伝統をすべての倫理的カテゴリーと推論のコンテクストとしている。この種のアンチ・コスモポリタンな立場にとって境界が問題をはらむものであるべきなのは、なぜなのか？

なるほどコミュニタリアンにとって、またそれ以外のアンチ・コスモポリタンの立場を採る人びとにとって、境界は言ってみれば内側からのみ可視的である。おそらくその理由から、彼らの幾人かは、境界ではなく地平というメタファーに魅力を感じているのだろう。地平は境界と異なり、私たちには到達することも越えることも、その先を見ることもできない限界であるが、拡大したり縮小したりすることはできる。何らかの実際の境界が思考の地平として理解される場合、その囲いの向こう側にあるものは、内部者には目に見えないか、あるいは不可解か、もしくはまったく関係のないものとして見なされる。だが、アイデンティティと相互理解を構成する地平として実際の境界を捉える試みは、グローバルな関心事についてのあらゆる言説を混乱させるだけである。いかにも境界を、あるいはむしろ境界が囲っているものを、倫理的言説を構成するものとすることは、危険であり混乱をまねく。なぜならその倫理的言説は、境界という制度の正当性のみならず、境界が囲っている生活様式および思想様式の正当性をも内在的批判しか受けつけないものとしており、他所者《アウトサイダー》による批判を理解できないものとしているからである。[2]

正当化の推論の限界として境界を見る人びとは、排除された人びとの苦境であっても、包摂されてきた人びとの現状とは異なる可能性であっても、それらを重く受け止めることはないし、実にそれらを承認することもできないだろう。冷酷な相対主義はこうした懸念をもみ消すかもしれないが、その代償は非常に高くまた信じがたいものであるため、ここでは探究しない。実際のところ、自らの境界の向こうにある思考および生活の様式に関するコミュニタリアンとその同類者の視野狭窄とされるものは、少し不自然であるだろう。

境界に関するどの類型のコミュニタリアン――あるいはより広く言えば相対主義――の見解にも、それを採用するうえで特定の困難がある。だが注目すべきこととして境界は他方で、何らかの道徳的コスモポリタニズムの説明を表向きは支持するものの制度的コスモポリタニズムは退けるという政治哲学者たちによっても、しばしば見過ごされている。[3] たとえば、「他の社会から隔絶された閉鎖システムとして当面は想定された」社会にとっての正義というロールズの想定を正当化するものは、すべての正義のパラダイムとなりうるのだろうか？[4]　ロバート・ノージックは、諸個人は励行を必要とする権利を有しているという想定から、何らかの最小国家は正義にかなっているという主張だけではなく、そのような国家は正当にも複数あるかもしれないという主張へと飛躍し、彼ら「自身」の国家の外部にいる人びとの権利を縮減することにもなるとしているのだが、これにはどれほどの説得力があるのか？[5]　もっと一般化して言えば、普遍的な射程範囲を持つ正義原理や人権の提唱者は、人びとが実際に持つ権利が彼らの居場所によって左右されること、より正確にはどの場所が彼らを外国人としてではなく市民として認めるかによって左右されるということを必然的に伴う構造を、どのようにして是認することができるのか？　首尾一貫性のあるコスモポリタンな正義の説明であれば、境界が必然的に伴わねばならない権利の差別的制約を、不正として退けるのではないだろうか？

こうしたテーマは依然として時事的であり曖昧である。おそらく境界という論題に似合いのこととして、このテーマにはそれ自体の明確な境界がない。そのため以下では、さまざまに賑やかな議論を検討することからはじめるとしよう。いくつかの議論は何年にも渡るものであり、他方で多くの議論は時に取り組んでいるはずとされる問題に答えていないように思われる。本章の最終部では、境界と領域に関する別様のそしてよりはっきりした見解を採る正義へのアプローチの素描を試みる。

2　正義、国家、領域

世界政府は権力を過度に集中し、実に秩序、自由、権利、デモクラシーといった統治を正当化すると考えられる考慮事項を危険に晒すものであるため、政治単位の複数性、よって国家の複数性は、正義のために必要であるとしばしば言われている。次いでグローバルな規模での権力分割は――国内の権力分割が小規模の専制を防いでいるように――グローバルな専制を防ぐために必要であり正義にかなっていると言われている。

この議論にはそれなりの意味があるが、グローバルな権力分割の適切な形態は領域によって定められた国家による分割であり、その境界はすべての統治機能とすべての市民的権利を単一の空間的境界で限界づけるものであるということを、説明できていない。結局のところ、人びとが特定の国家の構造を支持するために同様の議論を持ちだす際に重要だと考えている権力分割は、個々の領域への分割ではないのである。

さらに、領域的に定められた主権国家システムがたとえグローバルな専制を実際に回避するものであるとしても、それが専制を回避する特に優れた方法だと判明しているわけでもないだろう。主権国家はしばしばその市民を害しており、またそれが他の主権国家との紛争を解決するために用いる手段には、危ういことに、制約がほとんどない。啓蒙時代の「対内的」主権という絶対主義的な非分割構想に対抗して持ちだされた議論は、とりわけホッブズに対する多くの批判に見られるものであるが、それは現代において大げさな「リアリスト」が絶対主義的な「対外的」主権の必要性を強調していることへの批判と一致するかもしれない。国家内部における権力の過度な集中は危険であり、国家相互が過度に独立しているのも危険である。地域的、政府間的、国際的（国家間的）な構造や組織の構築へ向けて投入される膨大な努力は、領域的に定められた主権国家への権力分割が長いあいだ、世界政府の専制を回避するための危険かつ不完全な方法として見なされてきたということを、証明している。

領域的に定められた国家の複数性を支持する議論に修正をほどこすとすれば、それは、領域によって区切られた権力分割はそれ自体において専制を防ぐものではないけれども適切なセーフガードを提供する何かしらの制度の一部である、というものだろう。[6] 少なくとも何らかの統治権力が、隣接しながらも空間的に限定された領域を越えて、行使されなければならない。警察権力や公共サービスが考えられるだろうが、世界警察や世界下水処理システムは必要ないと考えられるかもしれない。どちらもローカルなニーズに素早く対処できないだろうし、権力を過度に集中させるものだろう。

しかしながら、領域国家の複数性を支持するこの議論は、別の二つのやり方で修正することもできる。第一に、グローバルに調整することが望まれる、領域を基盤とする統治機能が数多くある。電波、航空交通、麻薬取引、また環境基準に関しては、グローバルな規制が確かに必要である。そのため警察や廃棄物処理政策でさえ、国家の境界を越えて調整されることが望ましい。第二に、いくつかの統治機能、あるいは少なくともそうした機能のいくつかの側面が領域的区分の内部でもっともよく果たされると思われる場合でさえ、なぜすべての領域国家が広範囲にわたる別個の機能のために同時に存在しなければならないのかを示す議論が依然として必要であるだろう。というのも、多数の本質的に区別しうる事柄にその区分を重ね合わせることによってのみ、有界化された諸国家から成る世界が得られるからである。そうでなければ領域的限界の多様性が、国境のシステムとなることはないだろう。すると〈領域性〉と〈統治組織のいくつかの務め〉との明白なつながりが、正義をもっともよく達成する方法は主権国家の複数性を確立したり維持したりすることであり、すべての統治機能を一組の領域的境界で制限することであると考える明らかな理由を与えてくれる、ということにはならない。統治組織の務めについては、領域的な分割ではなく機能的な分業から出発する方が道理にかなっているのではないだろうか？　またもしそのようにするとしたら、最適な領域的編成はおそらく、統治機能のタイプごとに異なるのではないだろうか？　徹底して機能的な議論または道具的な議論のどれもが、統治の目的もしくは正義にかなった統治に関する説明（たとえば秩序、自由、権利、デモクラシー）から、領域的に定められた主権国家システムの正当化へと進むというのは、どうもありそうもない。そのような議論を構成するやり方は、もちろん他にあるだろうけれども。[7]

3 領域とアイデンティティ

この段階で、コミュニタリアンと彼らの先達が用いたそれほどラディカルではない議論のいくつかが魅力的になる。というのも彼らは、領域は実のところ根本問題ではないと言うだろうからである。すべての統治権力を領域国家の境界で限界づけることを正義とするのは、ネーションや人民や共同体についての主張、つまり今日ではアイデンティティと呼ばれるものについての主張から出発する、より深遠な議論である。人びとは互いを同じ共同体のメンバーとして認めており、またある一定の人びとを他所者《アウトサイダー》として認めているため、境界によって他の国家から分離されており、ゆえに他のネーションと共同体から分離されている国家を確立することを、正当に達成目標とすることができる。次いで彼らはそうした境界内部において自らのやり方で振る舞うことができ、またおのれの伝統を維持し発展させることができる。そうした境界の向こう側については、何の主張もなさないか、未回収地《イレデンタ》回復主義や帝国主義の主張といった、別の、より問題含みの主張をなすかのいずれかである。

このような主張は典型的に、ネーションや共同体への帰属感は単なる選好の問題ではなく、まさにそのようなつながりのある人びとの自己およびアイデンティティの感覚の基盤であるという指摘によって、強められている。国民国家の冒険物語や、共同体生活のより日常的な物語が取り上げられるのは、そのためである。

この冒険物語を、境界や領域の陳腐さと結びつけることには、いくつかの困難がある。最大の困難は、共同体とネーションの成員資格がしばしば、おそらくはたいていの場合、どの所与の領域内でも、包摂的でもなければ排他的でもないということである。つまり所与の共同体やネーションはしばしば、メンバーと見なしていない相手や自らをメンバーとは見なしていない相手と領域を分かち合うことがあり、また他方で、自他の双方によってメンバーと見なされている人びとの多くが、やはり自他の双方によって他の共同体やネーションのメンバーとして見なされることがあるのである。これら二つの問題は厄介である。

まず、（完全な）メンバーとは見なされていない人びとが、ある輪郭のはっきりしたネーションか共同体として、同じ領域に居住している事例を考察してみよう。そのような人びとに他所者《アウトサイダー》の地位を押しつけるやり方はもちろんあるだろう。彼らは物理的に強制退去させられるかもしれないし（たとえば追放、「再定住」、保留地への追いやりなど）、社会的に周縁化させられるかもしれない（たとえばゲットー化、程度の差こそあれ気詰まりなマイノリティという地位）。あるいは、他所者《アウトサイダー》を文化的、社会的、宗教的な同化政策や取り込み政策の対象とし、彼らの身体ではなく彼らの多様なアイデンティティの感覚を破壊したり傷つけたりするやり方もあるかもしれない。しかし境界の正義と国家の複数性を支持する基本的な議論が、アイデンティティの感覚を支持する目的でナショナリティや共同体の重要性に訴えかけているとすれば、アイデンティティの感覚が異なる人びとを追放したり周縁化したり同化したりすることはどれも、どうみても正義にかなっていない。なぜならもしアイデンティティが重要であるならば、マイノリティのアイデンティティも重要であるからだ。

第二に、ほとんどの共同体には、その共同体のメンバーであると同時に他の共同体のメンバーでもあると感じている人びとが多数いる。二重のアイデンティティは明らかに整合的で問題を含まないと、少なくとも大半の人びとによって想定されることがある。たとえば地方のアイデンティティとネーションのアイデンティティ、あるいはネーションのアイデンティティと宗教のアイデンティティのように二つのアイデンティティがある場合、どちらのアイデンティティが他方のアイデンティティの「内部」に納まると考えられるのかという、二重のアイデンティティの事例が、そうであることが多い。今日では多くの人びとが、ブルターニュ人でありフランス人であることに、あるいはスコットランド人でありイギリス人であることに、あるいはアイルランド人でありプロテスタントであることに、もはや何の問題もないとしている。二重のアイデンティティのこうした事例の各々に問題があるとする人びとも、依然として存在するのではあるが。

さらに、アイデンティティは相互に排他的でなければならないというどの主張に対しても、疑いを抱く十分な理由がある。自らのアイデンティティの感覚を明確にし、自らが誰であるかを定める際に人びとが用いる概念は、すべてはっきりした境界のない概念であり、ゆえに国家間の政治的境界によって提供されているようなはっきりした区分の基礎とはなりえない。そうした概念はどちらとも決めにくい事例を許容するだけではなく、その概念が当てはまる明確に定義された一揃いの事項の存在によってではなく、一対の対比、もしくはもっと多くの対比によって意味が与えられるため、厳密に言って境界を持たないのである。[8] 黄色ではなく赤であることや、大人ではなく子どもであることや、イギリス人ではなくアイルランド人であること――これらが何を意味するのかは明瞭であるが、それは誰もが赤、子ども、もしくはアイルランド人という事項に含まれるものだけを考え出せるからではない。ナショナルで共同体的なアイデンティティに関する私たちの理解は境界のない概念によって常に組み立てられており、ゆえにすべての事例においてはっきりした境界を固めるための適切な基礎を提供することはできない。こうした考慮事項はまた、ナショナル・アイデンティティに関する私たちの理解が、これほどまでにある一定の対比によって与えられることが多い理由を示唆している――私たちは自国の人びととしてカウントされるのは誰であるかを、それ以外の人びとを外国人やさらには敵として同定することによって、同定しているのである。故郷《ホーム》からもっとも離れた場合には、ほんのわずかなつながりしかない人びとでも同国人として迎え入れるが、故郷《ホーム》にもっとも近い場合には、隣の谷の人びとでさえ外国人と見なすかもしれないのは、そのためである。

また、複数のアイデンティティの両立可能性と両立不可能性は静的ではない。ドイツ人でありかつユダヤ人であることはかつて平凡なことであったが、それが不可能になったことはよく知られている。[9] 他の事例では、アイデンティティの感覚の共存可能性はコンテクスト次第である。アイルランド人でありかつ英国民であることは二〇世紀末前後の英国では問題を孕んでいないが、アイルランドでは問題含みとなっている。（私はかつてアメリカ合衆国で、アイルランド人でありかつプロテスタントであることは矛盾しているとまで言われたことがあり、私が生涯を通じて抱いてきたと考えていたアイデンティティを持ちうる人はいないと示唆されたことがある。）もし共同体の成員資格が人びとのアイデンティティの感覚にとって重要であるならば、自らを成しているものの全部もしくは一部を放棄するよう要求された場合、または自らを成しているものが他者によって承認されない場合、ゆゆしい不正があるのは明らかである。

4　アイデンティティを領域に揃える――定義に向けた指し手

こうした事柄についての議論は、アイデンティティの語彙（ネーション、共同体、愛国心など）を政治の語彙（法律、国家、シティズンシップなど）と接合しようとすることによって、時にひどくもつれてしまう。それというのも、市民であるという事実それ自体によって、「その共同体」のメンバーであることや、同じナショナリティを持つことになるならば、同じ領域に居住する非メンバーの問題はどれも、彼らにシティズンシップを付与することで表向きは解決しうることになるからである。

よく知られていることだが、たとえ異なるアイデンティティの感覚を持つマイノリティのメンバーがパスポートの取得に概して喜んでいるとしても、自らが誰であり何であるかが承認されていないことについては必ずしも納得しているわけではない。また、自らを複数の共同体のメンバーと見なしている人びとも、同様の不安を抱いている。彼らは、アイデンティティを定めるうえでシティズンシップは決定的ではありえないということを強調するかもしれないし、またそれと反対の主張、つまりシティズンシップがアイデンティティを決定するという主張はシティズンシップからの排除よりはましかもしれないが、彼らを成しているものの一部の承認を拒否する点で同化の一形態であるということを、強調するかもしれない。[10] アイデンティティに関する問題はこのようにして、たいていの公共討議において曖昧にされうるのであり、また曖昧にされてきたのである。

しかしながら、国家とシティズンシップという法的・政治的な観念と、共同体、ナショナリティ、アイデンティティという社会的・文化的なカテゴリーを、完全に分けておくべき十分な理由はある。特に、境界によって分割された国家の複数性を支持する論拠としてアイデンティティのカテゴリー——共同体やネーションや人民といった観念——を用いることを望む人びとは、国境内部における包摂や、国家の市民としての受け入れといった観点では、こうした観念それ自体を明確に定義することができず、求めている正当性を犠牲にしてしまいかねない。

5　アイデンティティを領域に揃える——ネーションづくり

国家、境界、そして限定的シティズンシップの正当化へ向けたこうした定義上のアプローチはうまく機能しない。だが、アイデンティティのカテゴリーと政治的メンバーシップのカテゴリーを揃える別のもっと政治的なやり方があり、それは広い意味でネーションづくりの形態として見ることができる。

こうしたアプローチの祖先のひとつはルソーの『人間不平等起源論』に見られるが、ルソーはそこで自らが、「時の闇《やみ》」のなかで古い起源が喪われてしまった[11]、その市民が自分たちを共通善を携えた単一の共同体と見なしている、そのような国家のメンバーであることを望むと書いている。そしてルソーは、そのような共同体は可能であると確信するために、彼が称賛したとされる紛争まみれのジェノバの現実よりも、スイスの農民生活という伝統的世界の方に、期待を寄せた。とはいえ、自らの望みは現実のどの共同体によっても叶えられないということをルソーはよくわかっていた。非常に同質的で全メンバーが単一の共通善の構想と一体感を持つような共同体はたとえあるとしてもごく少数であり、したがってどんな一般意志であろうともその定義がなされうる共同体はほとんどない。ルソーの一般意志は、歴史上のいずれかの国家に実在した居住者の意志ではない。それらの幾人かは、その共同体とその共同体の善に関する何らかの一定の構想に対して完全な忠誠に欠けているだろうし、他方で他の人びとは複数の忠誠やアイデンティティを持っているだろう。だがルソーの一般意志は、「自由であることを強制」された「矯正された」市民、そして今や共同体と精確な一体感を持っているか、意地悪な言い方をすれば矯正された共同体と一体感を持っている市民の意志である。だからこそ、ルソーの主権者、つまり一般意志の具現は、「単にそれが何であるかによって、常にそうあるべきもの」なのである。[12]

そのように望まれた同質的共同体は滅多に見つかるものではないため、[13]その重要性を主張する人びとはそうした共同体を、アイデンティティを創生し、それらを有界化された国家と揃える、ネーションづくりの過程を通じて構築されたものと見なさなければならないだろう。ネーションづくりはノスタルジックな戦略とユートピア的な戦略を混成させながら進展するだろう。樫の木の下で事態を賢明に収拾するスイスの農民たちという、想定上の同質的共同体があった古い時代へのノスタルジックな回顧が、共同体のメンバーとして今カウントされるのは誰か、他所者《アウトサイダー》、外国人、非メンバーとしてカウントされるのは誰かに関する一定の見解を正当化すると言われている。ユートピア的な展望は、ネーションづくりの過程が単一のアイデンティティを、つまり全員が共通善を意志する単一のナショナルな忠誠を強要することを通じて、一定の境界内部の全員を矯正し終えた未来の時点を指し示す。後の時代のナショナリストはしばしばルソーに従って、ノスタルジックな要素とユートピア的な要素を混成している。神話的過去は統一された未来を築くための道具の一つとなり、翻って「ルーツへの回帰」として（誤って）考えられているのだ。後の思想家の多くは、滅多に同質的ではなく、マジョリティのアイデンティティを共有していない者たちや複数のアイデンティティを有する者たちをほとんど常に包摂している実際の国境内部に住む人びとが、ひとつのアイデンティティを共有するようになるかもしれず、よってまた逆説的に自由であることを強制されるかもしれないと考えてきた。[14] 神話的過去に置かれた比重と望まれた未来に置かれた比重は大いに異なるだろう。歴史主義者によるナショナリティの構想は起源の方を強調するが、ルソー主義者とカント主義者による公民宗教や倫理的共和国の議論および現代の「立憲的愛国主義」の議論は、共同体とアイデンティティを起源でも宿命でもなく果たすべき課題として見ている。[15]

ネーションづくりはたしかに、理論的構成だけではなく、政治的プログラムにもなりうる。その結果は、少なくともある程度は当たり障りのない形態で、かつてナショナル・アイデンティティの感覚に欠けていた、ルーツが多様な市民からなる実際の国家（たとえばアメリカ合衆国とイスラエル）の憲法において見ることができる。しかしながら、ひとたびナショナルなアイデンティティもしくは共同体的なアイデンティティを所与の現実ではなく構成されるべき何かとして考え始めると、国境を正当化するために（ナショナルな）アイデンティティに訴えかけることの魅力は大幅に減じるように思われる。所与の現実への訴えかけはどれも、（ナショナルな）アイデンティティに関する他のありうる構想の指摘をもって反論されるだろう。もし（ナショナルまたは共同体的な）アイデンティティの感覚の諸要素と射程範囲が所与ではなく構築されているならば、それらは別様に構築されたはずではないのかどうかや、目下別様に構築されているのではないかどうかは、常に議論の対象となる。また、現状を好まない人びとは、現存する境界に挑むのではなく、自らのアイデンティティの感覚を変更するように促される――もしくはルソーに従うならば強制される――べきではないのではないのかどうかも、常に議論の余地を残している。同質的なアイデンティティもしくはネーションを創生するためにアイデンティティ形成過程に訴えかける類いのナショナリズムは、他のアイデンティティへの同化を促す人びとに対して単純な解答を持ち合わせていない。冷静に見れば、ナショナリズムと同化主義、分離主義と帝国主義、歴史主義と公民宗教はどれも相異なるアイデンティティ形成プログラムであるにすぎず、共有されたルーツに関する異なる説明や共有された宿命に関する異なる展望を、構成するか固守するよう人びとに促すものなのであり、ひいては異なる境界を「正当化」するために用いられるだろうものである。

領域的区分および境界の維持や変更を正当化するためにナショナルなアイデンティティや他の種類のアイデンティティに訴えかけることの薄っぺらさは、国家とアイデンティティ、つまり国家とネーションを揃えるための政治的戦略に定義的な指し手を加えることで、しばしば曖昧にされている。「ネーション・ステイト」や「市民たちの共同体」といったハイブリッドな概念が使用される際、問題となっているアイデンティティと領域が揃っていることそれ自体が暗に前提とされている。しかしネーション、部族、共同体、もしくは人民といった社会的・文化的な概念が、国家を、よってまた政治単位間の領域的境界を正当化する役目を果たすべきなのであれば、それらの概念はそうした境界を前提とする観点で再定義されてはならない。このような定義戦略は、ナショナルなアイデンティティや他の種類のアイデンティティを構成することを通じて領域的境界を正当化したり境界変更を正当化するという狙いを骨抜きにし、そうした政治的プログラムには疑念の余地があるということを白日の下に晒すのである。

6　アイデンティティを領域に揃える——破壊と排斥

領域的現実と実際の（ナショナルな）アイデンティティの構想の不均衡に対するもうひとつのアプローチは、「間違った」アイデンティティの感覚をもつ人びとに対して、現在のアイデンティティの感覚ではなく、ある領域内における生活に終止符を打つよう要求することで、二つを揃えようとする。こうした戦略は事実上どの基準によっても不当であり、また普遍主義の政治原理と混成されることもほとんどないだろう。強制的な再配置《リロケーション》政策は大規模な不正義を引き起こす。「自由意志にもとづく」とされる移転《トランスファー》政策は恐怖に駆り立てられたものであることが多い。さらに、再配置《リロケーション》によってアイデンティティと領域を揃えることに関して提案されたものは、アイデンティティの感覚それ自体が領域に閉じ込められておりこの二つが分離できない場合には、どれも不当であるのみならず不可能である。相異なり、さらには敵対的ですらある、独自のアイデンティティの構想をもつ諸集団の実際のアイデンティティ感覚にとって、同一の領域が不可欠であるかもしれない。パレスチナ－イスラエル問題と旧ユーゴスラビアにおける紛争の多くがこのことを証明している。ホームランドの放棄は、アイデンティティの感覚の放棄を意味しかねないのである。

アイデンティティを領域に揃えるための戦略のなかには、根絶に頼るため、強制的な再配置《リロケーション》よりも邪悪なものがいくつかあることは言うまでもない。トルコ、ナチスドイツ、そして旧ユーゴスラビアの一部地域における二〇世紀中の出来事は、あまりに鮮烈な事例を示している。そうした事例では、「間違った」アイデンティティの人びとは、同化や出国という選択肢すら与えられなかった。彼らは彼らであることを理由に糾弾され、殺害されたのであった。

7　領域国家は正義の第一義的なコンテクストなのか？

このように散乱した議論は、政治哲学および実践のさまざまな箇所を体系的ではない仕方で振り返り、なぜ領域的に有界化された国家の複数性が当然のことながら存在しなければならないのか、または存在してもよいのかを説明する上で、ナショナル・アイデンティティへの訴えかけが何らかの正当化の役割を担っていると考えられてきた様子を回想してきた結果である。これらの議論は個別にも集合的にも魅力的ではない。こうした問題への適切なアプローチは、ある集団のための統治機能はすべて共通の領域的限界の内部に閉じ込められなければならないという虚構と、世界は相互に排他的で明確に定義された境界を持つ領域に詰め込まれた同質的ネーションから成立しているか成立するようにされなければならないという神話を、拒絶するものだろう。

もしこのことが受け入れられるならば、国家とその境界は、共同体やネーションへの訴えかけによっては容易に正当化できないことになり、それらが正義にとって本質的重要性を有しているかどうかを、もしくは何か他の仕方で正当化しうるのかどうかが、問われることになるだろう。他の正当性は直ちには明らかではないため、ここでは国家と境界は正義にとって不可欠なコンテクストであるのかどうかという問題を、最初に取り上げることにしたい。

ホッブズからロールズへと至る近代の正義論のほとんどは[16]、有界化された国家が正義の第一義的なコンテクストであると単純に想定してきた。正義の内容に関するあらゆる意見の相違をよそに、正義と、執行機関としての有界化された国家との結びつきは確実なものとされてきた。諸国家の存在を前提としており、必ずしも正義にかなった諸国家の存在は前提としていない、インターナショナルな正義と誤解を招く仕方で呼ばれているがより正確にはインターステータルな（国家間の）正義と呼ばれうるものは[17]、自国の居住者の権利を侵害する国家への介入と非介入に関する論争が顕在化するにつれて、補完的な主題として扱われるようになった。

有界化された国家は正義の適切なコンテクストであるという思考に使用許可を与えているのは何か？　ひとつの初歩的な政治的思考は、国家は主権を有しており、法を制定し執行することができ、そのため正義にかなった法を制定し執行することができる、というものである。これは、世界人権宣言が諸国家の役割として描いているものだと思われる。この宣言でうたわれている権利の想定上の普遍性は、こうした権利はどの個人に対しても国境で正当に差別化される可能性があるという主張によって、境界で囲われている。この宣言は全員にナショナリティへの権利があることをうたっており（これはナショナル・アイデンティティ（の感覚）としてのナショナリティへの権利ではなく、国家の成員資格としてのナショナリティへの権利というごく最小限のものとして意図されているのは明白である）（第一五条）[18]、また各人がそれぞれの国家において享受すべき移動の自由（第一三条）と、各人がある一定の情況下で他の国家において享受してもよいというはるかに制限された亡命の権利（第一四条）を、区別している。この宣言が輪郭を描く正義にかなったインターナショナルな秩序――インターステータルな（国家間の）秩序――の基本的特徴は、どの個人の旅行、定住、仕事、財産保有、投票への権利およびそれらへの対応義務も、その個人が市民である、もしくはより広く言えばメンバーである国家の境界によって正当に制限されうるというものである。[19] 世界人権宣言は制度的コスモポリタニズムをそれほど是認していない。

正義に関する哲学的で政治的な著述の大半は、国家を権利の保証人と見なしている点で、世界人権宣言に同調している。楽観的な見解では、各人は自らが属する国家によって保障された幅広い権利を持つことになり、国家はそうした権利の実効的な交付者となり、他でもないその国家のメンバーであることによって誰ひとりの権利も侵害されたり縮減されたりはしない。実際のところ、現在の世界秩序は私たちがよく知っているように、この楽観的な物語の異様なパロディである。市民の一部もしくは多くに対して、人身《パーソン》に関する基本的権利を含むさまざまな権利の保障に失敗している国家は多い。市民の多くに対して、さまざまな権利（特に経済的、社会的、文化的な権利）を保障できない国家も多い。しかも国家のない人びとが大勢いる。

それにもかかわらず現行の国家と現行の国際制度は、自国によって権利が保障されていない人びとや、国家を持たない人びとに対して、権利を保障する方向へとあまり進んでいない。難民と移民の状況は過酷で不確実であることが多く、そのような人びとが権利を十全に享受するようになることは稀である。これまで他国への介入が行われたのは、もっとも深刻な人権侵害があった場合のみであった。それでもほんの時たまであり、複雑な動機による場合が多く、たいていは失敗に終わっている。よい結果をもたらす介入のための制度は利用可能ではない。国連改革という協議事項は大いに議論されているものの前進はほとんどない。

要するに、国家は必ずしも、そのメンバーや市民の権利の適切な保護者ではないのである。自国の市民ではない人びとの権利はなおさら保障できていない。というのも、国家はそうした権利を保護しないだけではなく、時にそれらを侵害しており、加えて他者によるそれらの侵害に抗して行為することは滅多にないからである。国家はその境界内部における正義の保障において確実によいわけではないし、境界の向こう側でのその保障にはまったく役に立っていない。ではなぜ私たちは、現存する諸制度のなかで国家が正義の最良の保証人であるという見解を、あるいはもっと言えば国家は他の保証人よりもましであるという見解を、受け入れなければならないのか？　国家のように根本的にアンチ・コスモポリタンな制度の受け入れは、グローバルな正義の制度的側面に関する真剣な思考に役立つのか？

もし思考を、領域国家という馴染みのある出発点からスタートさせるならば、私たちはひとつの国家における正義の説明から、インターナショナルな（インターステーテルな）正義の説明へと、そしてグローバル正義の説明へと、長く困難な知的トレッキングを繰り返さなければならない。これはグローバルな正義について考えようとするための唯一の途ではないのみならず、ほとんど見込みがない途であるだろう。

8　制度と領域性

近代国家を他の制度から区別するひとつの特徴は、それが徹底的にそして排他的に領域的であることである。各国家は、一定の領域を排他的にそれ自身のものとして有しているか、有していると主張しており、またその領域の限界を国家の限界と見ている。国家について思考する際、私たちが今では一般にマックス・ウェーバーの定義に従っており、合法的な武力行使の独占を主張する自主独立体のみならず、特にある一定の領域内での合法的な武力行使の独占を主張する自主独立体にも焦点を合わせているのは、少しも不思議ではない。私たちにとって国家は例外なくきまって土地と結びついており、国家の境界は地図上の線によって表しうるものである。だが私たちは、ウェーバーの国家構想に見いだされる（合法的な）武力行使の独占と領域との結びつきが、決して必然ではないことを知っている。従前の多くの国家構想は国家を、（合法的）権力の独占を一つの人民もしくは多くの諸人民に対して行使しているものとして示していたのであり、領域の排他的管理への直接的な当てはめはなされなかった。[20] 私たちが国家と呼び、またそのようなものとして地図上に描く自主独立体のいくつかは、「彼らの」領域として地図上に描かれたもの（自治区、属領）の内部で実効的に武力独占を行使するには、弱体すぎる。

もし私たちが、グローバルな正義構想を目指して努力する際に拠りどころとしうるかもしれない方法について考えるとするならば、正義の唯一のコンテクストおよび保証人は相互に排他的な（そして共同でほぼ網羅的な）一組の領域的単位であり、各々がその領域内での合法的な武力行使の独占を主張しているなどとは、前提しない方がよい結果を得られるだろう。

私たちは、領域に固有ではない何らかの権力を含んだ実質的な権力を行使する、もっと広範な制度を検討する方がよいのかもしれない。非領域的な制度は確かに、少なくとも部分的には配置しうる。だがそれらの影響力は、どの有界化された領域内にも閉じ込められるものではない。それらの多くは、分散した個人と職員と制度をつなげる「ネットワーク型制度」として考えられうるだろう。ネットワーク型制度としてよく知られている実例には、国際銀行システム、多国籍企業、トランスナショナルなコミュニケーション組織（衛星放送、インターネット）を含むコミュニケーション・ネットワーク、アムネスティ、カリタス、オックスファム、国境なき医師団といったトランスナショナルなNGO、また研究・教育ネットワークを含めることができるだろう。

ネットワーク型の組織によって行使される権力は、領域型の組織によって行使される権力と大幅に異なるだろうことは言うまでもない。領域型の組織は領域内の人びとに一定の要求事項を強いることができるため、強制力の行使に長けていることが多いが、他方で他の種類の変化を成し遂げることには向かないことも多い。それ以外の多くの制度、特にネットワーク型の制度は、生産力の行使の方により長けているかもしれない。

これは新しい議論ではない。というのも、ある一定の制度、特にネットワーク型の制度は国家権力の行使を逃れているらしいという申し立てとして、国家中心主義の視座からしばしば組み立てられているからだ。たとえばトランスナショナルな企業は、環境立法がもっとも貧弱なところであればどこにでも、汚染をまき散らす生産過程を配置することができる（そして実際よくそうしている）。トランスナショナルな会社および銀行は、税金の支払いがもっとも少なくすむ場所に利潤を配置することができるし、また実際よくそうしている。グローバルなコミュニケーション組織は、有利そうなところであればどこにでも、そして時に軌道に乗せて、機械設備、編集方針、そして利潤を配置することができるし、また実際よくそうしている。

こうした制度や他の類似の制度に関する代替的で非国家中心主義的な見解では、そうした制度は国家に従属することができるものではなく、またそれが正しい方向であるという想定からスタートするアプローチはそれら制度の正義にかなった構造についてほとんど思考しないものとなることが避けられない。正義に関する説明においてこうしたネットワーク型の制度を取り上げないとすれば、もはやネットワーク型の制度を制御できないことが明白な領域型の制度のみを考察することになってしまうため、正義に関してきわめてえり好みの焦点設定を行うことが避けられない。もしネットワーク型の制度が国家の制御から逃れるならば、正義に関する説明は、正義にかなった国家の基本法という伝統的問題に加えて、正義にかなった制度の構築という問題も幅広く考察しなければならない。

9　ネットワーク型の制度、主権、正義

言うまでもないことだが、ネットワーク型の制度が国家の規制を完全に免れることはない。そうした制度の職員とオフィス、技術と研究所は（大部分が）国家の領域に配置されているか、もっと正確に言えば複数の国家の領域に配置されている。問題はむしろ、ネットワーク型の制度が一カ所に配置されていないことであり、それによってさまざまな種類の規制と制御を逃れていることである。

国家からスタートする正義の説明にネットワーク型の制度を押し込む方略のひとつは、そうした制度を規制することが可能で、またそれらがある一定の正義の基準を充たすことをできれば確実にする、インターナショナルな（インターステータルな）機関や政府間の機関を構築することである。この方略のよく知られた困難は、国家主権という想定を所与とすると、国家間制度や政府間制度は骨の折れる交渉手続きによって——場合によっては満場一致を要求する手続きによって——機能しなければならないが、ネットワーク型の制度はしばしば企てられた規制に合わせて自己調整する柔軟性を十分に有していることである。たとえば航空管制のように実効的な国際規制レジームはいくつかあるが、他はもたついているか欠けている。明白でありかつ話題の実例を選ぶとすれば、インターネットは誰が規制するのか？

とはいえ、もし私たちがウェーバーの国家構想に捕われているならば、国際規制レジームは瞭然たるアプローチであるように思われるだろう。というのも、もし権力行使の合法的独占がすべて領域に固有の制度によって保たれているならば、他のどの制度に対する正義にかなった規制も、究極的には必ず、領域型の制度によってしか達成されえないからである。たとえ領域型の制度が時に、政府間あるいは国家間の機関を創設し、それらを通じて行為するとしても、そうである。この説明によれば、主権は領域に固有の制度に究極的には配置されていなければならないことになる。

だが、この考えが妥当性を有するのは、主権が本質的に分割しえない場合のみである。主権の非分割性についての古典的な定式化は、ホッブズによってなされた。曰く、リバイアサンは可死の神であり、その主権は単一で無条件である。主権は分割できないものでなければならないというこの考えは、はやくも一七世紀には、対内的主権の事例で挑まれていた。権力分立説は、対内的主権が分割しうるものであり、また分割されるべきことを主張していた。対内的主権の分割を支持する議論の多くは権力集中への反論、特に絶対権力の制度化への反論であった。対内的主権の非分割性は、自由やデモクラシーといった正義の考慮事項の名の下に挑まれてきたのであった。しかもその挑戦は、制度的に持続可能で強健であることがわかってきた。憲法で権力分立を制度化している国家は本質的に弱体化しておらず、機能してもいる。そうした国家はさまざまな点で一枚岩の国家よりもよく機能しており、また戦争を開始する回数も少ない。[21]

対外的主権が取るべき形態を再検討するときがやってきたのだろうか？　対外的主権は分割しうるのか？　それは正義を脅かすのか？　それとも正義を確実なものとするのか？　現実主義の国際関係思想のほとんどが、対外的主権は各国にとって重要不可欠であり、正義の保証人ではないとしても少なくとも安全保障《セキュリティ》の保証人であると主張してきた。徴税し、戦争し、法を執行するための権力を統一するのは国家だけである、として。対内的主権を有するのは国家しかないのだから、対外的主権を有することができるのも国家だけである、として。

ここで想像されているような対外的主権を本当に享受している国家がいかに少ないかを想起するやいなや、この図柄はぼやけてくる。国家は通常、他の国家と、国家間制度や政府間制度と、そしてネットワーク型制度と、多層的に相互接続している。公債を発行しなければならない政府は、地方銀行が政府活動によって制限されていることを見いだすだろうというのとまったく同様に、国際銀行システムが自国の行為を制御しうることを見いだすだろう。国家は市民の文化や物事への姿勢が、自国の領域と制御の外部にあるコミュニケーション・ネットワークへのアクセスを通じて形成されていることを見いだすだろう。確かに国家は、たとえばネットワーク型の制度を自国の領域から締めだすことができる場合には、これまで享受してきた領域的に限定された主権を維持しようとすることができる。それによって侵害されるかもしれない市民の権利に関する問題はさておくとしても、技術進歩はこの種の旧態依然とした主権の主張には適さない。非常に高いレベルの制御を国境内部で維持している中華人民共和国でさえ、この現実を回避できないのだ。

もしネットワーク型の制度が、個別もしくは協力体制で行為する国家によっては規制できないものであるならば、私たちはそうした制度を、正義にかなった関係もしくは正義にもとる関係を達成するための第一義的な制度として、直接に見るべきなのかもしれない。すぐに出される反論は、ネットワーク型の制度に説明責任《アカウンタビリティ》を負わせる明白な方法がない、というものだろう。だがネットワーク型の制度は、おそらくはどれか特定の国家の支援ではないにせよ、いくつかの国家の支援をしばしば必要とするため、この反論は誇張されたものである。説明責任《アカウンタビリティ》が、そして実に正義が、目指されてはならない理由もない。ネットワーク型の制度を正義の第一義的な制度と見ることは、正義にかなった憲法を備えた国家を構築するというプロジェクトが初期の段階で予測された以上には、本質的にばかげてはいない。

ネットワーク型制度のより大きな説明責任《アカウンタビリティ》への道筋は、可能な場合には国家規制を通じてのものであるが、他の道筋も想像できるし、また構築可能である。特にネットワーク型の制度それ自体が、自らの権力の許容しうる限界に関する合意へ向けた作業における交渉および規制に、加わってはならない道理はない。ほとんどの場合、ネットワーク型の制度には、決定を下しまた自らの行為を制御するためのよく組織化された手続きがある。それがなければ瓦解してしまうだろう。ネットワーク型制度のオフィスや工場、研究所や職員はどこかに配置されなければならないため、国家がそうした制度に対して行使しうる部分的な制御は、それらの制度から国家が制御しえない範囲における一定の基準を充たすことへの合意を引き出すための、いくらかの力となるだろう。この方向へと進む中で国家主権の限界が認められるのは必至であるが、だからといって正義の限界も認められなければならないということにはならない。コスモポリタンな正義にとっては、すべての重要な制度が領域的に有界化されているわけではないということ、もしくはその必要はないということを認めることが、もっとも役に立つだろう。

第一〇章　遠くの見知らぬ人、道徳的地位、透過的な境界[1]

1　距離と見知らなさ

遠くの見知らぬ人への責務は伝統的にホスピタリティや援助として考えられてきた。[2] 見知らぬ人とは遠くからやってきた人、つまり遠くから市場や野営地や村にやって来た人であり、あるいは森、砂漠、もしくは公海上で出くわした人であった。こうした事例の見知らぬ人は遠くにいたわけではない。見知らなかったか異質であっただけである。彼らはその場に居る人であり、場合によっては魅力的であったり脅威であったり、富者だったり貧者だったり、歓迎されていたり迷惑がられていたりした。彼らの要求は対応できるものであったり無理難題であったり、拒絶しうるものであったり受諾しうるものであった。そうした要求は一時的なものであって、見知らぬ人はすぐ遠くへ行ってしまうため、さらなるホスピタリティは要求されないと予期されていたのであった。

善きサマリア人のたとえ話は、この過ぎし日の世界のものである。ある男がジェリコへの孤独で危険な道中に強盗に遭い、その場をサマリア人が通りかかった。サマリア人は自らの力、金銭、分別、そして善意を用いて、近場の一人の見知らぬ人を隣人として扱うことができた。このたとえ話の余韻は続いているが、私たちのあいだでただ一人の見知らぬ人に示されるホスピタリティと援助が、見知らぬ人とのあらゆる関係性のモデルとなる世界は、すでに遠く過ぎ去ってしまった。

現代は、距離を隔てた行為と相互作用が可能な時代である。膨大な数の遠くの見知らぬ人が、私たちの行為によって、特に私たちの制度を通じて体現された行為もしくは無為によって、恩恵を得たり危害を加えられたりするだろうし、生存を保たれたり死に追いやられたりすることさえあるだろう。その逆も然りである。おそらく私たちには、近くの見知らぬ人びとだけではなく遠くの見知らぬ人びとに対しても責務があるだろうし、彼らに対する権利もあるだろう。多くの人びと——ここで（緩やかに）コスモポリタンと呼ぶとしよう——は、私たちにはそのような権利と責務があり、また正義は国境を越えて拡張適用されると考えている。

だが何百万、実に何十億という他者に対する責務を、私たちはいかにして持ちうるのか？　そして彼らはいかにして私たちに対する権利を持ちうるのか？　反対に、彼らの全員が私たちの一人ひとりに対して責務をもちうるのか？　そして私たちの全員が彼らの一人ひとりに対して権利をもちうるのか？　私たちが個別には膨大な数の遠くの見知らぬ人に対して多くをなしえないことは明らかであり、その逆も然りである。不可能なことをなす責務はありえないとすれば、グローバルな規模では、遠くの見知らぬ人びとのあいだでの責務と権利は有効ではないと結論づけるほかなさそうである。もしかすると道徳的関係性のための唯一のコンテクストは——正義のためのコンテクストでさえ——ローカルなものであり、見知らぬ人への義務が生じるのは、善きサマリア人のたとえ話がそうであるように、彼らが近くにいる場合だけなのかもしれない。道徳的配慮の射程範囲についてのこうした見解——ここで（緩やかに）コミュニタリアンと呼ぶことにしよう——は、アンチ・コスモポリタンである。コミュニタリアン（および多くのナショナリスト）は義務が唯一もしくは主に同じ共同体の他者に対して負われると考えており、また共同体を血統、文化、もしくは共通のシティズンシップで定義することがある。共同体をシティズンシップで同定する人びとはしばしば共同体を国家と考えており、また国家の境界が正義やそれ以外の道徳的関心事を適切に限界づけうるとしている。[3]

だが、ある種の行為とある種の道徳的関係性は、膨大な数の遠くの見知らぬ人びとを結びつけうる。自由権とそれらに対応する消極的な普遍的責務は個人が要求しうるものであり、また全員が果たしうるものである。経済政策および社会政策と、それらを構成する権利および責務は、グローバルに届きうる。グローバルな電気通信《テレコミュニケーション》は、ほとんどすべての物理的・社会的な距離を越えて、またかなり多数の人びとに対して、文化的権利を確実なものとしうる（もしくは妨害することもできる）。もし今日、距離が行為を妨げることや、行為が影響を及ぼしたり尊重したりするのは少数の人びとであるに違いないことを想定する一般的な理由がないならば、膨大な数の遠くの見知らぬ人びとのあいだの正義やそれ以外の道徳的関係性は不可能であると考える一般的な理由もない。

特にニーズの充足に焦点を合わせた責務と権利であっても、グローバルな射程範囲を持ちうる。個人的行為は大衆のニーズを充たすことはできないだろうが、集合的行為はそれほど弱々しいものではない。経済が繁栄しており、また福祉のセーフティネットが構築されている国家の内部では、集合的行為は大衆のいくらかのニーズを充たしてきた。これらや他の制度は、グローバルな規模で、大衆のニーズを充たすことができるだろうか？　もしできるならば、遠くの見知らぬ人のニーズを充たすために、何らかのグローバルな制度群を支持したりそれら制度の確立を目指して努力するための責務はあるだろうか？

私たちが生きる世界では距離を隔てた一部の行為が高度に制度化されているが（貿易、資本移転、電気通信《テレコミュニケーション》）、他のよく知られた制度は距離を隔てた行為を妨げている。もっとも手ごわい妨げは国境である。現代国家は地球の表面に個別の領域単位を敷き詰めており、それらの境界が数多の活動とプロセスを閉じ込めている。国境はたとえば、個人が旅したり、働いたり、住み着いたり、学校に行ったり、財産を所有したり、投票したり、税金を支払ったり、福祉給付を受け取ったりすることのできる場所を定めることができる。コスモポリタンとコミュニタリアンは、そのような国境が正義を妨げるのか確実なものとするのかについて、意見を異にしている。

2　道徳的配慮の射程範囲

コスモポリタンとコミュニタリアンには数多くの意見の相違があるが、それらを倫理学における普遍主義と個別主義の対抗として見ると、うまく理解できない。言うまでもなく道徳的コスモポリタンは、道徳原理には普遍形式がなければならないと、つまりある一定の範囲内でいくつかの事例ではなくすべての事例に対して有効でなければならないと考えている。だがこの初歩的な形式的意味合いでの普遍主義は、コスモポリタンとコミュニタリアンの合意点である。コスモポリタンに特有であるのはむしろ道徳原理の適切な射程範囲に関する彼らの見解であり、それは（少なくとも）すべての人間を居住地に関わらず含むものとなっている。

道徳的コスモポリタンの主張は、国家権力に援護された国境が実際問題として境界を越えるある一定の行為を妨げていることを示すだけでは反駁できない。そのような妨げ、ゆえにそのような境界、あるいはそのような国家権力の使用、そしてそれらに基づく積極的責務および権利のシステムは不正でありかつ不当であると、コスモポリタンは返答することができるからである。[4] 彼らは境界がさまざまに異なりうることを指摘しており、また正義にかなった世界またはよりよい世界では境界が変更されなければならないだろうと考えているかもしれない。

コスモポリタンにとって重要な境界における変化は、位置の移動ではなく、性質の変化である。コスモポリタンによれば、境界は人びととその活動に対して（より）透過的であるべきである。自由貿易論者が目指しているのは、境界を商業に対してより透過的にすることである。リベラルが目指しているのは、境界を情報の流れと人びとの移動に対してより透過的にすることである。[5] 一部のコスモポリタンの思考は、境界の廃止の支持や、したがって世界国家や世界連邦の支持にまで行き着く。

対照的に、コスモポリタンと同じく倫理原理の形式は普遍的でなければならないと考えるコミュニタリアンは、そうした原理の適切な射程範囲についてアンチ・コスモポリタンの見解を有している。彼らはそうした原理の射程範囲を共同体やネーションの、もしくは（より一般的に）国家の領域に制限するだろう。コミュニタリアンは境界が（比較的）不透過的でありうる正当な理由があると考えているのである。保護主義者は境界を、商業に対して不透過的にすることを望んでいる。一部のナショナリストは境界を、入国と居住の権利の制限を通じて、（不適切な種類の）移民に対して不透過的にすることを望んでいる。権威主義体制は境界を、他国からの移民と、他国への移民と、諸々の理念の流れに対して、不透過的にすることを望んでいるかもしれない。

道徳原理の適切な射程範囲と、何よりも正義原理の射程範囲について、こうした論争が解決されえない限り、遠くの見知らぬ人びとのあいだの責務および権利と、それらを保障もしくは妨害する制度編成についての競合する主張に、決着をつけることはできない。だが、コスモポリタンとコミュニタリアンがいかにして論点を先取りせずに射程範囲の問題を解決しうるのかは、明白ではない。道徳的コスモポリタンは、すべての人間には自由が尊重されかつ基本的ニーズが充足される権利があり、また全員にそうした自由を尊重する責務があり、また（誰かはわからないが）誰かや他の人びとにそうしたニーズを充足する責務があると強く主張しているが、このように普遍的人権のレトリックと共に漂流している道徳的コスモポリタンによっては、コミュニタリアンは説得されないだろう。この種の人気のある抽象的コスモポリタニズムは、普遍的人権に関する理解を促進するどころか弱めてしまう。そもそも権利を真剣に受け止めようとするならば、出発点において権利をこれほど軽く考えることはできないからである。[6] その一方で、コミュニタリアンは共同体やネーションのニーズと利害関心が尊重されるべきことや、仲間の国民や同胞市民が優先されるべきことを強調しているが、それについてコスモポリタンは恣意的な排除が問題であると考えるだろう。

3 道徳的地位の摑み所のない基礎

もちろんコスモポリタンとコミュニタリアンのあいだにある現行の意見の相違は、両者にとって受け入れ可能な論証を通じて道徳的地位の真の基礎を明確に定め、それによって正義やそれ以外の道徳的配慮の適切な射程範囲を確立することができるならば、最終的には解決されうるだろう。

コスモポリタンとコミュニタリアンの論争では、道徳的地位の基礎に関するさまざまな構想への訴えかけがなされている。コスモポリタンは少なくとも、すべての人間には平等な道徳的地位があると主張している。コミュニタリアンは通常、この問題を関係性的に捉えており、たとえば同国人には相互に対して完全な道徳的地位があるが、外国人には（せいぜい）相互に対して縮減された地位しかないとしている。

これ以外の道徳的配慮の射程範囲に関する議論は、道徳的地位の外側の境界ではなく下限の境界を探究する試みに見いだしうる。たとえば、多くの生命倫理学者は、胎児、遷延性意識障碍の人びと、あるいは人間以外の動物が「彼らの能力の成熟において」人間と同じ道徳的地位にあるということを確証しようとしている。幾人かの大胆な著述家は、樹木やランドマーク、原野や生物種、企業、国家、またそれ以外の人工的な人格にも道徳的地位があることを示そうとしている。こうした議論はしばしば、道徳的地位にとってどの特性が本質的重要性を有しているか、もしくは少なくとも中心的であるかを示そうとしており、またそうした特性を有する存在者は（形而上学的なものであろうと天然のものであろうと）、（完全な）道徳的地位を帰せられるべきであり、よってまた行為者または経験主体として、あるいは（想像される以上に厳密な意味合いで用語を用いるならば）人格として見なされるべきであると主張している。こうした存在者だけが、責務の担い手の適合者、もしくは少なくとも権利の所有者の適合者として、そして正義の範囲に入るものとして、見なされることになる。

道徳的地位の下限の境界に関する哲学的議論は、解決されないまま続いている。重要な特性は魂または自我の保有であると主張する著述家もいれば、（さまざまに解釈された）合理性または合理性の発展性であると主張する著述家もいる。またその一方で、感覚性または苦痛を感じる能力であるとか、それら以外で独立した生にもっと固有の能力であるとか主張する著述家もいる。似たような意見の相違は大衆論議や政治議論にも頻出する。よく知られているように、一九六五年から二〇〇〇年頃までの堕胎に関する大衆論議では、（妊娠期間中のさまざまな段階にある）胎児には（完全な）道徳的地位にとって本質的に重要な特性があると考えるがゆえにその帰結として堕胎を殺人もしくは少なくとも重大な不正であると見なしてきた人びとと、胎児には重要な特性とよってまた（完全な）道徳的地位が欠けていると考えるがゆえに（妊娠期間中のさまざまな段階での）堕胎を容認する構えのある人びとが、対決してきた。あるいは他方で、ある一定の動物の擁護者とそれ以外の人びとのあいだの大衆論議はしばしば、感覚性がありかつある種の独立した生を送ることができるが、合理的ではなかったり言語に欠けた存在者が、（完全な）道徳的地位にとって不可欠な特性を有しているかどうかに関する論争となっている。道徳的地位の下限の境界についてのより大衆的な論争の解答は、より哲学的な論争の解答とまったく同様に、摑み所のないものであることが判明している。おそらくは、時に人格の形而上学として言及されているものを確証することを通じて根底にある形而上学的な不確実性が解決されえない限り、確実性はひとつも見いだされえないだろう。

もし道徳的地位の下限の境界に関する哲学的論議と大衆的論議のどちらも進展していないならば、遠くの見知らぬ人びとの権利主張および排他的境界の道徳的受容可能性に関する議論の根底にある、道徳的地位の外側の境界についての議論が未解決のままであるとしても、それほど意外ではない。コスモポリタンは、距離と見知らなさは道徳的地位に違いをもたらさないと力強く主張している。[7] 他方でコミュニタリアンは、仮に距離自体が道徳的地位に違いをもたらさないとしても少なくとも見知らなさが違いをもたらすのであり、また外国人に対して負われていない責務が同国人に対して負われるのだと主張している。[8] この対立では、道徳的地位の下限の境界についての議論がそうであるように、論証よりも断定の方が目につく。

だが、たとえ道徳的地位についての哲学的論議と大衆的論議が解決されえないとしても、私たちはまさに実践目的のために、正義、もしくはそれ以外の道徳的配慮の形態が、より近くの見知らぬ人と同様に遠くの見知らぬ人に対しても、つまり同国人と同様に外国人に対しても、負われているのかどうかを究明する必要がある。

4　道徳的地位への実践的アプローチ

道徳的地位についての問題は、包括的で理論的な区分の要求としてではなく、コンテクスト特定的な実践的問題として提起しうる。実践目的のためには、「このような行為もしくは生活において、私たち（もしくは私）は誰に道徳的地位を認めることになっているのか」という具体的な問いに答えるだけで十分かもしれない。この問題を提起することで、私たちは自らの行為、習慣、慣行、そして制度のなかにどの想定をすでに組み込んでいるのかを問うことになる。もし私たちが行為の際、他者は行為者であり主体であるとすでに想定しているならば、すぐさまそれを否定するようなことはとうていできない。たとえ、行為者もしくは主体であるとはどういうことかに関する私たちの構想が形而上学的に粗野であり、多くの事例を未決のままにしているとしても、この結論は有効である。

道徳的配慮の射程範囲の設定に対するこの実践的アプローチは、射程範囲に関するコミュニタリアンの限定的見解を是認するように思われるかもしれない。もしこのアプローチがすでになされた想定に訴えかけるものであるならば、確立された排除を是認してしまうのではないか？　実際にはその反対に、このアプローチはコスモポリタンとコミュニタリアンに対して、私たちが時に道徳原理、また特に正義原理の射程範囲を程度の差こそあれコスモポリタンなものとして見なすことにコミットしていると結論づけるための、同じ理由を提供すると思われる。実践的アプローチは、道徳的地位の適切な基礎に関するあらゆる意見の相違の解決を目指していないが、所与のコンテクストにおける道徳的配慮の適切な射程範囲に関する意見の相違は解決しうるものである。

まずは、共同体に内的で、相互作用が実に対面であるような身近な事例を考察することで、このアプローチを説明することができるだろう。近所の小さな商店で買い物をするとき、私は店員に通常の商業能力があり、またその能力が要求するさまざまに複雑な認知的および社会的な能力があると想定している。私の買い物はこの想定網を反映するものであるが、店員の行為能力と応答能力についての想定はほとんど口に出されておらず、まさに無自覚なものとなっている。店員が行為者または主体であるかどうかについての疑念を呈するとすれば、私は首尾一貫していないことになるだろう。もし私が店員に対して、私が行為者もしくは主体と見なす人びとに日常的に認めている道徳的地位を否定するとすれば、説得力のある理由を提示しなければならないだろう。[9]

道徳的地位に関するこの実践的でコンテクスト特定的なアプローチの利点は、私が暗黙のうちに依拠している行為者性および主体性の構想が精確であること、完璧であること、もしくは形而上学的にしっかりしているということを、証明する必要がないということである。人格の形而上学に関する私の見解は、粗野なまま残るだろう。道徳的地位への実践的アプローチが主張するのは唯一、私たちの行為における想定は、倫理的判断に到達する際、選択的に取り消せないということである。

道徳的配慮の射程範囲に関するこの実践的で非本質主義的な説明は、行為者と彼らが個別化しえない人びととを結ぶ（相互）作用を含む距離を隔てた（相互）作用に対して、明らかな含蓄を有している。たとえば資産に保険をかけて窃盗対策をしている戸主は、個々の泥棒については何も想定していない。誰かはわからないがとにかく誰かが盗みを働く可能性だけを想定しているのである。彼らの予防措置が彼らの想定を示している。あるいはホテルのマネージャーは、ホテルが提供する食事を誰が食するかがまったくわからない場合、ディナーの数、客が所望する種類の料理、そして客側に支払い意欲のある価格について、複雑な憶測を立てるだろう。そのような準備をするマネージャーが、誰かはわからない客ではあるが彼らが複雑な選好と行為能力（そしてできればクレジットカード）を持つ行為者でありまた主体であることを疑問に思うとすれば、整合性に欠けるだろう。あるいは道路上にどんな運転手がいるかがわからない運転手は、観察される運転から（および他の人びとの運転におけるある一定の欠陥に気づいて非難する迫力から）明白である他の道路使用者の能力について、複雑な想定をなすだろう。

こうした例題が示してくれるように、私たちは行為においては通常、私たち自身の社会内部の遠くの見知らぬ人びとは行為者でありかつ主体であると想定している。私たちは今日では、その生がさまざまな境界によって私たちの生と仕切られた遠くの見知らぬ人びとについて、非常に似通った想定をしている。輸入業者と輸出業者は遠くの貿易相手の能力についての複雑な想定に依拠している。放送局は遠くの視聴者について、航空会社は遠くの顧客について、複雑な想定をしている。両者とも遠くの規制者についても想定をしている。銀行は、広範に散らばったおそらくはグローバルな貸し手と借り手についての複雑な想定と、ある一定金利における彼らの預金および借用の傾向についての複雑な想定とに基づいて、貸し借りしている。各事例において、遠くの見知らぬ人びとにはそのように行為するための複雑な能力があると想定する人びとが、彼らが行為者もしくは主体であるかどうかを疑うとすれば、おかしいだろう。似通った能力が想定される近くの親しい仲間にはごく普通に認めている道徳的地位を、遠くの見知らぬ人びとに対しては拒否するとすれば、説得力のある理由が必要とされるだろう。遠くの見知らぬ行為者または主体は外国人であるとか遠くにいるという事実は、彼らを道徳的配慮の範囲から排除する十分な理由とならないだろう。その事実は、道徳的配慮を異なる仕方で表すことの理由には、時になりうるかもしれないけれども。

人びとが、ある一定の他者の行為者性または主体性を否定することは、たしかにごく一般的である。しかしながら、人びとの実際の想定が示されるのは、是認や否認においてではなく、彼らが他者の行為し、苦しみ、影響を受ける能力に配慮すべく自らの行為を編成し調整する仕方においてである。よく知られているように、幾人かのナチ党員は、犠牲者の一部は道徳的地位に欠けていたと、劣等人種（*Untermenschen*）であったと、主張していた。だがなおナチスの行為は、彼らが迫害対象とした人びとを複雑な精神的・身体的な苦痛を被る能力を備えた、知的で先見の明があり、教養のある行為者として実際には想定していたことを示している。こうした想定を背景としない限り、国外追放や強制収容所といった計画はどれも意味をなさない。口実、国外追放の官僚的手続き、卑しめのレトリック、統制のテクニックはすべて、犠牲者が知的な行為者かつ脆弱な主体であると実際に見なされていたという想定においてのみ意味をなす。同様の指摘は、行為者が敵または家来として見なす人びと、革命家または破壊分子として見なす人びと、犯罪者または奴隷として見なす人びとを扱う仕方においても、標準的には当てはまる。[10]具体的な事例において、これと異なる際立って説得力のある理由が示されえない限り、行為者は、自らの行為が行為者および主体として承認している人びとの道徳的地位を承認しなくてはならない。

この見解では、行為者は自らの行為によって、近くの人びとであろうと遠くの人びとであろうと、同国人であろうと見知らぬ人であろうと、多くの人びとに――その一部しか個別化できず、その一部しか特定できないとしても――道徳的地位を認めることにコミットしていると示すことができる。しかし実践的アプローチは、一部の道徳的コスモポリタンが追究してきた種類の、道徳的地位の本質主義的な基礎に関するどの見解も、確証しはしない。人格と事物と区分する特性、もしくは道徳的地位や道徳的配慮の適切な境界に根拠を与える特性については、何の説明も提供しないのである。

このことはいくつかの仕方で理解しうる。第一に実践的アプローチは、異なるコンテクストで異なる答えを導きだすだろう。なぜならこのアプローチは、特定の行為者に対して誰が道徳的地位を有するかを示すためだけに考案されているからである。たとえば実践的アプローチは、行為者が作用を及ぼすことができない人びとの道徳的地位についてはまったく無言である。行為者が影響を及ぼすことができず、またどの行為においてもその存在について何らの想定もしないような遠くの惑星の未知の居住者が、行為者に対して道徳的地位を有しているとは示しえないのである。あるいはさらに実践的アプローチは、紀元前五〇〇年のエルサレムに住んでいた人びとに対して道徳的地位を有していた存在者は、紀元後二五〇〇年のオスロに住んでいる人びとに対して道徳的地位を有している存在者とは異なるだろうことを、示すのである。

同時代の人びとであっても、実践的アプローチを採用するならば、道徳的地位を理にかなった仕方でさまざまに割り当てるだろう。たとえばバイキング時代のダブリンの居住者と、同時代のペルーの人びとは、互いの存在を知らなかった。彼らは互いに知られた世界の柵（ライミース）を越えて生活していた。互いの行為能力や苦痛を被る能力についての想定を、おのれの行為の前提とはしなかったし、またそうしえなかった。ペルー人もダブリン人も、他方の集団のメンバーを行為者とも主体とも見なさなかったし、正義の射程範囲に入るものとも見なさなかった。どちらかの集団のメンバーを、他方の集団にいる遠くの見知らぬ人びとに対して正当または不当に行為したと、あるいは適切または不適切に行為したと非難したならば、それは馬鹿げていただろう。

だが、道徳的地位の実践的説明におけるこうした観念上の間隙は、実践的問題を生じさせない。誰または何が道徳的地位を有しているのかを確証しようとする実践的アプローチは、道徳的地位の形而上学的基礎に関する包括的説明が下すかもしれない答えと同じ答えは下さないが、行為のために必要とされるものは与えうる。なぜなら実践的アプローチは、「この行為をする際、この慣行を支持する際、この政策を採択する際、もしくはこれらの制度を確立する際、私たち（もしくは私）は誰を行為者もしくは主体としてカウントしなければならないのか？」という問いに答えることを達成目標としているからである。[11]

実践的アプローチは道徳的地位に関する関係性的説明を提供するけれども、一部のコミュニタリアンとナショナリストが道徳的配慮の射程範囲として採用しているはるかに限られた関係性的見解（相対主義的見解）へと、私たちを連れ戻すことはない。この実践的な関係性的見解は、現代社会における距離を隔てた行為というありふれた事実と相俟って、いくつかのコンテクストにおける道徳的配慮の適切な射程範囲に関する偶発的におおよそコスモポリタン的な説明の方へと、私たちを導いてくれる。私たちは行為するやいなや、もしくは取引に関与するやいなや、もしくは政策を採択するやいなや、もしくは制度を確立するやいなや、他者が行為者でありまた主体であると想定している。他者の行為能力や経験したり苦しんだりする能力についての想定に依拠しているのだ。今日では私たちは、無数の見知らぬ遠くの人びとが生産したり消費したり、貿易したり交渉したり、翻訳したり支払いを行ったり、環境を汚染したり保護したりすることができるとも、絶えず想定している。[12] そのような想定の大半は確かにほとんど自覚されていないだろうし、ひとつひとつ明確にされてもいないだろう。親しい仲間や近くの見知らぬ人びとに影響を及ぼす行為の背景にある同様の想定が、ほとんど自覚されておらず、ひとつひとつ明確にされてもいないのと同じである。さらに、近くと遠くの見知らぬ人びとについての膨大な想定網に依拠しなかった人の行為は、誰のものであろうと、今日では完全に混乱したものとなるだろう。そうした行為の前提がなければ、何をするかを計画したり、分別をもって事を進めることは、ほとんど不可能なのだ。したがって私たちが行為において、もしその行為し、経験し、苦しむ能力を当然視している人びとの全員に対して正義（もしくはそれ以外の道徳的配慮の形態）を負っているならば、私たちはそれを親しい仲間と同様に見知らぬ人びとに対しても、また近くの見知らぬ人と同様に遠くの見知らぬ人に対しても、負っていることになる。

道徳的地位への実践的アプローチは、理論的説明が提供しうるほどのものは提供しない。このアプローチは、「誰が正義（もしくはそれ以外の道徳的配慮の形態）への権原を有するのか？」という没個人的な問いには答えない。だがこの実践上の失費は、仮にあるとしてもごくわずかである。なぜならこのアプローチは、「このように行為する際、私（もしくは私たち）は誰に対して正義（もしくはそれ以外の道徳的配慮の形態）を負っているのか？」という問いには答えるからである。今日では、正真正銘の隠遁生活を送っているごく小数の人びとだけが、行為において認識しているはずの道徳的関心の射程範囲を、少しも広範ではないものとして、またいくつかのコンテクストではおおよそコスモポリタンなものとして、首尾一貫して見なすことができる。[13]

道徳的地位への実践的アプローチは、隠遁生活をしていないすべての人の行為に対して、力強い含蓄を有している。私たちはグローバルな貿易、コミュニケーション、そして高密度につながった制度によってもたらされた行為者の複雑な連動と共に、またそれに従って、生きている。私たちにとって、距離は相互作用の欠如を保証するものではない。そして私たちは数多の遠くの他者について、彼らは近くの他者や親しい他者とまったく同様の行為者や主体であるとして、よってまたその正義にかなった扱い（またおそらくはそれ以外の道徳的配慮の形態）への権利要求を単なる無原則な排除によって道理的に静めることはできない存在者として、絶えず想定している。私たちがその核兵器、債務の支払い拒否、または汚染や環境劣化の傾向を恐れ、予防策を講じている人びとの行為者性は、整合的なしかたでは拒絶されておらず、またされえない。私たちがその平和的共存、経済的節度、そして環境責任を頼りにしたいと願っている人びとの行為者性は、首尾一貫するかたちでは拒絶されておらず、またされえない。私たちがひとたびルソーの初期の自然状態から離れたならば[14]、ひとたび——カントが述べたように——地表を他者と分かち合っていることに気づいたならば[15]、私たちは資源と支配をめぐる競争に入り、遠くの他者と連携し競合するようになり、そこに行為者や主体が存在することを自分たちの行為、計画、政策の前提としはじめる。これまで論じてきたように、そのとき私たちは彼らに対して、彼らと同様の能力が想定される近くの他者や親しい他者に帰するのと同じ道徳的地位を帰することを確約している。私たちは今日、ルソーの初期の自然状態からかなり離れているのだから、正義（またおそらくはそれ以外の道徳的配慮の形態）の柵もしくはライミースを越えて生活していると整合的に見なしうる遠くの見知らぬ人びととは、仮にいるとしてもごくわずかでしかありえない。

5　道徳的配慮の種類

道徳的地位に関して私たちが実際にはおおよそコスモポリタン的な見解にコミットしているという事実は、正義以外の多くの道徳的配慮の形態に関する見解に対してよりも、正義に関する見解に対して、より重要な意味を持つ。というのも、正義以外の道徳的配慮の形態の多くは、不可避的に選択的であるからである。私たちは親切や善行といった徳を、道徳的地位の承認対象となる全員に対して示すことはできない。親や教師の特別な義務を、道徳的地位の承認対象となる全員に対して負ったり果たしたりすることはできない。こうした徳と義務が選択的に行使されるのは避けられないことであり、また適切なことでもある。対照的に正義は、道徳的地位が想定される全員に対して、その想定に形而上学的な根拠を与えることができようとできまいと、負われるものである。

しかしながら、いくつかの説明によれば、正義の射程範囲がおおよそコスモポリタンであるという事実は、正義の実質的責務が国境を越えなければならないということを必然的に伴うものではない。〔たとえば〕もし正義の責務が、特定国家の制度やよりローカルな権威に完全に配分されうるならば、正義は国境を越える（トランスナショナルな）責務を何ら要求しないだろう、と言われている。[16] そのような説明では、外国人は私たちの同国人とまさに同じ権利を持ちうるが、私たちに対する権利は持ちえない。彼らの権利の保障は、私たちの国家と私たちの仲間の市民の責務ではなく、彼らの国家と彼らの仲間の市民の責務となる。おそらくは意外なことに、コスモポリタンな責務の適切な制度的具現に関するこの見解は、コスモポリタン的権利を宣言し、次いでその保護を国家に一任している、国連の世界人権宣言に記されている。[17] 諸国家の権力と諸社会の資源が不平等であり、一部の国家が他の国家に従属していたり市民の権利について敵対的もしくは尊大な見解を有していたり、さらには無国籍の人びとが数多くいる世界では、この見解には厳しい結末が待ち受けている。正義の責務は国家によって、そして国家内部で、完全に分配され、履行され、あるいは執行されていると、さらにはされうると見せかけることでは、この世界における遠くの見知らぬ人びとへの正義に関する適切な説明は、手に入れることができない。既存の境界の正義を当然視することでは、正義の適切な説明をうまく開始することは、なおのことできない。正義についての思考は、既存の制度を捨象することからスタートしなければならない。それで終わることはできないとしても、そうである。

6 正義の責務

正義に関する抽象的な説明はその初期段階において、行為者と彼らの責務の観点と、請求者と彼らの権利の観点のどちらかから、その要求事項を捉えることができる。正義の適切な射程範囲への実践的アプローチは明らかに、権利ではなく責務を基本とする見解に、より容易に合致する。さらに、この見解を基本とする独立の理由もある。[18] 以下ではいくつかの実践的考慮事項だけを書き留めるとしよう。

第二次世界対戦以降、人権の主唱者たちはしばしば、制度から捨象された権利を引き合いに出してきた。そうすることで、ある一定種類の権利に対応する行動を誰がとらなければならないのかを、曖昧にできるからである。自由権に対応する責務は全員が負うものでなければならないため、その保有者が誰であるかは曖昧とはならない。だがそれは、自由権の行使[19]について、経済的、社会的、文化的な権利について、あるいは特別な役割もしくは関係性によって有効となる特別な権利について思考するやいなや、問題となる。これらすべての事例において責務は全員ではなく一部の人びとによって負われるものでなければならないし、またそれが誰によって負われるものであるのかが知られていることも重要である。食糧、ヘルスケア、教育は、全員の同時に行われる行為によってはもたらされえない。おのれの権利を追求する人びとは、同国人（に頼るとすればそのうち誰に）、国家（に頼るとすればそのどの機関もしくは職員に）、もしくは他のよりグローバルな組織（に頼るとすればそのどれ）に頼るべきかどうかを、知っていなければならない。

対照的に、責務について考慮することからスタートし、おのれの行為に対する請求者が誰であるかが不明であると、もしくは請求者がその権利要求をどのように申し立てるかが不明であると判明したならば、私たちは少なくとも実践的な課題から始めることになる。受け手の問いである「私は（もしくは私たちは）何を得るべきか」ではなく、「私は（もしくは私たちは）何をなすべきか」という伝統的なカント主義の問いからスタートする際、私たちはより素早く現実と直面し、私たちが取り組むことができる課題を提示することになる。たとえそれが制度を構築するという課題からの出発になるとしても、そうである。それに比べて権利を最初に持ちだし、それを制度から捨象するかたちで請求しようとする人びとは、自らの主張をどこに申し立てればよいのかを知ることはない。責務の観点は単純に、より直接的に行為と結びついているのである。

責務は、正義の要求事項を含む倫理的要求事項について思考するための、より整合的でより包括的な出発点を提供する――このことを示すには以上の理由で十分である。権利のレトリックには陶酔力があるけれども、そして責務と義務のレトリックには即時の魅力はほとんどないけれども、規範的主張にある政治的・倫理的な含蓄を真剣に受け止めるべきならば、責務の観点を基本的なものとして見なすことは助けになる。距離を隔てた行為は通常、制度的かつ技術的に媒介された行為であるため、実にどの個人の行為がどの他者に危害を加えたり損傷を与えたりするのかを明確に定めるのは困難でありまたしばしば不可能であり、よってまた誰が誰に対して矯正を請求する権利をもちうるのかを見定めるのも困難である。各人には一定の権利があると考える理由がたとえあるとしても、それだけでは、誰が行為しなければならないかを、もしくは各権利者は特定の権利を誰に対して正当に要求しうるのかを、確証するには十分ではない。しかし、もし私たちが何らかの正義原理を確証することができるならば、そして少なくとも道徳的配慮の射程範囲に関する実践的説明があるならば、正義にかなった制度へ向けて努力するために必要とされる事項の同定からスタートすることができるかもしれない。

積極的責務を含む責務の行使でさえ、個人の権利を強調しないアプローチによって、しばしばもっともよく達成されるだろう。特に、遠くの見知らぬ人びとのあいだで重要だと考えられうる多くの責務は、すべての個人に積極的権利を与える制度を確立しようとする一見単純な方略によっては、あまり確実なものとはならないだろう。たとえば他者の国家や共同体を攻撃したり侵略しないという責務は、軍備縮小や不可侵に関する条約や政策という手段を通じての方が、あるいはデモクラシーや経済的相互依存を助長することを通じての方が、攻撃の潜在的犠牲者に対して〈潜在的攻撃者に対する権利〉を授けようとする一見より直接的な方略を通じてよりも、よりよく制度化されるだろう。同様にして、貧困削減の責務は、経済破綻の際に貧困を緩和する取り組みと組み合わされた投資、開発、教育政策の混成体《ミックス》によって、よりよく果たされるだろう。諸々の制度の混成体《ミックス》の方が、「食糧への権利」や「開発の権利」を定めるための一見より直接的な試みよりも、全員に対して生活必需品への権原を確実なものとするために、多くのことをなしうるだろう。

7　正義にかなってはいるが透過的な境界

こうした考慮事項は、国境やそれ以外の境界と、それらを越えた向こう側で生活する遠くの見知らぬ人びとをどうすれば正しく考察しうるだろうかについての思考に、重要な関連性を有しているはずである。もし今日、私たちが日常的な活動のいくつかを通じて道徳的地位に関するおおよそコスモポリタン的な見解にコミットしているならば、正義に関する私たちの説明が何であろうとも、おおよそコスモポリタン的な射程範囲を考慮に入れた正義の要求事項の実施へ向けて努力する必要があるだろう。

すると、権利の観点から道徳的地位が承認されまた恩恵も保障されている、境界の向こう側のある一定の人びとを排除する国境は、不正であるにちがいないということになるのか？　正義は今日、世界国家や世界連邦を要求するのか？　あるいは世界国家は権力を過度に集中させ機能不全に陥るものであるから、不正義を限定するためには国家の複数性の方がよいのか？

ボーダーレスの世界における過度の権力集中の危険性をもってすれば、境界の完全な廃止には多くのリスクがあるだろう。よりよい正義にかなった制度群は、任意の境界は誰に対して、そして何に対して（人、物品、情報、そして金銭の移動に対して）透過的であるべきなのかを注意深く考察したうえで、構築されるものなのかもしれない。透過性は無限に可変的でありまた調整可能である。さまざまなフィルターが制度化されうるからである。国家の複数性を保つ限り、よってまた（個人がおのれの生活をどちら側に置くかを選択できないという意味で、地方自治体の境界とは異なる）境界の複数性を保つ限り、排除はあり続ける。

境界がもたらす排除は確かに、不可避的に不正なのではない。私がその承認にコミットしている道徳的地位にある人びとの全員が、理論的には、正義の要求を充たす各自の国家で保護を受けまた将来を切り開く可能性をもっているだろうからである。楽観的な見解では、これこそが複数国家システムが達成するはずのものである。[20]だが、複数国家システムがそれに完全に失敗していることを、私たちは知っている。基本的権利が侵害されている事例における介入への要求、分離への要求、亡命への要求は、何百万という人びとに関して、現行の包摂と排除が重大な損害の源泉として見なされていることを示している。こうした問題はなくならない。しかし私が思うに、もし私たちが人格の形而上学を正当化しうるふりをしなければ、そうした問題を異なる仕方で考察することができるだろう。人格の形而上学は、道徳的配慮の射程範囲を固定し、排除作用のある境界をもたないラディカルな制度的コスモポリタニズムか、他所者《アウトサイダー》の権利要求を正当に否定するか軽視する有界化されたコミュニタリアニズムのどちらかを指し示すものである。私が示唆しようとしてきたように、現代世界では、たとえ道徳的地位の形而上学的基礎に関する説得力のある説明を確証できないとしても、私たちはおのれの行為を通じて、数多くの他所者《アウトサイダー》がカウントされるが、すべての境界を不正であると結論づける必要もないという思考に、コミットしているのである。

道徳的コスモポリタニズムは、貧弱かつ危険な形態の理想主義であるという評判を得てきた。私の考えではその両方が本当に当てはまることはない。貧弱だという論難は、道徳的コスモポリタニズムには実践的含蓄がないという考えを表している。危険だという論難は、道徳的コスモポリタニズムが世界国家と、私たちの安全保障《セキュリティ》——そして豊かさ——を保護していると考えられる制度の解体とに向かっているという恐れをおそらく表している。私が本章で論陣を張ろうとしてきたおおよその道徳的コスモポリタニズムをより真剣に理解する方法は、適切な度合いの制度的コスモポリタニズムへ向けた企てを、つまりおおよその道徳的コスモポリタニズムにとって承認する理由のある責務を真剣に受け止める制度へ向けた企てを組み立てかつその基準を定めてくれる背景図式を通してのものである。

過去五〇年のあいだに境界はより透過的になってきた。それは徐々に、選択的に、そしてためらいがちに生じてきたのであり、数多くの人びとの政治生活と経済生活の両方を転換させてきた。たとえばヨーロッパの境界の大部分は第二次世界大戦の終結時と変わりないが、想像を絶するほど透過性を増している。かつて資本移動と貿易、文化的・技術的な影響、そして何より人の移動を通さなかった境界は、たとえ可変的にであるとしても、高度に透過的なものとなった。西ヨーロッパではこの変化は長年にわたって徐々に生じた。東ヨーロッパではすべてが何十年ものあいだ行き詰まっていたが、一九九〇年以降に急速で劇的な変化を見た。今日、もっとも意義のある境界上の変化は、明らかに空間的なものではなく質的なものである。そのような質的転換の誘起あるいはそれに向けた私たちの努力を導くべきひとつの考慮事項は、私たちが常に、既存の境界の向こう側にいる人びとを——遠くの見知らぬ人びとであろうとも——私たちに対して道徳的地位を有する人びととして見なすことへとおのれをコミットさせる仕方で行為しているという現実が、承認されることである。もしこの現実を承認するならば、遠くの見知らぬ人びとを――彼らを排除する境界を特定の方法でより透過的にすることによってであろうと、そうでなければ正当化しえない排除によって彼らが受けている危害をすべて補償することによってであろうと――正義にかなった仕方で扱うべき理由も手に入るだろう。道徳的コスモポリタニズムは、おおよその道徳的コスモポリタニズムであろうとも、国家のない世界へと向かうのではなく、よりいっそうの境界がよりいっそうの仕方で透過的になる、制度的コスモポリタニズムの諸形態へと向かうのである。

訳者あとがき

本書は、Onora O'Neill, *Bounds of Justice*, Cambridge University Press, 2000 の全訳である。まず、著者のオノラ・オニールについて、単著が邦訳されるのは初めてであることもあり、少し詳しく紹介しておきたい。

オノラ・シルヴィア・オニールは一九四一年八月二三日、外交官の父、ダグラス・ウォルター・オニール卿のもと、北アイルランドで生まれた。祖父はユニオニストで北アイルランド選出の下院議員であり、のちに男爵に叙された、ヒュー・オニール男爵である。父方の伯父であるフェリム・オニール男爵は、世襲の上院議員であった。このようにオニールは、北アイルランドの政治家の家系出身である。本書にあるように、オニールが自らのアイデンティティを「アイリッシュ・プロテスタント」としているのは、こうした生い立ちのためであろう。

オニールは、父親の仕事の関係でドイツにおいて、のちにロンドンのセント・ポール女学院で教育を受けたあと、オックスフォード大学の女子カレッジ（一九九四年からは共学）であるサマーヴィル・カレッジに入学し、PPP（哲学・心理学・生理学）を専攻した。当初は歴史学を専攻していたが、歴史学の論文を書いても、ある種の問題は解けないと考えたオニールは、哲学に関心を寄せ、同じサマーヴィル・カレッジの哲学者エリザベス・アンスコムのもとに面談に行き、PPP、具体的には哲学と心理学の専攻への変更が許可されたのであった。アンスコムがカレッジの指導教員に「この子は哲学に飢えている」という寸評を回してくれたおかげだそうだ

（'This Girl is Hungry for Philosophy!': An Interview with Onora O'Neill' conducted by Kimberley Hutchings. *Women's Philosophy Review*, no. 28, 2001/2, 7-21）。

オックスフォード大学で優秀な成績を修めたため、アメリカ合衆国のハーヴァード大学への奨学金を得たオニールは、ジョン・ロールズの指導のもと、博士号を取得している。だがオニールがカントへの関心を高めたのは、ロバート・ノージックのゼミにおいてだったそうだ。そのゼミは合理的選択理論を扱ったものであった。ゼミで書いた論文の公刊をノージックに勧められたものの、学部時代にカントを読んでいたため、カントの方が理性については優れた説明をしている——そう考えたオニールは、博士論文の指導をロールズに願いでて、『普遍化可能性』というタイトルの論文を書き上げ、一九六八年に大学に提出した。これはのちに『原理にもとづいて行為する』（*Acting on Principle*, 1975）としてコロンビア大学出版会から刊行されており、二〇一三年にケンブリッジ大学出版会から第二版が刊行されている。自らをロールズ主義者のなかに位置づけることには違和感があるというオニールであるが、ロールズの弟子のうちカントを研究したグループのひとりとしての自覚はあるようだ。そのグループによる著作が Andrews Reath, Barbara Herman, Christine M. Korsgaard (eds.), *Reclaiming the History of Ethics: Essays for John Rawls* (Cambrige University Press, 1997) であり、オニールも「理性の限界内」という論文を寄稿している。

教育者としてはまず、ニューヨークにあるバーナード・カレッジ（当時はコロンビア大学の女子カレッジ）で教鞭をとった。本書にあるエピソードで、マンハッタンのブロードウェイをストリーキングし、自律についてオニールに熟考させた女子生徒は、おそらくバーナード大学の学生だろう。一九七七年のイギリスへの帰国後は、エセックス大学での哲学の教授職を経て、一九九二年からケンブリッジ大学で哲学の教授職に就き、現在では名誉教授職にある。ケンブリッジ大学では一九九二年から二〇〇六年まで、女子カレッジのニューナム・カレッジの学寮長も務めている。

社会活動としてはナフィールド財団理事、イギリス哲学会初代会長、英国学士院会長といった要職を歴任し、また英国ナフィールド生命倫理審議会の議長や、英国遺伝子諮問委員会の議長代理などを務め、また二〇一三年からは英国の「平等および人権委員会」の議長も務めている。こうした公的貢献への栄誉を称えられ、英帝国勲爵士（CBE）をはじめ、いくつかの勲章を授与されている。

このようにオニールは、アカデミックな哲学者として職業をスタートし、ひろく公的活動に従事しはじめ、一九九九年には政治家になった。

階級社会イギリスでは、世襲貴族のあいだで、上院である貴族院に登院し投票する権利が爵位とともに世襲されている。そのため上院がおのずと保守的になり、問題となっていた。そこで一九九九年、当時の首相トニー・ブレアのもと、上院における世襲貴族の議席を制限する法律が施行され、同年オニールは一代貴族に叙爵された。一代貴族には、上院に無所属議員（中立派のクロスベンチャー）として登院し投票する権利があるためだ。称号は **Baroness O'Neill of Bengarve**。バロネス（Baroness）は女性の一代貴族が叙される爵位であり、男性であればバロン（Baron）となる。バロンは「男爵」と訳されるため、バロネスには「女男爵」という訳語が付される場合もあるが、もはや時代遅れな感が否めない。これによりましな訳語が必要だろう。いずれにせよ、オニールの貴族院議員としての身分は終身である。

*

オニールの研究は多岐にわたり、著作も多数ある。二〇〇〇年までと限定されたものではあるが、オニールの主な文献リストについては、本書の参考文献を参照されたい。単著を抜きだすと以下となる。

- *Faces of Hunger, An Essay on Poverty, Development and Justice*, George Allen and Unwin, 1986.
- *Constructions of Reason: Explorations of Kant's Practical Philosophy*, Cambridge University Press, 1989.

- *Towards Justice and Virtue: A Constructive Account of Practical Reasoning*, Cambridge University Press, 1996.

二〇〇〇年以降の著作としては以下がある。

- *Autonomy and Trust in Bioethics*, Cambridge University Press, 2002.
- *A Question of Trust: The BBC Reith Lectures 2002*, Cambridge University Press, 2002.
- *Rethinking Informed Consent in Bioethics*, Cambridge University Press, 2007（Neil Manson との共著）.
- *Acting on Principles: An Essay on Kantian Ethics*, second edition, Cambridge University Press, 2013.

またオニールによると、ケンブリッジ大学出版会よりオニールの論文集が三巻で刊行予定であり、第一巻が *Constructing Authorities: Reason. Politics and Interpretation in Kant's Philosophy*, 第二巻が *Justice Across Borders: Whose Obligations?* だそうだ（第一巻は二〇一五年末に刊行された）。オニールによれば、第二巻のグローバル・ジャスティス論文集には、本書『正義の境界』の論文は含まれないとのことである。

こうした文献リストから見てとれるように、オニールの主な研究テーマは、カント研究、倫理学・政治哲学研究、グローバル・ジャスティス研究、生命倫理研究であり、また二〇〇〇年以降に顕著なこととして「信頼」（trust）に関する研究もある。右に紹介した、書籍化されている二〇〇一年のエディンバラ大学でのギフォード連続講義「生命倫理における自律と信頼」と二〇〇二年のＢＢＣリース連続講義「信頼の問題」のほかにも、二〇〇九年のケンブリッジ大学クレア・ホールでのアシュビー連続講義などにおける「信頼を誤用する」（Perverting Trust）というタイトルの講義があり、二〇一三年のＴＥＤにも「私たちが信頼について理解していないこと」というタイトルで出演している。

このようにオニールは、現代の倫理学・政治哲学を代表する哲学者であるが、その著述のうち日本語で読めるものは、これまでのところ以下の二点のみであった。

・「子どもの権利と子どもの生」（大江洋訳）『現代思想』青土社、二四巻七号、一九九六年。
・「緒言」クリスティーン・コースガード『義務とアイデンティティの倫理学――規範性の源泉』（寺田俊郎・三谷尚澄・後藤正英・竹山重光訳）岩波書店、二〇〇五年。

本書のテーマと各章のあらすじについては序論に詳しい。本書は論文集という性格からして、一見すると寄せ集めの感が否めないが、実はきわめて一貫したテーマを追求しており、カントの実践哲学とコスモポリタニズムに対するオニールの静かな愛が感じられる。本書が日本におけるカント研究やグローバル・ジャスティス研究、そしてオニール研究のさらなる発展の一助となれば幸いである。

翻訳にあたって、原書における明らかな誤記は、訳者の判断において訂正した。また、第八章の節タイトルの反復についても、編集者と相談のうえ、訳者の判断において変更した。それ以外に訂正が必要と思われた箇所については、原著者に確認し了解を得たうえで、訂正させていただいた。この場を借りて原著者に改めてお礼を申し上げたい。

＊

最後に、訳者が本書に取り組みはじめたのは、「国境を越える正義」をテーマとした二〇一二年度日本法哲学会学術大会（二〇一二年一一月関西学院大学）を傍聴した際にお会いした押村高先生より、本書をご紹介いただいたときであった。かねてよりオニールをしっかり学んでみたいと思っていた訳者にとって、本翻訳は願ってもない機会であった。それから三年が経過してしまったのは、何より訳者の不肖による。山口優奈さんと西脇祐くんには参考文献の入力と邦訳書のリサーチを手伝ってもらった。中央大学図書館レファレンスルームの入矢玲子さんには資料収集でたいへんお世話になった。みすず書房の田所俊介さんには、何度も締め切りを延ばしていただき、多大なご迷惑をおかけしてしまった。この場を借りてお詫びを申し上げるとともに、一方ならぬお世話になったことについて、心から感謝を申し上げます。

二〇一六年一月　遙かなる白馬の雪形を惜しみつつ

神島裕子

索　引

ア

カ

サ

タ

ナ

ハ

マ

ヤ・ラ

参考文献

Allison, Henry E., *Kant's Theory of Freedom*, Cambridge, Cambridge University Press, 1990.

Allot, Philip, *Eunomia: New Order for a New World*, New York, Oxford University Press, 1990.

Aristotle, *The Politics*, tr. W. D. Ross, revised J. L. Ackrill, J. O. Urmson and Jonathan Barnes, ed. Stephen Everson, Cambridge, Cambridge University Press, 1988.〔アリストテレス『政治学』牛田徳子訳，京都大学学術出版会，2001〕

Baldwin, Thomas, 'Territoriality', in Hyman Gross and Ross Harrison, eds., *Jurisprudence: Cambridge Essays*, Oxford, Clarendon Press, 1992, 207-30.

Baron, Marcia W., *Kantian Ethics almost without Apology*, Ithaca, N. Y., Cornell University Press, 1995.

Barry, Brian and Goodin, Robert E., eds., *Free Movement: Ethical Issues in the Transnational Migration of People and Money*, London, Harvester Wheatsheaf, 1992.

Bayles, Michael D., *Morality and Population Policy*, Alabama, University of Alabama Press, 1980.

Beck, Lewis White, *A Commentary on Kant's Critique of Practical Reason*, Chicago, Ill., University of Chicago Press, 1960.〔ルイス・ホワイト・ベック『カント『実践理性批判』の注解』藤田昇吾訳，新地書房，1985〕

Beitz, Charles R., 'Cosmopolitan Ideals and National Sentiments', *Journal of Philosophy*, 80 (1983), 591-600.

—— 'Cosmopolitan Liberalism and the States System', in Chris Brown, ed., *Political Restructuring in Europe: Ethical Perspectives*, London, Routledge, 1994, 123-36.

—— *Political Theory and International Relations*, Princeton, N. J., Princeton University Press, 1979.〔チャールズ・ベイツ『国際秩序と正義』進藤榮一訳，岩波書店，1989〕

Bentham, Jeremy, *Introduction to the Principles of Morals and of Legislation* (1789), in *A Fragment on Government with an Introduction to the Principles of Morals and Legislation*, ed. Wilfrid Harrison, Oxford, Blackwell, 1967.〔ベンサム「道徳および立法の諸原理序説」（抄訳）山下重一訳，『世界の名著 49 ベンサム／J. S. ミル』関嘉彦編，中央公論新社，1979〕

Bittner, Rudiger, 'Maximen', in G. Funke, ed., *Akten des 4. Internationalen Kant-Kongresses*, Berlin, De Gruyter, 1974, 485-9.

Blomstrom, Magnus and Hettne, Bjorn, *Development Theory in Transition: The Dependency Debate and Beyond: Third World Responses*, London, Zed Books, 1984.

Blum, Lawrence A., *Friendship, Altruism and Morality*, London, Routledge & Kegan Paul, 1980.

Bowie, Norman, 'The Moral Obligations of Multinational Corporations', in Stephen Luper-Foy, ed., *Problems of International Justice*, Boulder and London, Westview, 1988, 97-n3.

Boxill, Bernard, 'Global Equality of Opportunity', *Social Philosophy and Policy*, 5 (1987), 143-68.

Brink, David O., 'Rawlsian Constructivism in Moral Theory', *Canadian Journal of Philosophy*, 17 (1987), 71-90.

Brock, Gillian, ed., *Necessary Goods: Our Responsibilities to Meet Others' Needs*, Lanham, Md., Rowman & Littlefield, 1998.

Buchanan, Alan, 'Justice and Charity', *Ethics*, 97 (1987), 558-75.

Camartin, Iso, *Von Sils-Mmia aus Betrachtet: Ein Blick von dem Dach Europas*, Frankfurt, Suhrkamp, 1991.

Campbell, Thomas, 'Perfect and Imperfect Duties', *The Modern Schoolman*, 102 (1975), 185-94.

Carens, Joseph, 'Aliens and Citizens: The Case for Open Borders', *Review of Politics*, 49 (1987), 251-73.

—— 'Immigration and the Welfare State', in Amy Gutmann, ed., *Democracy and the Welfare State*, Princeton, N. J., Princeton University Press, 1988, 207-30.

Charvet, John, *Feminism*, London, Dent, 1982.

Chodorow, Nancy, *The Reproduction of Mothering: Psychoanalysis and the Sociology of Gender*, Berkeley, Calif., University of California Press, 1978.〔ナンシー・チョドロウ『母親業の再生産――性差別の心理・社会的基盤』大塚光子訳，新曜社，1981〕

Coetzee, J. M., *Waiting for the Barbarians*, Harmondsworth, Penguin, 1982.〔J. M. クッツェー『夷狄を待ちながら』土岐恒二訳，集英社文庫，2003〕

Cullity, Garrett, 'International Aid and the Scope of Kindness', *Ethics*, 105 (1994), 99-127.

Dancy, Jonathan, 'Ethical Particularism and Morally Relevant Properties', *Mind*, 92 (1983), 530-47.

Daniels, Norman, ed., *Reading Rawls: Critical Studies on A Theory of Justice*, Oxford, Blackwell, 1975.

Descartes, René, *Discourse on the Method of Rightly Conducting One's Reason and Seeking the Truth in the Sciences,* in *The Philosophical Writings of Descartes*, vol. 1, tr. John Cottingham, Robert Stoothof and Dugald Murdoch, Cambridge, Cambridge University Press, 1985.〔ルネ・デカルト『方法序説ほか』野田又夫ほか訳，中央公論新社，2001〕

Deveaux, Monique, 'Conflicting Equalities? Cultural Group Rights and Sex Equality', *Political Studies* 48, 2000.

Doyal, Len and Gough, Ian, *A Theory of Human Need*, London, Macmillan, 1991.〔レン・ドイヨル＆イアン・ゴフ『必要の理論』馬嶋裕・山森亮監訳，勁草書房，2014〕

Doyle, Michael, 'Kant, Liberal Legacies, and Foreign Affairs', in two parts, in *Philosophy and Public Affairs*, 12 (1983), 205-35 and 323-53.

Dreze, Jean and Sen, Amartya, eds., *Hunger and Public Action*, Oxford, Clarendon Press, 1989.

Dworkin, Gerald, *The Theory and Practice of Autonomy*, Cambridge, Cambridge University Press, 1988.

Dworkin, Ronald, 'Liberalism', in Stuart Hampshire, ed., *Public and Private Morality*, Cambridge, Cambridge University Press, 1977, n3-43.

Edelman, Murray, 'The Political Language of the Helping Professions', in Michael J. Shapiro, ed., *Language and Politics*, New York, New York University Press, 1984.

Elshtain, Michelle Jean Bethke, *Public Man, Private Woman: Women in Social and Political Thought*, Princeton, N. J., Princeton University Press, 1981.

Elster, Jon, *The Cement of Society: A Study of Social Order*, London, Routledge, 1989.

—— *Sour Grapes: Studies in the Subversion of Rationality*, Cambridge, Cambridge University Press, 1983.

Feinberg, Joel, Rights, *Justice and the Bounds of Liberty: Essays in Social Philosophy*, Princeton, N. J., Princeton

University Press, 1980.

Förster, Eckhart, ed., *Kant's Transcendental Deductions: The Three Critiques and the Opus Postumum*, Stanford, Calif., Stanford University Press, 1989.

Frankfurt, Harry, 'Freedom of the Will and the Concept of a Person', *Journal of Philosophy*, 68 (1971), 5–20.

French, Peter, *Collective and Corporate Responsibility*, New York, Columbia University Press, 1984.

Frey, R. G. and Morris, Christopher W., eds., *Violence, Terrorism, and Justice*, Cambridge, Cambridge University Press, 1991.

Frost, Mervyn, *Ethics in International Relations: A Constitutive Theory*, Cambridge, Cambridge University Press, 1996.

Gauthier, David, *Morals by Agreement*, Oxford, Clarendon Press, 1986.〔デイヴィッド・ゴティエ『合意による道徳』小林公訳，木鐸社，1999〕

Gewirth, Alan, 'Ethical Universalism and Particularism', *Journal of Philosophy*, 85 (1988), 283–302.

—— 'Private Philanthropy and Positive Rights', in Ellen Frankel Paul et al., eds., *Beneficence, Philanthropy and the Public Good*, Oxford, Blackwell, 1987, 55–78.

—— 'Starvation and Human Rights', in his *Human Rights: Essays on Justification and Applications*, Chicago, University of Chicago Press, 1982, 197–217.

Gilbert, Margaret, *Living Together: Rationality, Sociality and Obligation*, London, Rowman & Littlefield, 1996.

Gilligan, Carol, *In a Different Voice: Psychological Theory and Women's Development*, Cambridge, Mass., Harvard University Press, 1982, 2nd edn, 1993.〔キャロル・ギリガン『もうひとつの声——男女の道徳観のちがいと女性のアイデンティティ』岩男寿美子訳，川島書店，1986〕

Goodin, E. Robert, 'What Is So Special about Our Fellow Countrymen?', *Ethics*, 98 (1988), 663–86.

Graham, Keith, 'Collective Responsibility', in Ton van den Beld, ed., *Moral Responsibility and Ontology*, Dordrecht, Kluwer, 2000, 49–61.

—— 'The Moral Status of Collective Entities', forthcoming.

Habermas, Jürgen, 'Ist der Herzschlag der Revolution zum Stillstand gekom-men?', in *Die Ideen von 1789 in der deutschen Rezeption*, ed. Forum für Philosophie Bad Homburg, Frankfurt-on-Main, Suhrkamp, 1989.

Hardin, Garret, 'Lifeboat Ethics: The Case against Helping the Poor', *Psychology Today*, 8 (1974), 38–43.

Harriss, Barbara, 'Differential Female Mortality and Health Care in South Asia', *Queen Elizabeth House, Working Paper*, Oxford, 1989.

—— 'Intrafamily Distribution of Hunger in South Asia', in Jean Drèze and Amartya K. Sen, eds., *The Political Economy of Hunger*, vol. 1, Entitlement and Well-being, Oxford, Clarendon Press, 1991, 351–424.

Harsanyi, John, 'Morality and the Theory of Rational Behaviour', in A. Sen and B. Williams, eds., *Utilitarianism and Beyond*, Cambridge, Cambridge University Press, 39–62.

Havel, Vaclav, 'The Power of the Powerless', in his *Living in Truth*, ed. Jan Vadislav, London, Faber & Faber, 1986.

Henrich, Dieter, 'Kant's idea of a Deduction and the Methodological Background of the First *Critique*', in Eckhart Förster, ed., *Kant's Transcendental Deductions: The Three Critiques and the Opus Postumum*,

Stanford, Calif., Stanford University Press, 1989, 29–46.

Herman, Barbara, 'Obligation and Performance', in her *The Practice of Moral Judgement*, Cambridge, Mass., Harvard University Press, 1993, 159–83.

—— *The Practice of Moral Judgement*, Cambridge, Mass., Harvard University Press, 1993.

Hill, Thomas E., Jnr, 'The Importance of Autonomy', in his *Autonomy and Self-respect*, Cambridge, Cambridge University Press, 1991, 43–51.

—— 'The Kantian Conception of Autonomy', in his *Dignity and Practical Reason in Kant's Moral Theory*, Ithaca, N. Y., Cornell University Press, 1992, 76–96.

—— 'Servility and Self-respect', *Monist*, 57 (1973), 87–104 and in his *Autonomy and Self-Respect*, Cambridge, Cambridge University Press, 1991, 4–18.

Hirsch, Fred, *The Social Limits of Growth*, Cambridge, Mass., Harvard University Press, 1976.

Historisches Wörterbuch der Philosophie, vol. 1, Basle, Schwabe, 1971.

Hobbes, Thomas, *Leviathan*, ed. Richard Tuck, Cambridge, Cambridge University Press, 1996.〔ホッブズ『リヴァイアサン〈1 ～ 4〉』水田洋訳，岩波文庫，1992〕

Höffe, Otfried, 'Kants kategorischer Imperativ als Kriterium des Sittlichen', *Zeitschrift für philosophische Forschung*, 31 (1977), 354–84.

Hoffman, Stanley, *Duties Beyond Borders: On the Limits and Possibilities of Ethical International Politics*, Syracuse, N. Y., Syracuse University Press, 1981.〔スタンリー・ホフマン『国境を超える義務――節度ある国際政治を求めて』最上敏樹訳，三省堂，1985〕

Hollis, Martin, *The Cunning of Reason*, Cambridge, Cambridge University Press, 1987.〔マーティン・ホリス『ゲーム理論の哲学――合理的行為と理性の狡智』槻木裕訳，晃洋書房，1998〕

Hudson, James L., 'The Ethics of Immigration Restriction', *Social Theory and Practice*, 10 (1984), 201–39.

Hume, David, *A Treatise of Human Nature*, ed. L. A. Selby-Bigge, revised P. H. Nidditch, 2nd edn, Oxford, Clarendon Press, 1978.〔デイヴィッド・ヒューム『人間本性論 第1巻 知性について』木曾好能訳，法政大学出版局，2011；『人間本性論 第2巻 情念について』石川徹・中釜浩一・伊勢俊彦訳，法政大学出版局，2011；『人間本性論 第3巻 道徳について』伊勢俊彦・石川徹・中釜浩一訳，法政大学出版局，2012〕

Jackson, Tony with Eade, Deborah, *Against the Grain*, Oxford, Oxfam, 1982.

Jaggar, Alison M., *Feminist Politics and Human Nature*, Brighton, Harvester Press, 1983.

Kant, Immanuel, *An Answer to the Question: 'What is Enlightenment?'* viii: 35–42, in Immanuel Kant, *Practical Philosophy*, tr. and ed. Mary Gregor, Cambridge, Cambridge University Press, 1996.〔カント『啓蒙とは何か 他4篇』篠田英雄訳，岩波文庫，1974〕

—— *Anthropology from a Pragmatic Point of View*, tr. Mary Gregor, The Hague, Nijhoff, 1974.〔『カント全集〈15〉人間学』渋谷治美ほか訳，岩波書店，2003〕

—— *Critique of Judgement*, tr. James Creed Meredith, Oxford, Clarendon Press, 1973.〔カント『判断力批判』熊野純彦訳，作品社，2015〕

—— *Critique of Pure Reason*, tr. and ed. Paul Guyer and Allen Wood, Cambridge, Cambridge University Press, 1998.〔カント『純粋理性批判』熊野純彦訳，作品社，2012〕

—— *Groundwork of the Metaphysics of Morals*, iv: 387–460, in Immanuel Kant, *Practical Philosophy*, tr. and ed. Mary Gregor, Cambridge, Cambridge University Press, 1996.〔カント『実践理性批判　倫理

の形而上学の基礎づけ』熊野純彦訳，作品社，2013〕

—— The Metaphysics of Morals, vi: 232-493, in Immanuel Kant, *Practical Philosophy*, tr. and ed. Mary Gregor, Cambridge, Cambridge University Press, 1996.〔『カント全集〈11〉人倫の形而上学』樽井正義・池尾恭一訳，岩波書店，2002〕

—— *Religion within the Boundaries of Mere Reason,* VI: 3-202, tr. George di Giovanni, in Immanuel Kant, *Religion and Rational Theology*, ed. Allen W. Wood and George di Giovanni, Cambridge, Cambridge University Press, 1996.〔『カント全集〈10〉たんなる理性の限界内の宗教』北岡武司訳，岩波書店，2000〕

—— *Toward Perpetual Peace,* in Immanuel Kant, viii: 344-86, *Practical Philosophy*, tr. and ed. Mary Gregor, Cambridge, Cambridge University Press, 1996.〔カント『永遠平和のために』宇都宮芳明訳，岩波文庫，1985〕

—— *What does it Mean to Orient Oneself in Thinking?,* viii: 133-46, tr. Allen W. Wood, in Immanuel Kant, *Religion and Rational Theology*, ed. Allen W. Wood and George di Giovanni, Cambridge, Cambridge University Press, 1996.

Keohane, Robert O. and Nye, Joseph S., eds., *Transnational Relations and World Politics*, Cambridge, Mass., Harvard University Press, 1973.

Kittay, Eva Feder and Diana T. Meyers, eds., *Women and Moral Theory*, Totowa, N. J., Rowman & Littlefield, 1987.

Klemperer, Viktor, *Ich will Zeugnis ablegen bis zum letzten*, ed. Walter Nowojski, 2 vols., Berlin, Aufbau Verlag, 1996.

Kneller, Jane and Axinn, Sidney, eds., *Autonomy and Community: Readings in Contemporary Kantian Social Philosophy*, Albany, N. Y., State University of New York Press, 1998.

Larmore, Charles, 'Moral Judgment', *Review of Metaphysics*, 35 (1981), 275-96.

—— *Patterns of Moral Complexity,* Cambridge, Cambridge University Press, 1987.

Levine, Andrew, *The Politics of Autonomy: A Kantian Reading of Rousseau's 'SocialContract'*, Amherst, University of Massachusetts Press, 1976.

Lindley, Richard, *Autonomy*, Basingstoke, Macmillan, 1986.

Lloyd, Genevieve, *The Man of Reason: 'Male' and 'Female' in Western Philosophy*, London, Methuen, 1984.

Locke, John, *Two Treatises of Government*, ed. Peter Laslett, Cambridge, Cambridge University Press, 1988.〔ジョン・ロック『完訳 統治二論』加藤節訳，岩波文庫，2010〕

Luper-Foy, Steven, ed., *Problems of International Justice*, Boulder, Colo., Westview Press, 1988.

Lyons, David, 'The New Indian Claims and Original Rights to Land', in Jeffrey Paul, ed., *Reading Nozick: Essays on Anarchy, State and Utopia*, Totowa, N. J., Rowman & Littlefield, 1981, 355-79.

Makkreel, Rudolf, 'Differentiating, Regulative, and Reflective Approaches to History', in Hoke Robinson, ed., *Proceedings of the Eighth International Kant Congress*, vol. 1, pt 1, 123-37.

McCormick, D. N., 'Is Nationalism Philosophically Credible?', in William Twining, ed., *Issues of Self Determination*, Aberdeen, Aberdeen University Press, 1991.

—— 'Nation and Nationalism', in his *Legal Right and Social Democrary*, Oxford, Clarendon, 1982, eh. 13.

MacDonagh, Oliver, *States of Mind: A Study of Anglo-Irish Conflict 1780-1980.* London, George Allen & Unwin, 1983.

McDowell, John, 'Deliberation and Moral Development', in Stephen Engstrom and Jennifer Whiting, eds., *Aristotle, Kant and the Stoics*, Cambridge, Cambridge University Press, 1996, 19-35.

Macintyre, Alasdair, *After Virtue*, London, Duckworth, 1981.〔アラスデア・マッキンタイア『美徳なき時代』篠崎栄訳，みすず書房，1993〕

—— *Is Patriotism a Virtue?*, Lawrence, Kan., University of Kansas, Department of Philosophy, 1984.

—— *Whose Justice? Which Rationality?*, London, Duckworth, 1988.

McMillan, Carol, *Women, Reason and Nature: Some Philosophical Problems with Feminism*, Oxford, Blackwell, 1982.

Marcus, Ruth Barcan, 'Moral Dilemmas and Consistency', *Journal of Philosophy*, 77 (1980), 121-36.

Mason, Andrew, 'Special Obligations to Compatriots', *Ethics*, 107 (1997), 427-47.

May, Larry, *The Morality of Groups: Responsibilities, Group-based Harms and Corporate Right*, Notre Dame, Ind., University of Notre Dame Press, 1987.

Mill, J. S. *Utilitarianism* (1861), in Mary Warnock, ed., *Utilitarianism; On Liberty; Essay on Bentham* etc., London, Fontana, 1985.〔J. S. ミル「功利主義」『功利主義論集』川名雄一郎・山本圭一郎訳，京都大学学術出版会，2010〕

Miller, David, 'The Ethical Significance of Nationality', *Ethics*, 98 (1988), 647-62.

—— *On Nationality*, Oxford, Clarendon Press, 1995〔デイヴィッド・ミラー『ナショナリティについて』富沢克・長谷川一年・施光恒・竹島博之訳，風行社，2007〕

Munzel, G. Felicitas, *Kant's Conception of Moral Character: The 'Critical' Link of Morality, Anthropology and Refhctive Judgement*, Chicago, University of Chicago Press, 1999.

Murdoch, Iris, *The Sovereignty of Good*, London, Routledge & Kegan Paul, 1970.〔アイリス・マードック『善の至高性——プラトニズムの視点から』菅豊彦・小林信行訳，九州大学出版会，1992〕

Nagel, Thomas, 'Poverty and Food: Why Charity is not Enough', in Peter Brown and Henry Shue, eds., *Food Policy: The Responsibility of the United States in Life and Death Choices*, New York, Free Press, 1977, 54-62.

Nicholson, Linda, 'Feminism and Marx: Integrating Kinship with the Economic', in Seyla Benhabib and Drucilla Cornell, eds., *Feminism as Critique: Essays on the Politics of Gender in Late-capitalist Societies*, Cambridge, Polity Press, 1987, 16-30.

Noddings, Nel, *Caring: A Feminine Approach to Ethics and Moral Education*, Berkeley, Calif., University of California Press, 1984.

Nozick, Robert, *Anarchy, State and Utopia*, Oxford, Blackwell, 1974〔ロバート・ノージック『アナーキー・国家・ユートピア——国家の正当性とその限界』嶋津格訳，木鐸社，1995〕

Nussbaum, Martha, 'Aristotelian Social Democracy', in Bruce Douglass, Gerald Mara and Henry S. Richardson, eds., *Liberalism and the Good*, London, Routledge, 1990, 203-52.

Nussbaum, Martha and Glover, Jonathan, eds., *Women, Culture and Development: A Study of Human Capabilities*, Oxford, Clarendon Press, 1995.

Nussbaum, Martha and Sen, Amartya, eds., *The Quality of Life*, Oxford, Clarendon Press, 1992.〔マーサ・C. ヌスバウム／アマルティア・セン『クオリティー・オブ・ライフ——豊かさの本質とは』竹友安彦監修，里文出版，2006〕

O'Connor, John, 'Philanthropy and Selfishness', in Ellen Frankel Paul et al., eds., *Beneficence, Philanthropy*

and the Public Good, Oxford, Blackwell, 1987, 113–27.

Okin, Susan Moller, 'Justice and Gender', *Philosophy and Public Affairs*, 16 (1987), 42–72.

—— *Women in Western Political Thought*, Princeton, N. J., Princeton University Press, 1979. 〔スーザン・モラー・オーキン『政治思想のなかの女——その西洋的伝統』田林葉・重森臣広訳，晃洋書房，2010〕

O'Neill, Onora, 'Abstraction, Idealization and Ideology', in J. G. D. Evans, ed., *Ethical Theories and Contemporary Problems*, Cambridge, Cambridge University Press, 1988, 55–69.

—— 'Autonomy, Coherence and Independence', in David Milligan and William Watts Miller, eds., *Liberalism, Citizenship and Autonomy*, Aldershot, Avebury Press, 1992, 209–29.

—— 'Children's Rights and Children's Lives', *Ethics*, 98 (1988), 445–63. 〔オノラ・オニール「子どもの権利と子どもの生」（抄訳）大江洋訳，『現代思想』青土社，24（7），1996〕

—— *Constructions of Reason: Explorations of Kant's Practical Philosophy*, Cambridge, Cambridge University Press, 1989.

—— 'Distant Strangers, Moral Standing and State Boundaries', in P. Koller and K. Puhl, eds., *Current Issues in Political Philosophy: Justice in Society and World Order*, Vienna, Holder-Pichler-Tempsky, 1997, 118–32.

—— 'Enlightenment as Autonomy: Kant's Vindication of Reason', in Peter Hulme and Ludmilla Jordanova, eds., *Enlightenment and its Shadows*, London, Routledge & Kegan Paul, 1990, 184–99.

—— 'Ethical Reasoning and Ideological Pluralism', *Ethics*, 98 (1988), 705–22.

—— *Faces of Hunger: An Essay on Poverty, Development and Justice*, London, George Allen & Unwin, 1986.

—— 'From Statist to Global Conceptions of Justice', in Christoph von Hübig, ed., *XVII Deutscher Kongress für Philosophie, 1996: Vorträge und Kolloquien*, Berlin, Akademie Verlag, 1997, 368–79.

—— 'The Great Maxims of Justice and Charity', in *Constructions of Reason: Explorations of Kant's Practical Philosophy*, Cambridge, Cambridge University Press, 1989, 219–33.

—— 'Instituting Principles: Between Duty and Action', in Mark Timmons, ed., *Kant's Metaphysics of Morals: Interpretive Essays*, Oxford, Oxford University Press, 2002.

—— 'Justice and Boundaries', in Chris Brown, ed., *Political Restructuring in Europe: Ethical Perspectives*, London, Routledge, 1994, 69–88.

—— 'Justice, Gender and International Boundaries', in Martha Nussbaum and Amartya Sen, eds., *The Quality of Life*, Oxford, Clarendon Press, 1992, 303–35.

—— 'Kant's Virtues', in Roger Crisp ed., *How Should One Live? Essays on the Virtues*, Oxford, Clarendon Press, 1996, 77–97.

—— 'Kommunikative Rationalität und praktische Vernunft', *Philosophischer Rundschau*, 41 (1993), 329–32.

—— 'Lifeboat Earth', *Philosophy and Public Affairs*, 4 (1975), 271–92.

—— 'The Most Extensive Liberty', *Proceedings of the Aristotelian Society*, 53 (r 979–80), 45–59.

—— 'Political Liberalism and Public Reason: A Critical Notice of John Rawls', *Political Liberalism', Philosophical Review*, 106 (1997), 411–28.

—— 'The Power of Example', in *Constructions of Reason: Explorations of Kant's Practical Philosophy*, Cambridge, Cambridge University Press, 1989, 165–86.

—— 'Reason and Autonomy in *Grundlegung III*', in *Constructions of Reason: Explorations of Kant's Practical Philosophy*, Cambridge, Cambridge University Press, 1989, 51-65.

—— 'Reason and Politics in the Kantian Enterprise', *Constructions of Reason: Explorations of Kant's Practical Philosophy*, Cambridge, Cambridge University Press, 1989, 3-27.

—— 'Rights, Obligations and Needs', Logos, 6 (1985), 29-47, and in Gillian Brock, ed., *Necessary Goods: Our Responsibilities to Meet Others' Needs*, Oxford, Rowman & Littlefield, 1998, 95-rr 2.

—— *Towards Justice and Virtue: A Constructive Account of Practical Reasoning*, Cambridge, Cambridge University Press, 1996.

—— 'Transnational Justice: Permeable Boundaries and Multiple Identities', in Preston King, ed., *Socialism and the Common Good: New Fabian Essays*, London, Frank Cass & Co., 1996, 291-302.

—— 'Vier Modelle der praktischen Vernunft', in Hans Friedrich Fulda and Rolf-Peter Horstmann, eds., *Vernunftbegriffe in der Moderne*, Stuttgart, Klett-Cotta, 1994, 586-606.

—— 'Vindicating Reason', in Paul Guyer, ed., *The Cambridge Companion to Kant*, Cambridge, Cambridge University Press, 1992, 280-308.

—— 'Women's Rights: Whose Obligations?', in Alison Jeffries, ed., *Women's voices, Women's Rights: Oxford Amnesty Lectures*, Boulder Colo., Westview Press, 1999, 57-69.

Pateman, Carole, *The Sexual Contract*, Cambridge, Polity Press, 1988.

Paul, Ellen Frankel et al., eds., *Beneficence, Philanthropy and the Public Good*, Oxford, Blackwell, 1987.

Pfeiffer, Raymond, 'The Responsibility of Men for the Oppression of Women', *Journal of Applied Philosophy*, 2 (1985), 217-29.

Pogge, Thomas W, 'The Bounds of Nationalism', in Jocelyne Couture et al., eds., *Rethinking Nationalism; Canadian Journal of Philosophy*, supp. vol. 22 (1998), 463-504.〔トマス・ポッゲ「ナショナリズムの境界」齋藤拓訳,『なぜ遠くの貧しい人への義務があるのか？——世界的貧困と人権』第５章（p195-238), 立岩真也監訳, 生活書院, 2010〕

—— 'Cosmopolitanism and Sovereignty', in Chris Brown, ed., *Political Restructuring in Europe: Ethical Perspectives*, London, Routledge, 1994, 89-122; also in *Ethics*, 103 (1992), 48-75.

—— 'A Global Resources Dividend', in David A. Crocker and Toby Linden, eds., *Ethics of Consumption: The Good Lift, Justice and Global Stewardship*, Lanham, Md., Rowman & Littlefield, 1998, 501-36.

—— *Realizing Rawls*, Ithaca, N. Y., Cornell University Press, 1989.

Postow, B. C. 'Economic Dependence and Self-respect', *The Philosophical Forum*, 10 (1978-9), 181-201.

Preuß, Ulrich K., *Revolution, Fortschritt und Verfassung: zu einem neuen Verfassungsverständnis*, Berlin, Wagenbach, 1990.

Pufendorf, Samuel, *On the Duty of Man and Citizen According to the Natural Law*, tr. Michael Silverthorn, ed. James Tully, Cambridge, Cambridge University Press, 1991.

Quine, W. V. O., 'Two Dogmas of Empiricism', in his *From a Logical Point of View*, New York, Harper & Row, 1963, 20-46.〔W. V. O. クワイン「経験主義の二つのドグマ」『論理的観点から——論理と哲学をめぐる九章』飯田隆訳, 勁草書房, 1992〕

Rawls, John, 'The Basic Structure as Subject', *American Philosophical Quarterly*, 14 (1977), 159-65.

—— 'Justice as Fairness: Political not Metaphysical', *Philosophy and Public Affairs*, 14 (1985), 223-51.

—— 'Kantian Constructivism in Moral Theory', *Journal of Philosophy*, 77 (1980), 515-72.

—— *The Law of Peoples,* in John Rawls, *Collected Papers*, Cambridge, Mass., Harvard University Press, 1999, 529-64.

—— *Political Liberalism*, New York, Columbia University Press, 1993.

—— *A Theory of Justice*, Cambridge, Mass., Harvard University Press, 1971.〔ジョン・ロールズ『正義論 改訂版』川本隆史・福間聡・神島裕子訳，紀伊國屋書店，2010〕

Raz, Joseph, 'Right-based Moralities', in Jeremy Waldron, ed., *Theories of Rights*, Oxford, Oxford University Press, 1984, 182-200.

Risse-Kappen, Thomas, ed., *Bringing Transnational Relations Back In: Non-state Actors, Domestic Structures and International Institutions*, Cambridge, Cambridge University Press, 1995.

Rousseau, Jean-Jacques, *A Discourse on Inequality*, tr. Maurice Cranston, Harmondsworth, Penguin, 1984.〔ルソー『人間不平等起源論・社会契約論』小林善彦・井上幸治訳，中央公論新社，2005〕

—— *The Social Contract and Other Later Political Writings*, tr. Victor Gourevitch, Cambridge, Cambridge University Press, 1997.〔ルソー『人間不平等起源論・社会契約論』小林善彦・井上幸治訳，中央公論新社，2005〕

Ruddick, Sara, 'Maternal Thinking', in her *Maternal Thinking: Towards a Politics of Peace*, Boston, Mass., Beacon Press, 1989, 13-27.

—— 'Remarks on the Sexual Politics of Reason', in Eva Feder Kittay and Diana T. Meyers, eds., *Women and Moral Theory*, Totowa, N. J., Rowman & Littlefield, 1987, 237-60.

Ryan, Cheyney C., 'Yours, Mine and Ours: Property Rights and Individual Liberty', in Jeffrey Paul, ed., *Reading Nozick: Essays on Anarchy, State and Utopia*, Oxford, Blackwell, 1981, 323-43.

Sainsbury, Mark, *Concepts without Boundaries, Inaugural Lecture*, Philosophy Department, King's College London, 1990.

Sandel, Michael J., *Liberalism and the Limits of Justice*, Cambridge, Cambridge University Press, 1982; 2nd edn, 1996.〔マイケル・J. サンデル『リベラリズムと正義の限界』菊池理夫訳，勁草書房，2009〕

Sartre, Jean-Paul, 'Existentialism is Humanism', in Robert C. Solomon, ed., *Existentialism*, New York, Modern Library, 1974.〔J-P. サルトル『実存主義とは何か』伊吹武彦訳，人文書院，1996〕

Schneewind, J. B., *The Invention of Autonomy: A History of Modern Moral Philosophy*, Cambridge, Cambridge University Press, 1998.〔J. B. シュナイウィンド『自律の創成——近代道徳哲学史』田中秀夫・逸見修二訳，法政大学出版局，2011〕

—— 'The Misfortunes of Virtue', *Ethics,* 101 (1990), 42-63.

Schwartz, Warren F., ed., *Justice in Immigration*, Cambridge, Cambridge University Press, 1995.

Scott, Alison, 'Industrialization, Gender Segregation and Stratification Theory', in Rosemary Crompton and Michael Mann, eds., *Gender and Stratification*, Cambridge, Polity Press, 1986, 154-89.

Sen, Amartya K., 'Behaviour and the Concept of Preference', *Economica*, 40 (1973), 241-59.

—— *Choice, Welfare and Measurement*, Oxford, Blackwell, 1982.〔アマルティア・セン『合理的な愚か者——経済学＝倫理学的探究』大庭健・川本隆史訳，勁草書房，1989〕

—— 'Gender and Co-operative Conflicts', *Working Paper of the World Institute for Development Economics Research* (WIDER), Helsinki, United Nations University, 1987.

—— *Poverty and Famines: An Essay on Entitlement and Deprivation*, Oxford, Clarendon Press, 1981.〔アマ

ルティア・セン『貧困と飢饉』黒崎卓・山崎幸治訳，岩波書店，2000〕
—— 'Rational Fools: A Critique of the Behavioural Foundations of Economic Theory', *Philosophy and Public Affairs*, 6 (1977), 317-44.〔アマルティア・セン「合理的な愚か者」『合理的な愚か者——経済学＝倫理学的探求』大庭健・川本隆史訳，勁草書房，1989〕

Sher, George, 'Ancient Wrongs and Modern Rights', *Philosophy and Public Affairs*, 10 (1981), 3-17.

Shue, Henry, *Basic Rights: Subsistence, Affluence and US. Foreign Policy*, Princeton, N. J., Princeton University Press, 1980.

—— 'The Interdependence of Duties', in Philip Alston and K. Tomasevski, eds., *The Right to Food*, Dordrecht, Nijhoff, 1984, 83-95.

—— 'Mediating Duties', *Ethics*, 98 (1988), 687-704.

Sikora, R. I. and Barry, Brian, eds., *Obligations to Future Generations*, Pennsylvania, Temple University Press, 1978.

Silatianen, Janet and Stanworth, Michelle, *Women and the Public Sphere*, London, Hutchinson, 1984.

Singer, Peter, 'Famine, Affluence and Morality', *Philosophy and Public Affairs*, (1972), 229-43.

Skinner, Quentin, 'Meaning and Understanding in the History of Ideas', History and Theory, 8 (1969), 3-53, reprinted in James Tully, ed., *Meaning and Context: Qjtentin Skinner and his Critics*, Cambridge, Polity Press, 1988, 231-88.〔クェンティン・スキナー『思想史とはなにか——意味とコンテクスト』半沢孝麿・加藤節訳，岩波書店，1990〕

Steiner, Hillel, 'Individual Liberty', *Proceedings of the Aristotelian Society*, 75 (1974-5), 33-50.

—— 'Libertarians and Transnational Migration', in Brian Barry and Robert E. Goodin, eds., *Free Movement: Ethical Issues in the Transnational Migration of People and Money*, London, Harvester Wheatsheaf, 1992, 87-94.

Stiehm, Judith Hicks, 'The Unit of Political Analysis: Our Aristotelian Hangover', in Sandra Harding and Merrill B. Hintikka, eds., *Discovering Reality: Feminist Perspectives on Epistemology, Metaphysics, Methodology and Philosophy of Science*, Dordrecht, Reidel, 1983, 31-3.

Tamir, Yael, *Liberal Nationalism*, Princeton, N. J., Princeton University Press, 1993.〔ヤエル・タミール『リベラルなナショナリズムとは』押村高・森分大輔・高橋愛子・森達也訳，夏目書房，2006〕

Taylor, Charles, 'What is Human Agency?', in his *Human Agency and Language: Philosophical Papers 1*, Cambridge, Cambridge University Press, 1985, 15-44.

—— 'What's Wrong with Negative Liberty?', in his *Philosophy and the Human Sciences: Philosophical Papers 2*, Cambridge, Cambridge University Press, 1985, 211-29.

Tinker, I., ed., *Persistent Inequalities*, New York, Oxford University Press, 1990.

Tully, James, *Strange Multiplicity: Constitutionalism in an Age of Diversity*, Cambridge, Cambridge University Press, 1995.

Unamuno, Miguel, *The Tragic Sense of Life in Men and Nations*, tr. Anthony Kerrigan, Princeton, N. J., Princeton University Press, 1972.〔『ウナムーノ著作集 3　生の悲劇的感情』神吉敬三・佐々木孝訳，法政大学出版局，1999〕

van Gunsteren, Herman R., 'Admission to Citizenship', *Ethics*, 98 (1988), 731-41.

Velkley, Richard, *Freedom and the End of Reason: On the Moral Foundation of Kant's Critical Philosophy*,

Chicago, University of Chicago Press, 1990.

Waldron, Jeremy, *'Nonsense Upon Stilts': Bentham, Burke and Marx on the Rights of Man*, London, Methuen, 1987.

Walzer, Michael, *Spheres of Justice: A Defence of Pluralism and Equality*, Martin Oxford, Robertson, 1983.〔マイケル・ウォルツァー『正義の領分——多元性と平等の擁護』山口晃訳，而立書房，1999〕

Wiggins, David, 'Deliberation and Practical Reason', in his *Needs, Values, Truth: Essays on the Philosophy of Value*, Aristotelian Society, 6, Oxford, Blackwell, 1987, 213-37.〔デイヴィッド・ウィギンズ『ニーズ・価値・真理——ウィギンズ倫理学論文集』大庭健・奥田太郎訳，勁草書房，2014〕

Williams, Bernard, *Ethics and the Limits of Philosophy*, London, Fontana, 1985.〔バーナード・ウィリアムズ『生き方について哲学は何が言えるか』森際康友・下川潔訳，産業図書，1993〕

—— 'Persons, Character and Morality', in his *Moral Luck*, Cambridge, Cambridge University Press, 1981, 1-19.

Winch, Peter, *Ethics and Action*, London, Routledge & Kegan Paul, 1972.〔ピーター・ウィンチ『倫理と行為 新装版』奥雅博・松本洋之訳，勁草書房，2009〕

Wolff, Robert Paul, 'Robert Nozick's Derivation of the Minimal State', in Jeffrey Paul, ed., *Reading Nozick: essays on Anarchy, State and Utopia*, Totowa, N. J., Rowman & Littlefield, 1981, 77-104.

—— *Understanding Rawls*, Princeton, N. J., Princeton University Press, 1977.

Young, Robert, *Personal Autonomy: Beyond Negative and Positive Liberty*, London, Croom Helm, 1986.

原　注

序　論

1　John Rawls, *A Theory of Justice* (Cambridge, Mass., Harvard University Press, 1971).

2　本書には重大な欠落がひとつある．本書に収めた小論は，正義とそれ以外の倫理的な懸案事項とのあいだの境界について，ほとんど何も述べていない．私は以下の拙書においてこの論題についての私見を述べ，正義の要求事項についてもう少し体系的に発言している．*Towards Justice and Virtue: A Constructive Account of Practical Reasoning* (Cambridge, Cambridge University Press, 1996.)

3　John Rawls, 'The Basic Structure as Subject', *American Philosophical Quarterly*, 14 (1977), 159–65; 165.

4　Bernard Williams, *Ethics and the Limits of Philosophy* (London: Fontana, 1985) の第 10 章を見よ．

5　Ibid., 200.〔邦訳書 330–1 頁〕

6　特に次を参照せよ．John Rawls, 'Justice as Fairness: Political not Metaphysical', *Philosophy and Public Affairs*, 14 (1985), 223–51 および *Political Liberalism* (New York: Columbia University Press, 1993).

第 1 章　実践的推論の四つのモデル

1　本章は Hans Friedrich Fulda and Rolf-Peter Horstmann, eds., *Vernunftbegriffe in der Moderne* (Stuttgart: Klett-Cotta, 1994), 586–606 に所収の拙稿 'Vier Modelle der praktischen Vernunfit' に修正を加えたものである．

2　理論理性の正当化は実践理性を基礎づけるものではなく，むしろ実践理性に基づくものであることのいくつかの理由を，拙書 *Constructions of Reason: Explorations of Kants Practical Philosophy* (Cambridge: Cambridge University Press, 1989), 51–65 に所収の拙稿 'Reason and Autonomy in *Grundlegung III*' および Paul Guyer, ed., *The Cambridge Companion to Kant* (Cambridge: Cambridge University Press, 1992), 280–308 に所収の拙稿 'Vindicating Reason' で素描した．

3　現代の懐疑論者は一般に何らかの種類のポストモダニストである．彼らは他の人びとが推論とするものに失望しているが，その失望が理性は何を与えるべきなのかに関する構想の欠如に基づくのではなく，与えられるものはないという確信に基づいているのは明らかである．

4　「実践理性」という用語は，プラトンよりもアリストテレスに関連づける方が容易だが，アリストテレス的な図式を十全に捉える実践的推論のモデルはない．アリストテレスの評判はとても高いため，理性に関するさまざまな説の主唱者たちは，アリストテレスは自分のものであると，いくらかの妥当性をもって主張しようとしている．幾人かはアリストテレスによる説明をプラトンの説明に近いものとして次のように理解している．実践的推論は行為では

なく目的，さらに客観的目的を促すため，目的論的であるのだ，と．両者の違いとしては，アリストテレスにとって善は一元的でもなければ個々の事例から切り離しうるものでもなく，理論的知識と密接につながったものでもないのだ，と．他の幾人かはアリストテレスのエウダイモニアの説明をどうにかして主観的目的と同一視しようとしており，したがって彼の実践的推論の説明を道具的推論によって消し去ろうとしている．さらに他の幾人かはアリストテレスの実践理性の構想を行為を直接に促すものとして解釈し，フローネシスによってなされた特定行為に関する判断によって導かれるべきものとしている．善は方向性を導くものとしてではなく，そうした判断によって構成されるものと見なされている．さらに他の幾人かはフローネシスを歴史上の特定人物と重ね合わせており，それによって規範基底的で相対化された実践理性の説明に到達している．これはアリストテレスをヘーゲル化している読者が支持する説明である．

5 David Hume, *A Treatise of Human Nature*, ed. P. H. Nidditch, 2nd edn (Oxford: Clarendon Press, 1978), II. iii. 3; 416.〔邦訳書（第 2 巻）164 頁〕

6 Ibid., III. i. I; 457.〔邦訳書（第 3 巻）9 頁〕

7 Ibid., II. iii. 3; 415.〔邦訳書（第 2 巻）163 頁〕

8 合理的選択理論から道徳理論を導出しようとする数多くの優れた試みがこれまでなされてきており，合理的選択は選好，信念，道具的合理性によって導かれるものと見なされている．例として，John Rawls, *A Theory of Justice* (Cambridge, Mass.: Harvard University Press, 1971). John Harsanyi, 'Morality and the Theory of Rational Behaviour', in A. Sen and B. Williams, eds., *Utilitarianism and Beyond*, (Cambridge: Cambridge University Press, 1982). David Gauthier, *Morals by Agreement* (Oxford: Oxford University Press, 1986). ロールズは後期の著述において，合理的選択の構想では道徳的な結論に到達しえないと結論づけた．次を見よ．*Political Liberalism* (New York: Columbia University Press, 1993), 53, n. 7.

9 これらは決して新しい懸念事項ではない．以下の段落で素描される問題に関する議論として次を見よ．Amartya Sen, 'Rational Fools: A Critique of the Behavioural Foundations of Economic Theory', *Philosophy and Public Affairs*, 6 (1977), 317-44 および本書の第 2 章.

10 行為の物理主義的説明は，各行為のしるし（token）によって充たされた空間と時間を参照することを通じて，所与の状況で利用しうる行為を網羅的にリスト化する方法を提示できるかもしれない．

11 選好基底的推論は規範基底的な形態の推論を前提としており，したがって行為基底的な形態の推論を前提としているということを示唆するさまざまな議論として以下を見よ．Sen, 'Rational Fools', n. 5; Martin Hollis, *The Cunning of Reason* (Cambridge: Cambridge University Press, 1987); Onora O'Neill, *Faces of Hunger: An Essay on Poverty, Development of Justice* (London: George Allen & Unwin, 1986), ch. 4; Jon Elster, *The Cement of Society: A Study of Social Order* (London: Routledge, 1989), ch. 3.

12 この図式が混乱しているのは，正義に関する現代の多くの著述家がカント主義者として知られていながらも，実際には選好基底的な実践的推論の構想に部分的に依拠しているためである．

13 よりヘーゲル主義的な立場はアラスデア・マッキンタイアとチャールズ・テイラーによって提唱されてきており，よりヴィトゲンシュタイン主義的な見解はピーター・ウィンチと

ジョン・マクダウェルの著作物において提唱されてきた．バーナード・ウィリアムズはこの二つの立場の諸要素を組み合わせているが，それは特に彼の *Ethics and the Limits of Philosophy* (London: Fontana, 1985) において顕著である．

14　Ibid., 200.〔邦訳書 330-1 頁〕およびウィリアムズの以下の論文の該当箇所を見よ．Bernard Williams, 'Person, Character and Morality', *Moral Luck: Philosophical Papers 1973-80* (Cambridge: Cambridge University Press, 1981), 1-19; 18.

15　この見解は多くのコミュニタリアンによって持たれており，またアラスデア・マッキンタイアの *After Virtue* (London: Duckworth, 1981) で雄弁に語られている．

16　Immanuel Kant, *Groundwork of the Metaphysics of Morals*, IV: 387-460; 421, in Immanuel Kant, *Practical Philosophy*, tr. and ed. Mary J. Gregor (Cambridge: Cambridge University Press, 1996). 本書でカントの著作物が引用される場合には，プロイセン・アカデミー版の標準的な巻番号および頁番号と翻訳のタイトルを用いている．追加的な頁番号は，翻訳がこの標準的な丁付けをしていない場合にのみ，挙げられている．

17　Immanuel Kant, *An Answer to the Question: "What is Enlightenment?"*, VIII: 35-42, in Immanuel Kant, *Practical Philosophy*, tr. and ed. Mary J. Gregor (Cambridge: Cambridge University Press, 1996).

18　これについてここでは何も言えない．実践理性の批判的構想に関する議論は稀であり，自称カント主義者の著述のほとんどで実に見落とされている．今のところこの問題は，カントの著述に関する二次文献において，もっとも遺憾なく探究されている．たとえば最近のものとして以下を見よ．Henry E. Allison, *Kant's Theory of Freedom* (Cambridge: Cambridge University Press, 1990); Richard Velkley, *Freedom and the End of Reason: On the Moral Foundation of Kant's Critical Philosophy* (Chicago: University of Chicago Press, 1990). 自由へのカントのアプローチが現代のほとんどのアプローチと区別されるのは，彼が理論理性とその因果的主張を確証しようとしておらず，もっぱら人間の自由が脅かされておりまた救助を必要としていることを見いだしているからである．カントはむしろ実践理性を，理論理性とその因果的主張の両方の権能がその内部で確証されうる枠組みの一部として見ている．上記の注 2 にある参考文献も見よ．

第２章　行為者性と自律

1　本章は拙稿 'Autonomy, Coherence and Independence'（David Milligan and William Watts Miller, eds., *Liberalism, Citizenship and Autonomy*, Aldershot: Avebury Press, 1992, 209-29 に所収）に大幅な修正を加えたものである．

2　次の論文を見よ．Thomas E. Hill, Jnr, 'The Kantian Conception of Autonomy'（Thomas E. Hill, Jnr, *Dignity and Practical Reason in Kant's Moral Theory*, Ithaca, N. Y.: Cornell University Press, 1992, 76-96 に所収）．特に 'What Kantian Autonomy is Not' と題された節（77-82）を参照のこと．

3　Gerald Dworkin, *The Theory and Practice of Autonomy* (Cambridge: Cambridge University Press, 1988), 6. 自律に関するトマス・ヒルの研究も，広範囲にわたるさまざまな解釈を記録している．上記の注 2 と次を参照．Thomas E. Hill, Jnr, 'The Importance of Autonomy' (Thomas E. Hill, Jnr, *Autonomy and Self-Respect* (Cambridge: Cambridge University Press, 1991), 43-51.

4　ある時点において，おそらくは 1960 年代か 1970 年代においては，自律は常に価値を有しているというコンセンサスがあったかもしれない．だが少なくとも 80 年代から，この理念

は広範な論難を受けてきた．もっともよく引用されている初期の異議のいくつかの刊行時期は，ほぼ同じである．Lawrence Blum, *Friendship, Altruism and Morality* (London: Routledge & Kegan Paul, 1980); Carol Gilligan, *In a Different Voice: Psychological Theory and Women's Development* (Cambridge, Mass.: Harvard University Press, 1982; 2nd edn, 1993); Michael J. Sandel, *Liberalism and the Limits of Justice* (Cambridge, Mass.: Harvard University Press, 1982; 2nd edn, 1996). これに続いて，共同体，ケア，徳，そして道徳性における感情の役割に関する，実に膨大な数の文献が現れた．これらの文献は自律を執拗に批判しているものの，批判対象としているものの性質についてはそれほど明瞭ではない．

5 本書では簡潔さのために，欲求，動機づけ，あるいは傾向性について述べる方が自然であるかもしれない場合も含めて，より抽象的で関係性的な用語である「選好」を通常は用いるとしよう．カントの立場について言及する際には，彼の心理学的語彙のいくつかを丸括弧で指し示すことにする．

6 John Rawls, *A Theory of Justice* (Cambridge, Mass.: Harvard University Press, 1971). ロールズは『正義論』で行為者を，道具的に合理的な行為を通じて追求される複合的選好（欲求，利害関心）を有するものとして描いている（14-15, 143）．*Political Liberalism* (New York: Columbia University Press, 1993) では異なる行為構想を擁護し，「この動機づけに関する説明の明らかに非ヒューム的な性格」について述べ，「動機の種類については議論の余地が十分にある」と主張している．48-54: 85-6 を見よ．

7 たとえば Robert Young, *Personal Autonomy: Beyond Negative and Positive Liberty* (London, Croom Helm, 1986) は，「自律した個人の選択を，彼あるいは彼女自身の選好を表出するもの」(8) と理解しながら議論をはじめているが，この最初の見解の効果をなくしかねない意志と反省の観念を導入してもいる．以下も見よ．Richard Lindley, *Autonomy* (Basingstoke: Macmillan, 1986); Dworkin, *The Theory and Practice of Autonomy*, 20.

8 J. S. Mill, Utilitarianism (1861), in Mary Warnock, ed., *Utilitarianism; On Liberty; Essay on Bentham* etc. (London, Fontana, 1985), 258-62.

9 この考えの起源はミル的なものであり，また今なお影響力のあるハリー・フランクファートの以下の論文において，かなり異なる目的で展開されている．Harry Frankfurt, Harry, 'Freedom of the Will and the Concept of a Person', *Journal of Philosophy*, 68 (1971), 5-20. フランクファートは自律ではなく人格性を説明しようとしたのであり，二階の選好が重要である理由を示すために，さまざまな二階の選好の対象となりうる可能性のある，強制的な一次選好の実例に着目したのであった．（たとえばドラッグに対する）一次選好が強制的である場合には，中毒であり続けることを選好する中毒者（フランクファートの用語では甘やかされた人）と，ドラッグを選好するが中毒は選好しないそれ以外の人びと（フランクファートの用語では人格）を区別することができる．フランクファートによる二階の選好の重視は自律の説明にとって有益だと考えられてきたが，経験論者が用いずに済ませようとしている自我または自由意志の観念を実に加えることなしには，二階の選好はこの使用にはなじまないと思われる．

10 もちろん，二階の選好による是認という着想を用いる幾人かの思想家は，喜んで経験論的枠組みの外に踏み出すだろう．たとえばチャールズ・テイラーの強い評価という構想は，二階の選好という着想に結びつけられているが，単に二階の選好による是認という形式的観念を使用しているに止まるものではないし，経験論的な行為説明に収めることもできない．

以下を見よ．Charles Taylor, 'What is Human Agency?', in *Human Agency and Language: Philosophical Papers I* (Cambridge, Cambridge University Press, 1985), 15–44.

11　顕示選好による合理的選択の解釈を留保する理由は他にもさまざまある．アマルティア・センの以下の論文を見よ．Amartya K. Sen, 'Behaviour and the Concept of Preference', *Economica*, 40 (1973), 241–59; 'Rational Fools: A Critique of the Behavioural Foundations of Economic Theory', *Philosophy and Public Affairs*, 6 (1977), 317–44. これらはセンの著作 *Choice, Welfare and Measurement* (Oxford, Blackwell, 1982) に再録されている．

12　Iris Murdoch, *The Sovereignty of Good*, London (Routledge & Kegan Paul, 1970), 80.〔邦訳書 125–126 頁〕

13　サルトルが彼の有名な論文「実存主義はヒューマニズムである」のなかで，自律――真正の選択――をまったくの純然たる選択としてではなく，全員のために選択するという疑似カント的な事柄として理解していたことは，記憶にとどめておく価値がある．Jean-Paul Sartre, 'Existentialism is Humanism', in Robert C. Solomon, ed., *Existentialism* (New York: Modern Library, 1974) を参照のこと．実存主義的選択の他のバージョンはもっとラディカルである．

14　以下を参照のこと．*Historisches Worterbuch der Philosophie*, vol. I (Basle: Schwabe, 1971); J. B. Schneewind, *The Invention of Autonomy: A History of Modern Moral Philosophy* (Cambridge, Cambridge University Press, 1998).

15　以下を参照のこと．Andrew Levine, *The Politics of Autonomy: A Kantian Reading of Rousseau's 'Social Contract'* (Amherst: University of Massachusetts Press, 1976), 58; Rawls, *Theory of Justice*, 256.

16　Hill, 'The Kantian Conception of Autonomy', 84.

17　これは論争的な問題である．重要なカントのテクストには以下が含まれる．*Doctrine of Method* of the *Critique of Pure Reason*, tr. and ed. Paul Guyer and Allen Wood (Cambridge: Cambridge University Press, 1998); *An Answer to the Question: "What is Enlightenment?"*, VIII: 35–42, in Immanuel Kant, *Practical Philosophy*, tr. and ed. Mary J. Gregor (Cambridge: Cambridge University Press, 1996); *What does it Mean to Orient Oneself in Thinking?*, tr. Allen W Wood, in Immanuel Kant, *Religion and Rational Theology*, viii: 133–46, ed. Allen W Wood and George di Giovanni (Cambridge: Cambridge University Press, 1996). これらの著述は，行為と思考における自律に関するカントの構想を，理性の理論的および実践的な使用の基礎として，提示している．解釈的提案として以下の拙稿を見よ．'Enlightenment as Autonomy: Kant's Vindication of Reason', in Peter Hulme and Ludmilla Jordanova, eds., *Enlightenment and its Shadows* (London: Routledge & Kegan Paul, 1990, 184–99; 'Vindicating Reason', in Paul Guyer, ed., *The Cambridge Companion to Kant* (Cambridge: Cambridge University Press, 1992), 280–308.

18　Immanuel Kant, *Groundwork of the Metaphysics of Morals*, IV: 447, 459 in Kant, *Practical Philosophy*, tr. and ed. Mary Gregor (Cambridge: Cambridge University Press, 1996). 演繹という観念をカントがどう理解していたかの説明として以下を見よ．Henrich, Dieter, 'Kant's idea of a Deduction and the Methodological Background of the First Critique', in Eckhart Forster, ed., *Kant's Transcendental Deductions: The Three Critiques and the Opus Postumum* (Stanford, Calif.: Stanford University Press, 1989), 29–46.

19　Kant, *Groundwork of the Metaphysics of Morals*, IV: 446.

20　Ibid., IV: 446 および *What does it Mean to Orient Oneself in Thinking?*, VIII: 144–6.

21 Kant, *Groundwork of the Metaphysics of Morals*, IV: 447.

22 Ibid., IV: 441.

23 ここでは法則的であることをカントが実践理性の中核としている理由を示すために，幅広い議論を考慮に入れていない．本書の第 1 章を参照されたい．

24 Kant, *Groundwork of the Metaphysics of Morals*, IV: 420, 440.

25 Ibid., IV: 447.

26 Rawls, *A Theory of Justice*, 256-7.

27 Sandel, *Liberalism and the Limits of Justice*.

28 カントの行為者性論に関して，形而上学的により衝撃的な二世界的解釈ではなく二観点的解釈の方を好ましいとすることについて，テクストをより綿密に検討した提案と理由が以下にある．Onora O'Neill, 'Reason and Autonomy in *Grundlegung* III', in *Constructions of Reason: Explorations of Kant's Practical Philosophy* (Cambridge: Cambridge University Press, 1989), 51-65.

29 Kant, *Groundwork of the Metaphysics of Morals*, IV: 450.

30 Ibid., IV: 452 以下．

31 Kant, *Critique of Pure Reason*, A539/B567ff.

32 カントの行為構想をより詳細に論じたものとして，Onora O'Neill, 'Kant's Virtues', in Roger Crisp ed., *How Should One Live? Essays on the Virtues* (Oxford: Clarendon Press, 1996), 77-97 を見よ．

33 『人倫の形而上学の基礎づけ』の第 1 章の終わりと第 2 章の冒頭部分にある，繰り返し研究されてきた諸節を見よ．

34 たとえば Immanuel Kant, *Religion within the Boundaries of Mere Reason*, VI: 3-202; 36, tr. George di Giovanni, in Immanuel Kant, *Religion and Rational Theology*, ed. Allen W. Wood and George di Giovanni (Cambridge: Cambridge University Press, 1996).

35 たとえば Kant, *Groundwork of the Metaphysics of Morals*, IV: 406-8.

36 Kant, *Religion within the Boundaries of Mere Reason*, VI: 51.

37 カントの倫理学と「カント的」な倫理学が特定の種類の依存性，関係性，愛着，そして感情を捉えるやり方に着目した現代の著述として，以下を参照のこと．Barbara Herman, *The Practice of Moral Judgement* (Cambridge, Mass.: Harvard University Press, 1993). Marcia Baron, *Kantian Ethics almost without Apology* (Ithaca, N. Y.: Cornell University Press, 1995). Jane Kneller and Sidney Axinn, eds., *Autonomy and Community: Readings in Contemporary Kantian Social Philosophy* (Albany, N. Y.: State University of New York Press, 1998).

第３章　原理，実践的判断力，制度

1 本章は以下の拙稿に修正を加えたものである．'Principles, Judgement, Institutions', in John Tasioulas, ed., *Law, Values and Social Practices: William Galbraith Miller Centenary Lectures in Jurisprudence* (Aldershot: Dartmouth Publishing Company, 1997), 59-73.

2 原理と規則の反対者は，このことが示唆するだろう以上に，均一ではない．コミュニタリアンと倫理的多元主義に関心のある人びとを含む幾人かは，「抽象的」で「普遍的」な原理と規則にのみ反対しており，自らの倫理説を共同体のより明確な規範に，つまり社会的に具現化された原理に依拠させている．他の幾人かはもっとラディカルな異論を唱えており，倫

理的判断は完全に個別主義的でなければならず，個々の事例が生じるごとに取り組むべきものとしている．以下の注 7 を見よ．

3　この重なり合いは，要求されている事柄自体に卓越の可能性があるという事実によって部分的に生じているのだろう．いくつかの要求事項が指図する行為は，推奨されたり助言されたりする行為でもあるだろう．徳の義務はありうるのである．それ以外にもこの重なり合いは，私たちが通常，数多くの実践的原理の後ろ盾を形成する打算的で技術的な想定を考慮しておらず，そのため要求事項とされるものの源泉を曖昧にしているという事実からも，部分的に生じているのだろう．それ以外にも，言語の不正確さが反映されていることも部分的にあるだろう．

4　厳密に言えば，郵便規定も実践的アルゴリズムを示すものではない．郵便のようによく規定された領域においてさえ，私たちはさまざまなしかたで切手をなめたり封筒をのりづけする．真正アルゴリズムは，それが規定しないすべてを捨象する，形式的体系に属する．行為において見いだされるのは疑似アルゴリズムにすぎない．

5　よく引用される名文はイマヌエル・カントの *Critique of Pure Reason*, tr. and ed. Paul Guyer and Allen Wood (Cambridge: Cambridge University Press, 1998), A133/B172 であり，そこでカントは規則の適用に関する完璧な規則はありえないと論じている．これと正反対の見解をカントに帰している実例として以下を見よ．Charles Larmore, ‘Moral Judgment’, *Review of Metaphysics*, 35 (1981), 275–96; 278.

6　こうした術語はカントによって導入された．彼は *Critique of Judgement*, tr. James Creed Meredith (Oxford: Clarendon Press, 1973), 18/179 で次のように書いている．「もし普遍的なもの（規則，法の原理）が与えられるならば，特殊的なものを包摂する判断力は規定的である……しかしもし特殊的なものだけが与えられ，普遍的なものがその特殊的なもののために見いだされなければならないならば，判断力は単に反省的である」．

7　例外は，すでに遂行された行為に関する倫理的判断のうち特殊事項を扱うもの，または特殊事項の記述を少なくとも扱う事例であるように思われるだろう．判断者の務めの一部は後ろ向きであるが，他の部分は前向きであり，そこでの実践的判断力は避けられない．熟考はアリストテレスの名言にあるように，可能なものについてなされるのである．

8　個別主義の思慮深いバージョンとして以下を見よ．David Wiggins, ‘Deliberation and Practical Reason’, in his *Needs, Values, Truth: Essays on the Philosophy of Value*, Aristotelian Society, 6 (Oxford: Blackwell, 1987); Jonathan Dancy, ‘Ethical Particularism and Morally Relevant Properties’, *Mind*, 92 (1983), 530–47; John McDowell, ‘Deliberation and Moral Development’, in Stephen Engstrom and Jennifer Whiting, eds., *Aristotle, Kant and the Stoics* (Cambridge: Cambridge University Press, 1996), 19–35. 反省的判断力を道徳性の中核として描き出す試みは，最近のカント的な著作物のいくつかにおいても見られる．以下を見よ．Rudolf Makkreel, ‘Differentiating, Regulative, and Reflective Approaches to History’, in Hoke Robinson, ed., *Proceedings of the Eighth International Kant Congress*, vol. 1, pt 1, 123–37; Felicitas Munzel, *Kant's Conception of Moral Character: The ‘Critical’ Link of Morality, Anthropology and Reflective Judgement* (Chicago: University of Chicago Press, 1999).

9　この種の理路でよく知られた倫理的判断の説明は Alasdair MacIntyre, *After Virtue* (London: Duckworth, 1981) に見いだしうる．この見解は解釈学とコミュニタリアニズムの著述家に広く行きわたっている．

10 Ruth Barcan Marcus, 'Moral Dilemmas and Consistency', *Journal of Philosophy*, 77 (1980), 121-36. 特に p.125 と，倫理的な首尾一貫性のための要求事項に関する議論を見よ．

11 Bernard Williams, 'Persons, Character and Morality', in *Moral Luck* (Cambridge: Cambridge University Press, 1981), 17-18.

12 熟考を課題とする議論として以下を見よ．Barbara Herman, 'Obligation and Performance', in her *The Practice of Moral Judgement* (Cambridge, Mass.: Harvard University Press, 1993), 159-83.

13 Marcus, 'Moral Dilemmas and Consistency' を見よ．「私たちは，道徳的衝突の苦境を最小化するように生活し，また制度を編成しなければならない」(121)．私はこの最小化という達成目標に厳格な意味合いがあるとは思わないが，彼女が衝突の回避における制度と性格特性の重要性を強調していることには非常に納得がいく．

14 James Tully, *Strange Multiplicity: Constitutionalism in an Age of Diversity* (Cambridge: Cambridge University Press, 1995) を見よ．

15 Kant, *Critique of Pure Reason*, A133/B172.

16 以下を参照のこと．Barbara Herman, 'Obligation and Performance', in her *The Practice of Moral Judgement* (Cambridge, Mass.: Harvard University Press, 1993), 159-83; Onora O'Neill, 'Instituting Principles: Between Duty and Action', in Mark Timmons, ed., *Kant's Metaphysics of Morals: Interpretive Essays* (Oxford: Oxford University Press, 2002).

17 Wiggins, 'Deliberation and Practical Reason', 237.

第 4 章　カントの正義とカント主義の正義

1 本章で私は，1980 年代の後半から登場してきたカントの政治哲学に関する優れた研究をほとんど取りあげていない．本章の主たる関心は，カントのテクストにあるというよりは，カントによる正義研究をカント主義者による正義研究から際立たせている基底的な諸想定の方にあるからである．

2 John Rawls, *A Theory of Justice* (Cambridge, Mass.: Harvard University Press, 1971), 11.

3 Ibid., 253.

4 John Rawls, 'The Basic Structure as Subject', *American Philosophical Quarterly*, 14 (1977), 159-65; 165. *A Theory of Justice*, 251-6 も見よ．

5 Rawls, 'The Basic Structure as Subject', 165.

6 こうした批判は――いくつかはヘーゲルとマルクスに遡るものであるが――社会主義者(今ではやや寡黙であるが)，功利主義者，コミュニタリアン，徳倫理学者，ある種のフェミニストの著述において見いだすことができる．

7 特にバーナード・ウィリアムズによる研究を参照のこと．なかでも彼は *Ethics and the Limits of Philosophy* (London: Fontana, 1985) の第 10 章で，カントとカント主義者が責務の重要性について大げさで場合によっては整合性に欠く見解を提示していると非難している．

8 アルゴリズム的な実践的原理の可能性に関するさらなる議論として，本書の第 3 章を見よ．

9 カントはおそらくこれまでの他のどの哲学者よりも，判断力に関する著述を残した．彼が書き残したものはすべて，規則（格律として採用されたすべての実践的原理を含む実にすべての原理）は必然的に不完全であるか不確定であり，判断力の協力を得なければならないと

いう彼の有名な所見の脈絡に収まっている．Immanuel Kant, *Critique of Pure Reason*, tr. and ed. Paul Guyer and Allen Wood (Cambridge: Cambridge University Press, 1998), A133–5/B172–4.

10　本書の第 3 章を見よ．

11　私は前期ロールズの著作と後期ロールズの著作のそれぞれにおける理想化に関するこうした考えのいくつかを 'Constructivisms in Ethics' in *Constructions of Reason: Explorations of Kant's Practical Philosophy* (Cambridge: Cambridge University Press, 1989), 206–18 で示し，ロールズの後期哲学に関する他の考えを 'Political Liberalism and Public Reason: A Critical Notice of John Rawls, Political Liberalism', *Philosophical Review*, 106 (1997), 411–28 で示した．

12　John Rawls, *A Theory of Justice*, 148.

13　Ibid., 143.

14　Ibid., 62.

15　Ibid., 128.

16　John Rawls, 'Kantian Constructivism in Moral Theory', *Journal of Philosophy*, 77 (1980), 515–72.

17　David O. Brink, 'Rawlsian Constructivism in Moral Theory', *Canadian Journal of Philosophy*, 17 (1987), 71–90; 73 を参照．

18　John Rawls, 'Justice as Fairness: Political not Metaphysical', *Philosophy and Public Affairs*, 14 (1985), 223–51.

19　John Rawls, *Political Liberalism* (New York: Columbia University Press, 1993). ロールズは「公共的理性」の構想を展開する際，カントの理性構想においても中心的であった用語を用いている．しかしロールズの公共的理性の説明はカント的というよりはルソー的であり，公共的理性を，境界があり閉ざされた社会の同胞市民である特定の人びとの公共的理性として見るものである．対照的に，カントにとって公共的理性は「世界全体」に到達しうるものでなければならず，ゆえに共同体もしくは政治体に共有された想定は前提としえないものである．

20　Thomas E. Hill, Jnr, 'The Kantian Conception of Autonomy', in his *Dignity and Practical Reason in Kant's Moral Theory* (Ithaca, N. Y.: Cornell University Press, 1992), 76–96 と本書の第 2 章を見よ．

21　Immanuel Kant, *Groundwork of the Metaphysics of Morals*, IV: 458, cf IV: 462 in Immanuel Kant, *Practical Philosophy*, tr. and ed. Mary Gregor (Cambridge: Cambridge University Press, 1996). Kant, *Critique of Pure Reason*, A5/B9, A255/B310ff も見よ．

22　たとえば以下を参照のこと．Lewis White Beck, *A Commentary on Kant's Critique of Practical Reason* (Chicago, Ill.: University of Chicago Press, 1960); Henry E. Allison, *Kant's Theory of Freedom* (Cambridge: Cambridge University Press, 1990); Onora O'Neill, 'Reason and Autonomy in *Grundlegung* III', in *Constructions of Reason*, 51–65.

23　René Descartes, *Discourse on the Method of Rightly Conducting One's Reason and Seeking the Truth in the Sciences*, in *The Philosophical Writings of Descartes*, vol. 1, tr. John Cottingham, Robert Stoothof and Dugald Murdoch (Cambridge: Cambridge University Press, 1969), 112.

24　Kant, *Critique of Pure Reason*, A707/B735ff. 特に最初の方の節を見よ．

25　この素描を十全に展開するならば，なぜカントは，現代のカント主義の理論家と異なり，正義の説明に加えて徳の説明をも提案しているのかを探究するものとなるだろう．ここでは次のことだけを指摘しておきたい．カント主義的な研究は一様の指図にも判断力の役割の否定にもコミットしていないため，徳の説明を原理に基づいておりかつ特殊性に敏感なものと

して提示することはできないはずだとする理由はない．徳は結局のところ，差異化されていない敏感性または応答性の事柄ではなく，個々の事例への知的で原理に基づいた応答性の事柄なのである．

26 この区別がなされたさまざまな事例の説明として以下を見よ．Thomas Campbell, 'Perfect and Imperfect Duties', *The Modern Schoolman*, 102 (1975), 185–94.

27 こうした出発点が正義論の出発点として有益でありうるやり方を指し示すものとして Onora O'Neill, *Towards Justice and Virtue: A Constructive Account of Practical Reasoning* (Cambridge: Cambridge University Press, 1996) を参照されたい．

28 Immanuel Kant, *The Metaphysics of Morals*, in Immanuel Kant, *Practical Philosophy*, tr. and ed. Mary Gregor (Cambridge: Cambridge University Press, 1996).「法論」（the Doctrine of Right）は『人倫の形而上学』の第 1 部である（VI: 229–378）．

第５章　あなたが拒否できない申し出はどちらか？

1 本章は，以下に収録された同名論文に大幅な修正を加えたものである．R. G. Frey and Christopher W. Morris, eds., *Violence, Terrorism and Justice* (Cambridge: Cambridge University Press, 1991), 170–95.

2 いくつかの哲学的理由について，ヴィトゲンシュタインか，以下のクワインの論文を見るとよいだろう．Quine, W. V. O., 'Two Dogmas of Empiricism', in his *From a Logical Point of View*, New York, Harper & Row, 1963, 20–46. そうした見解が理念史に対してもつ含意について，クェンティン・スキナーの著作物を，特に以下を参照のこと．Skinner, Quentin, 'Meaning and Understanding in the History of Ideas', *History and Theory*, 8 (1969), 3–53, reprinted in James Tully, ed., *Meaning and Context: Quentin Skinner and his Critics*, Cambridge, Polity Press, 1988, 231–88.

3 この点は，脅迫と申し出，あるいは強制的な脅迫と強制的な申し出の決定的な区別の探究が，無駄骨に終わるかもしれない可能性を示唆している．

4 この重要な点は，ジャーナリズムがテロリズムを取り上げる場合に見落とされることが多く，また理論的議論においても見落とされることがある．テロリストが暴力を加える人びとは犠牲者として描きだされているが，テロリストが威嚇しまた強制する人びとは犠牲者として描きだされていない．たいていの場合は，後者の犠牲者の方が多数で，またテロリストの目的にとってより重要であるのだが．

5「真」の IRA ほど洗練されていないテロリストは，自分たちのメッセージを混乱させてしまっており，支援者として維持しておきたい人びとの確保に失敗している．1998 年 8 月のオマー爆破事件は多くのカトリックの子どもを含め多数の子どもを殺害するものであったため，より精確かつ「容認しうる仕方」で目標を定めたテロを大目に見てきたか，あるいは実に受け身の姿勢で支持してきた共和主義運動のいくつかの派閥におけるテロへの支持を弱めるものであった．

6 もし動機が現行の欲求や信念に還元されるならば，強制は根本的に不正とはならないだろうということを主張した点で，ホッブズは例外的でありかつ首尾一貫している．私たちを行為へと導く恐怖は確かに他者によって惹起されたものであるが，だからといって疑いの対象とはならない．Hobbes, *Leviathan*, ed. Richard Tuck, (Cambridge, Cambridge University Press, 1996)

の特に第 6 章，13 章，20 章を見よ．ホッブズは，瞬間において支配的な情熱に抗いうる意志の構想というものをすべて退けている．意志は「熟考における最後の意欲」であるにすぎない（45）．彼は，「絶え間ない恐怖と暴力的な死の危険」（89）によって全員が支配された自然状態では，強制権力への服従は政治的正当性にとって合理的なだけでなく基本的であると主張している．乳幼児が「母親に捕えられており，母親によって育てられるか遺棄される」自然状態では，「各人はその人物への服従を誓うことになっており，育てられる場合には，その人物の手によって保護されたり破壊されたりするため，従わなければならない」（140）とも述べている．ホッブズにとって，強制は公民的秩序および権力の合法的行使の基礎であり，それを否定するものではない．

7　Miguel Unamuno, *The Tragic Sense of Life in Men and Nations*, tr. Anthony Kerrigan (Princeton, N. J.: Princeton University Press, 1972); 13. ウナムーノは，そのような変化は要求しうるものであり，またたとえば異なる生活様式や思想に鞍替えしたか同化した人びとなど行為者によって時に達成されるものでさえあるものの，そのような変化は要求されるべきではないと強調している．

8　このことは，法執行のために国家権力を使用するといったおそらくは正当な強制に関しても当てはまる．法は，正当性を確かなものとするより広範な社会的規律や文化的規範と並行するものでない限り，その目的を果たせないだろう．単に抑圧的であるにすぎない政策が反乱や分離を招くリスクは大きいだろう．

第６章　女性の権利

1　本章は以下に収録された拙稿の再録である．Alison Jeffries, ed., *Women's voices, Women's Rights: Oxford Amnesty Lectures* (Boulder Colo.: Westview Press, 1999), 57–69.

2　唯一の例外は，時に単なる自由として言及される，保護されていない権利である．たとえば，私には道でコインを拾う単なる自由にすぎない権利があるだろうし，あなたにもあるだろう．私にもあなたにも，相手方にその権利を行使させる責務はない．拾ったものは自分のものである．これは，私にそのコインを拾う請求権があるというのとは，かなり異なる――その場合，あなたがそのコインを先に見つけたとしても，あなたは私の請求権を尊重する責務を負っている．正義にとってもっとも重要な権利は，単なる自由ではなく，対応する責務を伴う請求権である．

3　宣言《マニフェスト》権利は制度構築の指標となりうる．しかしその権利の規範的影響力はあまりにしばしば幻想である．というのも，その権利は論証が付された正義原理ではないし，制度に落とし込まれた規範的要求事項でもないからである．

4　イギリスでは，刑務所スタッフに対して分娩中の受刑者に手枷をかけるよう命じた規則は，1995 年から 1996 年にかけての冬に生じた公衆による激しい抗議を受けて廃止された．

5　財やサービスへの普遍的権利が整合的であることを示すこの論証は，そのような権利は成立しえないというリバタリアニズムの論難をやり込めることだけを意図しており，財やサービスに対する何らかの特定権利を正当化しようとするものではない．

6　この疑問に早い段階で力強く取り組んだものとして以下がある．Henry Shue, *Basic Rights: Subsistence, Affluence and US. Foreign Policy* (Princeton, N. J.: Princeton University Press, 1980).

7　特に以下を参照のこと．Carol Gilligan, *In a Different Voice: Psychological Theory and Women's Development*, Cambridge, Mass., Harvard University Press, 1982, 2nd edn, 1993), 9.

8　ギリガンの著作のすぐ後に続いて「ケアの倫理」とそれに関連する徳に関する膨大な文献が登場した．正義と徳は敵対的というよりは補完的であると考える理由について以下を参照されたい．Onora O'Neill, *Towards Justice and Virtue: A Constructive Account of Practical Reasoning* (Cambridge: Cambridge University Press, 1996).

9　正義と徳に関する伝統的見解，特に初期近代の見解に関する説明でこうした点を明らかにしているものとして，以下を見よ．J. B. Schneewind, 'The Misfortunes of Virtue', *Ethics*, 101 (1990), 42-63.

10　実際のところ，すべての徳は同じ種類に属すると推定する理由はない．いくつかの徳はすべての人に対しても一部の人に対しても負われておらず，ゆえに対応する権利を持たないとしても，要求事項である．その他の徳はある一定の役割，関係性，あるいは伝統の徳である．さらに，それ以外の徳はまったくもって任意であるかもしれず，したがってなんら義務的ではなく，当然ながら権利の事柄として請求しうるものではない．

11　女性の生活に関する説明，また特に育児に関する説明で，こうしたありのままの現実を認めたものとして，以下を参照．Sara Ruddick, *Maternal Thinking: Towards a Politics of Peace* (Boston, Mass., Beacon Press, 1987).

12　本書の第 8 章を見よ．

第７章　トランスナショナルな経済的正義

1　本章は以下の拙稿に基づいている．"Transnational Justice", in David Held, ed., *Political Theory Today* (Cambridge: Polity Press, 1991), 276-304.

2　資源の実効的な支配権としての権原という概念について以下を参照．A. K. Sen, *Poverty and Famines: An Essay on Entitlement and Deprivation* (Oxford: Clarendon Press, l981); 'Gender and Cooperative Conflicts', in I. Tinker, ed., *Persistent Inequalities* (New York: Oxford University Press, 1990); Jean Dreze and Amartya Sen, eds., *Hunger and Public Action*, (Oxford, Clarendon Press, 1989); Nussbaum, Martha and Sen, Amartya, eds., *The Quality of Life*, (Oxford: Clarendon Press, 1993).

3　ヨーロッパの政治思想はしばしば，形式的な普遍主義を信奉してきた．原理は全員を対象とするものであったが，他方で多くの人びとを正義原理の射程範囲から事実上排除することで，普遍主義の実践的含意の多くを無効にしてきた．多くの人びとは時に女性や労働者であり，先住民であり，外国人であった．

4　集合的行為者に関する議論として以下を参照．Peter French, *Collective and Corporate Responsibility* (New York, Columbia University Press, 1984); Norman Bowie, 'The Moral Obligations of Multinational Corporations', in Stephen Luper-Foy, ed., *Problems of International Justice* (Westview, Boulder and London), 1988, 97-113；Larry May, *The Morality of Groups: Responsibilities, Group-based Harms and Corporate Right*, (Notre Dame, University of Notre Dame Press, 1987); Keith Graham, 'Collective Responsibility', in T. van den Beld, ed., *Moral Responsibility and Ontology*, (Dordrecht：Kluwer, 2000), 49-61；Margaret Gilbert, *Living Together: Rationality, Sociality and Obligation* (London: Rowman & Littlefield, 1996).

5　この理由ははっきりしている．ニーズの説明にもっとも適したコンテクストは人間が善い生もしくは花開いた生を送るために本当に必要とするものに関する説明であるが，人間にとっての善に関する客観的説明を確証することなくしてそれを提示することは困難である．以下を参照．Martha Nussbaum, 'Aristotelian Social Democracy', in Bruce Douglass, Gerald Mara and Henry S. Richardson, eds., *Liberalism and the Good* (London, Routledge, 1990); Len Doyal and Ian Gough, *A Theory of Human Need* (London: Macmillan, 1991); Gillian Brock, ed., *Necessary Goods: Our Responsibilities to Meet Others' Needs* (Lanham, Md.: Rowman & Littlefield, 1998).

6　国境を越える義務に関するいくつかの議論として以下を参照．Stanley Hoffman, *Duties Beyond Borders: On the Limits and Possibilities of Ethical International Politics* (Syracuse, N. Y: Syracuse University Press, 1981); Charles R. Beitz, 'Cosmopolitan Ideals and National Sentiments', *Journal of Philosophy*, 80 (1983); 591-600; Michael Walzer, *Spheres of Justice: A Defence of Pluralism and Equality* (Oxford: Martin Robertson, 1983); Alasdair MacIntyre, *Is Patriotism a Virtue?* (Lawrence, Kan.: University of Kansas, Department of Philosophy, 1984); Onora O'Neill, *Faces of Hunger: An Essay on Poverty, Development of Justice* (London: George Allen & Unwin, 1986) & 'Ethical Reasoning and Ideological Pluralism', *Ethics*, 98 (1988), 705-22; Henry Shue, 'Mediating Duties', *Ethics*, 98(1988); Thomas Pogge, 'Cosmopolitanism and Sovereignty', in Chris Brown, ed., *Political Restructuring in Europe: Ethical Perspectives*, London, Routledge, 1994, 89-122; also in *Ethics*, 103 (1992), 48-75；Thomas Risse-Kappen, ed., *Bringing Transnational Relations Back In: Non-state Actors, Domestic Structures and International Institutions* (Cambridge: Cambridge University Press, 1995); Mervyn Frost, *Ethics in International Relations: A Constitutive Theory* (Cambridge: Cambridge University Press, 1996).

7　コミュニタリアニズムによるリベラリズム批判について以下を参照．Michael Sandel, *Liberalism and the Limits of Justice* (Cambridge: Harvard University Press, 1982).（独特な形態の）徳倫理学の観点からなされた類似の批判として以下を参照．Alasdair MacIntyre, *After Virtue* (London: Duckworth, 1981), *Is Patriotism a Virtue?* & *Whose Justice? Which Rationality?* (London: Duckworth, 1988). 以下も見よ．Walzer, *Spheres of Justice;* David Miller, 'The Ethical Significance of Nationality', *Ethics*, 98 (1988), 647-62. リベラルな権利論に対するこうした批判の歴史的先例として Jeremy Waldron, *Nonsense Upon Stilts,: Bentham, Burke and Marx on the Rights of Man* (London: Methuen, 1987) の特に書誌学的論文を見よ．

8　抽象化の含意に関するさらなる所見として本書の第４章と第８章を見よ．

9　Walzer, *Spheres of Justice*, 28-30. もちろんウォルツァーは，個々の外国人に対する共同体の成員資格の付与と，国家間紛争が正義の問題を提起することとを認めているのだから，国際的な（トランスナショナルな）正義を完全に無視しているのではない．

10　MacIntyre, *After Virtue* & *Is Patriotism a Virtue?*

11　John Rawls, 'Justice as Fairness: Political not Metaphysical', *Philosophy and Public Affairs*, 14 (1985), 223-51; *Political Liberalism* (New York: Columbia University Press, 1993).

12　Miller, 'The Ethical Significance of Nationality', *Ethics*, 98 (1988), 647-62 を参照し，以下の文献と対比せよ．Goodin, E. Robert, 'What Is So Special about Our Fellow Countrymen?', *Ethics*, 98 (1988), 663-86 & Pogge, Thomas W, 'The Bounds of Nationalism', in Jocelyne Couture et al., eds., *Rethinking Nationalism; Canadian Journal of Philosophy*, supp. vol. 22 (1998), 463-504.

13　この立場の言明としてよく知られており，また継続して議論されているものとして以下

を参照．Singer, Peter, ‘Famine, Affluence and Morality’, *Philosophy and Public Affairs*, (1972), 229-43 & Garrett Cullity, ‘International Aid and the Scope of Kindness’, *Ethics*, 105 (1994), 99-127.

14 Hardin, Garret, ‘Lifeboat Ethics: The Case against Helping the Poor’, *Psychology Today*, 8 (1974), 38-43. 世界的飢餓に関する新マルサス主義的な著述についてのさらなる議論および言及として O’Neill, *Faces of Hunger* の第 2 章と第 4 章を見よ．

15 O’Neill, *Faces of Hunger* の第 4 章と第 5 章を見よ．

16 もし選好の強度が道徳的な権利要求の尺度であるならば，選好を自らの不運に適応させている人びとは自らの権利要求が弱体化していることに気づくだろう．適応的選好形成に関する議論として，Jon Elster, *Sour Grapes: Studies in the Subversion of Rationality* (Cambridge: Cambridge University Press, 1983), 109-40 を見よ．欠乏への適応に関する具体的な事例と議論は，Martha Nussbaum and Jonathan Glover, eds., *Women, Culture and Development: A Study of Human Capabilities* (Oxford: Clarendon Press, 1995) に見いだしうる．

17 「宣言《マニフェスト》権利」という言い回しについては，Joel Feinberg, ‘The Nature and Value of Rights’, in *Rights, Justice and the Bounds of Liberty: Essays in Social Philosophy* (Princeton, N. J.: Princeton University Press, 1980) を見よ．より一般的な議論として以下を参照．Shue, Henry, *Basic Rights: Subsistence, Affluence and US. Foreign Policy*, (Princeton, N. J.: Princeton University Press, 1980); Onora O’Neill, ‘Rights, Obligations and Needs’, *Logos*, 6 (1985), 29-47; Joseph Raz, ‘Right-based Moralities’, in Jeremy Waldron, ed., *Theories of Rights* (Oxford: Oxford University Press, 1984), 182-200.

18 リバタリアニズムの文脈とロールズ理論の文脈における自由の優先権に関する議論として，それぞれ Jeffrey Paul, ed., *Reading Nozick: Essays on Anarchy, State and Utopia* (Oxford: Blackwell, 1981) と Norman Daniels, ed., *Reading Rawls: Critical Studies on A Theory of Justice* (Oxford: Blackwell, 1975) を見よ．

19 ロールズが正義の第二原理を強調していたことの考察として以下を参照．Alan Gewirth, ‘Starvation and Human Rights’, in his *Human Rights: Essays on Justification and Applications* (Chicago: University of Chicago Press, 1982), 197-217; Shue, *Basic Rights*. 本章の第 7 節の議論も見よ．

20 O’Neill, *Faces of Hunger*, ch. 6; ‘The Most Extensive Liberty’, *Proceedings of the Aristotelian Society*, 53 (1979-80), 45-59 & ‘Childrens’s Rights and Children’s Lives’, *Ethics*, 98 (1988), 445-63.

21 Ellen Frankel Paul et al., eds., *Beneficence, Philanthropy and the Public Good*, (Oxford: Blackwell, l987) に収録されている論文を見よ．特に Alan Gewirth, ‘Private Philanthropy and Positive Rights’, 55-78 と John O’Connor, ‘Philanthropy and Selfishness’, 113-27 を参照．以下も参照のこと．Alan Buchanan, ‘Justice and Charity’, *Ethics*, 97 (1987), 558-75; Onora O’Neill, ‘The Great Maxims of Justice and Charity’, in *Constructions of Reason: Explorations of Kant’s Practical Philosophy* (Cambridge: Cambridge University Press, 1989), 219-33.

22 Thomas Nagel, ‘Poverty and Food: Why Charity is not Enough’, in Peter Brown and Henry Shue, eds., *Food Policy: The Responsibility of the United States in Life and Death Choices* (New York: Free Press, 1977), 54-62.

23 Onora O’Neill, *Towards Justice and Virtue: A Constructive Account of Practical Reasoning* (Cambridge: Cambridge University Press, 1996), 142-4.

24 移民と移住（immigration and emigration）の倫理に関する著述として以下を参照．Walzer, *Spheres of Justice* の特に第 1 章；Herman R. van Gunsteren, ‘Admission to Citizenship’, *Ethics*, 98

(1988), 731-41; Hillel Steiner, 'Libertarians and Transnational Migration', in Brian Barry and Robert E. Goodin, eds., *Free Movement: Ethical Issues in the Transnational Migration of People and Money* (London: Harvester Wheatsheaf, 1992), 87-94；Joseph Carens, 'Immigration and the Welfare State', in Amy Gutmann, ed., *Democracy and the Welfare State* (Princeton, N. J.: Princeton University Press, 1988) 207-30; 'Aliens and Citizens: The Case for Open Borders', *Review of Politics*, 49 (1987), 251-73; Schwartz, Warren F., ed., *Justice in Immigration* (Cambridge: Cambridge University Press, 1995).

25　以下を見よ．George Sher, 'Ancient Wrongs and Modern Rights', *Philosophy and Public Affairs*, 10 (1981), 3-17; David Lyons, 'The New Indian Claims and Original Rights to Land', in Paul, *Reading Nozick*, 355-79.

26　John Rawls, *A Theory of Justice* (Cambridge, Mass.: Harvard University Press, 1971). ロールズは正義にかなった制度に関する原理を提案しているのであって，権利を責務に優先するものとはしていない．しかしながら，彼は権利基底論者と同様に，行為者性の問題をときに予備知識としているため，次節ではなく本節の考察対象としている．

27　正義のコンテクストは境界のある社会であり，そのメンバーは誕生によってその社会に入り，逝去によってその社会を去るという想定をもって議論を開始することを，ロールズはその著述全体を通して強調している．国際正義は，正義のコンテクストに関する彼の根本的に「国内的」な，おそらくは国家中心主義的な見解への，まさに補遺なのである．

28　John Rawls, *A Theory of Justice* 378ff. *Political Liberalism* (New York: Columbia University Press, 1993) および *Collected Papers*, ed., Sam Freeman, 2nd edn (Cambridge, Mass.: Harvard University Press, 1999), 529-64 に収録された *The Law of Peoples* を見よ．

29　Charles Beitz, *Political Theory and International Relations*, (Princeton, N. J.: Princeton University Press, 1979). ロールズ的な機会均等〔の原理〕をグローバルな規模に適用したものとして次を見よ．Bernard Boxill, 'Global Equality of Opportunity', *Social Philosophy and Policy*, 5 (1987).

30　Thomas W Pogge, *Realizing Rawls* (Ithaca, N. Y.: Cornell University Press, 1989) および 'A Global Resources Dividend', in David A. Crocker and Toby Linden, eds., *Ethics of Consumption: The Good Lift, Justice and Global Stewardship* (Lanham, Md.: Rowman & Littlefield, 1998), 501-36.

31　Gewirth, 'Starvation and Human Rights'; Shue, *Basic Rights;* Gillian Brock, ed., *Necessary Goods: Our Responsibilities to Meet Others' Needs* (Lanham, Md.: Rowman & Littlefield, 1998).

32　Shue, *Basic Rights*, 53.

33　次も参照のこと．Shue, *Basic Rights* & 'Mediating Duties; O'Neill, *Faces of Hunger*, ch. 6 & *Towards Justice and Virtue*, ch. 5.

34　これの背景にあるカントのテクストは主に『人倫の形而上学の基礎づけ』と『実践理性批判』である．最終節で論じるカントのアプローチと，現代の「カント的」なアプローチのいくつかの相違について，本書の第 4 章を参照のこと．

35　つまり，対応する権利を持たない「不完全」な責務――カントはこれを徳の原理としている――の同定をカントの立場が認める可能性はさておき，ということである．以下の注 39 を見よ．

36　本書の第 2 章を見よ．

37　詐欺の事例では，特定の犠牲者が生じるということよりも，信頼の崩壊によって詐欺の戦略を採用する可能性が損なわれるということの方が，問題である．

38 カント自身，徳の原理を確証するために，限定された形態の善行と（自己）開発を要求する，いくばくか類似した議論を用いている．彼の論証は次のように理解することができるだろう．人間は有限で欠乏しているため，自己の能力が不十分でありまた他者の支援を必要とする時が来るということを，合理的に予期しうる．人間は行為するために能力を習得しまた発達させなければならないため，必要とするか使用を欲するだろう能力のすべてが自動的に使用可能であるとは，合理的に予期しえない．したがって，善行もしくは（自己）開発を普遍的に拒絶することは，支離滅裂ではないけれども，有限の存在者にとっては自己壊滅的である，と．

39 カントの「普遍法則の原理」――彼の根本的な正義原理――は，「どの行為も普遍法則に従う全員の自由と両立しうるならば正しい」や「汝の自由な選択が普遍法則に従う全員の自由と両立しうるように外的に行為せよとする普遍法則は，実に私に責務を負わす法則である」というように，さまざまに陳述されている．*Doctrine of Right*, *The Metaphysics of Morals*, in Immanuel Kant, *Practical Philosophy*, tr. and ed. Mary Gregor (Cambridge: Cambridge University Press, 1996).

第８章　正義，ジェンダー，インターナショナルな境界

1 本章は，Martha Nussbaum and Amartya Sen eds., *The Quality of Life* (Oxford: Clarendon Press, 1992), 303-35 に収録されている拙論を改稿したものである．

2 Sara Ruddick, 'Maternal Thinking', in Sara Ruddick, *Maternal Thinking: Towards a Politics of Peace* (Boston, Mass., Beacon Press, 1989), 13-27 を見よ．女性の苦境に関するルディックの説明は，それが重度の要求に加えて乏しい資源も反映したものであることを強調している．彼女の説明は，資源の欠如は「公共的」であるために重要であるが，他者からの要求の重圧は「私的」なものにすぎないためそれほど重要ではないということを当然視していないため，ひろく採用されるべきだと思われる．

3 これらはリベラル・フェミニストによる著述において主要なテーマとなってきたが，普遍的な原理と平等な処遇よりも差異と個別の処遇を強調する最近のフェミニストの著述によって光彩を失ってきた．以下を見よ．Susan Moller Okin, *Women in Western Political Thought* (Princeton, N. J.: Princeton University Press, 1979); John Charvet, *Feminism*, (London: Dent, 1982); Carole Pateman, *The Sexual Contract* (Cambridge: Polity Press, 1988); Alison M. Jaggar, *Feminist Politics and Human Nature* (Brighton: Harvester Press, 1983).

4 Alison Scott, 'Industrialization, Gender Segregation and Stratification Theory', in Rosemary Crompton and Michael Mann, eds., *Gender and Stratification* (Cambridge: Polity Press, 1986), 154-89.

5 この隔たりは社会指標の全範囲を貫いている．もっとも印象深いこととして，第三世界のいくつかの国では女性と女児の状況が，一連のごく基本的な社会的指標において劣悪である．死亡時期が早く，健康状態が悪く，家族の他のメンバーよりも食べる量が少なく，所得が少なく，学校に行くことも少ない．以下を見よ．I. Tinker ed., *Persistent Inequalities* (New York: Oxford University Press, 1990); Barbara Harriss, 'Differential Female Mortality and Health Care in South Asia', *Queen Elizabeth House, Working Paper*, 13 (Oxford, 1989) & 'Intrafamily Distribution of Hunger in South Asia', in Jean Dreze and Amartya K. Sen, eds., *The Political Economy of Hunger*, vol. l, *Entitlement*

and Well-being (Oxford, Clarendon Press, 1991), 351–424; Martha Nussbaum and Jonathan Clover, eds., *Women, Culture and Development: A Study of Human Capabilities* (Oxford, Clarendon Press, 1995).

6　問題は，単なる資源の問題ではない．公的資金による福祉プログラムの資金が十分であり続けたところでも，男性の経済的・政治的な展望と女性の経済的・政治的な展望の格差をなくすことはできなかった．たとえばかつての社会主義諸国の女性の多くは，子どもを産み育てる機会を減らさずとも，生産労働において，従前よりも多くの平等を確保することができていたことに気づいたのであった．たとえば食糧への権利といった福祉権の確立を支持する議論が，女性と男性の展望における格差を十分視野に入れたものであるかどうかを疑ってかかるのは，この理由による．

7　以下を参照のこと. Pateman, *The Sexual Contract*; Susan Moller Okin, ‘Justice and Gender’, *Philosophy and Public Affairs*, 16 (1987), 42–72.

8　Carol Gilligan, *In a Different Voice: Psychological Theory and Women's Development* (Cambridge, Mass.: Harvard University Press, 1982, 2nd edn, 1993); Eva Feder Kittay and Diana T. Meyers, eds., *Women and Moral Theory* (Totowa, N. J.: Rowman & Littlefield, 1987); Genevieve Lloyd, *The Man of Reason: ‘Male’ and ‘Female’ in Western Philosophy* (London, Methuen, 1984); Carol McMillan, *Women, Reason and Nature: Some Philosophical Problems with Feminism* (Oxford, Blackwell, 1982); Sara Ruddick, ‘Remarks on the Sexual Politics of Reason’, in Kittay and Meyers, *Women and Moral Theory*, 237–60; Nel Noddings, *Caring: A Feminine Approach to Ethics and Moral Education* (Berkeley, Calif.: University of California Press, 1984); Nancy Chodorow, *The Reproduction of Mothering: Psychoanalysis and the Sociology of Gender* (Berkeley, Calif.: University of California Press, 1978). Chodorow, Nancy, *The Reproduction of Mothering: Psychoanalysis and the Sociology of Gender*, Berkeley, Calif., University of California Press, 1978.

9　他の人びとは「もうひとつ」の声の尊重を奨励することを強く主張しているが，正義の要求は拒絶していない．彼らは二つの「声」を，代替物としてではなく，補完的なものとして捉えている．異なる著者が取っている立場と同じ著者が異なる時期に取っている立場はさまざまであるため，そうした異議申し立てはコンテクストにおいて理解されなければならない．「女性の経験」や「女性の思考」に訴えかける人びとは，女性の「私的」領域への伝統的追放を反映した源泉に訴えかけており，そうしたコミットメントを容易には捨てられない．ケアを行う人びとが伝統的に多くのケア仕事を担っていると考えられてきたことには理由がある．

10　本書の第 9 章を見よ．

11　以下を参照のこと．Michael Walzer, *Spheres of Justice: A Defence of Pluralism and Equality* (Oxford: Martin Robertson, 1983); Michael J. Sandel, *Liberalism and the Limits of Justice* (Cambridge: Cambridge University Press, 1982; 2nd edn, 1996); Alasdair MacIntyre, *After Virtue* (London: Duckworth, 1981) & *Is Patriotism a Virtue?* (Lawrence, Kan.: University of Kansas, Department of Philosophy, 1984); Bernard Williams, *Ethics and the Limits of Philosophy* (London: Fontana, 1985). さらに意外なものとして，ロールズの以下の文献を見よ．‘Justice as Fairness: Political not Metaphysical’, *Philosophy and Public Affairs*, 14 (1985), 223–51 & *Political Liberalism* (New York: Columbia University Press, 1993).

12　このことは，自らが「地球上の多くの部分における大規模な貧困によって惹起される問題に取り組みはじめること」しかできないことを意味すると，ウォルツァーは認めている．*Spheres of Justice*, 30. 彼のアプローチは実際のところ，グローバル正義の問題への回答を先手

を打って回避していると，批判者たちは考えるだろう．

13 しかしコミュニタリアンは，縮減された忠義を真剣に考慮に入れることができる．ひとつの国家がその内部で個別のナショナルな共同体もしくは倫理的な共同体に分かれている場合，実際にはそれらの個別の伝統が，その内部において正義の諸問題が議論されまた明確に定められうる，もっとも広範な境界であるのかもしれない．それらの個別の伝統はマルチナショナルな国家からの分離を主張しうるだろうが，「私たち」の共同体の境界を越えて生じている事柄については何も言えない．Walzer, *Spheres of Justice*, 391.

14 Rawls, 'Justice as Fairness: Political not Metaphysical' & *Political Liberalism.*

15 Rawls, *A Theory of Justice* (Cambridge, Mass.: Harvard University Press, 1971), 11-2.

16 Ibid., 128.

17 Pateman, *The Sexual Contract*; Linda Nicholson, 'Feminism and Marx: Integrating Kinship with the Economic', in Seyla Benhabib and Drucilla Cornell, eds., *Feminism as Critique: Essays on the Politics of Gender in Late-Capitalist Societies* (Cambridge: Polity Press, 1987), 16-30.

18 Okin, 'Justice and Gender', 46-7 を見よ．オーキンは，ロールズの原初状態が性別に関する知識を捨象しているかどうかを問うている．ロールズは密かにジェンダー化された主体に関する説明に依拠しているという彼女の考えが仮に正しいとしても，もし原初状態の思考実験が容赦なく差異を抑圧しており，それによって声の複数性とされるものが虚構となっているならば，この理想化は彼の正義論にほとんど影響しないだろう．その場合ロールズの『正義論』は，合理的選択に関する単に抽象化された説ではなくむしろ理想化された説を採っているものとして始めから読まれるべきであり，また実際は正義原理の生成者として単一の，理想的に特徴づけられた，そして個人的感情に左右されずジェンダーもない人物へ訴えかけているものとして，読まれるべきである．

19 現実主義者と理想主義者のあいだの論争に関する説明として，Charles Beitz, *Political Theory and International Relations*, (Princeton, N. J.: Princeton University Press, l979) を見よ．

20 なぜ退化なのか？　それは衝突が除外されているという想定が，政治と正義のコンテクストをないものと見なすからである．

21 これはカント倫理学の形式主義とされるものの古めかしい問題である．カント的な行為原理に関するいくつかのテクスト上の提案について，以下を参照．Rüdiger Bittner, 'Maximen', in G. Funke, ed., *Akten des 4. Internationalen Kant-Kongresses* (Berlin: De Gruyter, 1974), 485-9; Otfried, Höffe, 'Kants kategorischer Imperativ als Kriterium des Sittlichen', *Zeitschrift für philosophische Forschung*, 31 (1977), 354-84; Onora O'Neill, *Constructions of Reason: Explorations of Kant's Practical Philosophy* (Cambridge: Cambridge University Press, 1989), pt II. 形式的に普遍的な原理が一様性を要求するかどうかについての議論として，本書の第 7 章を見よ．

22 だが，あらゆる暴力的行為もしくは強制的行為が不正であるということにはならない．法的制裁の使用といったある種の暴力と強制は，非強制的行為のための空間を確実にするための条件でさえあるかもしれない．そのような事例では，強制拒絶という基底的原理の適切な表現は，意外にも（そして政治的議論にとって重要なことに），コンテクストから取り出された場合に強制という基底的原理を表現するものであるかもしれない．

23 Murray Edelman, 'The Political Language of the Helping Professions', in Michael J. Shapiro, ed., *Language and Politics* (New York: New York University Press, 1984).

24 Judith Hicks Stiehm, 'The Unit of Political Analysis: Our Aristotelian Hangover', in Sandra Harding and Merrill B. Hintikka, eds., *Discovering Reality: Feminist Perspectives on Epistemology, Metaphysics, Methodology and Philosophy of Science* (Dordrecht: Reidel, 1983), 31-3; Scott, 'Industrialization, Gender Segregation and Stratification Theory'.

25 Thomas Hill, 'Servility and Self-respect', *Monist,* 57 (1973), 87-104 および *Autonomy and Self-Respect*, Cambridge, Cambridge University Press, 1991, 4-18; Raymond Pfeiffer, 'The Responsibility of Men for the Oppression of Women', *Journal of Applied Philosophy*, 2 (1985), 217-29; B. C. Postow, 'Economic Dependence and Self-respect', *The Philosophical Forum*, 10 (1978-9), 181-201. Jon Elster, *Sour Grapes: Studies in the Subversion of Rationality* (Cambridge: Cambridge University Press, 1983), 109-40 にある適応的選好に関する議論も参照せよ．

26 ここで私は弱者の権利ではなく強者の責務に焦点を合わせている．このことは，弱者による扇動や抵抗が，強者にその責務を想起させまたその履行を促したり，また弱者を拒絶したり無視したりするのを難しくさせうることを否定するものではない．しかしながら，権利に主たる焦点を合わせると，他者にその責務を果たさせる立場にはない弱者の苦境をごまかすことになる．

27 Henry Shue, 'The Interdependence of Duties', in Philip Alston and K. Tomasevski, eds., *The Right to Food* (Dordrecht, Nijhoff, 1984), 83-95; Barbara Harriss, 'Intrafamily Distribution of Hunger in South Asia', in Jean Drèze and Amartya K. Sen, eds., *The Political Economy of Hunger*, vol. l, *Entitlement and Well-being* (Oxford: Clarendon Press, 1991), 351-424.

28 A. K. Sen, *Poverty and Famines: An Essay on Entitlement and Deprivation* (Oxford: Clarendon Press, l981), Tinker, *Persistent Inequalities*, Nussbaum and Glover, eds., *Women, Culture and Development.*

29 家父長制《パトリアーキー》の便益，費用，リスクに関するいくつかの考察として本書の第 6 章を見よ．

第 9 章　アイデンティティ，境界，国家

1 本章は，つながりのある以下の三つの既出の拙稿のテーマをまとめたものである．'Justice and Boundaries', in Chris Brown, ed., *Political Restructuring in Europe: Ethical Perspectives* (London: Routledge, 1994), 69-88; 'From Statist to Global Conceptions of Justice', in Christoph von Hubig, ed., *XVII Deutscher Kongress für Philosophie*, 1996: *Vorträ.ge und Kolloquien* (Berlin: Akademie Verlag, 1997), 368-79; 'Transnational Justice: Permeable Boundaries and Multiple Identities', in Preston King, ed., *Socialism and the Common Good: New Fabian Essays* (London: Frank Cass & Co., 1996), 291-302.

2 ヴィトゲンシュタイン主義者とコミュニタリアンは共に，境界を，倫理的言説を構成するものとして扱ってきた．この二つのアプローチの洗練された実例として，Peter Winch, *Ethics and Action* (London: Routledge & Kegan Paul, 1972) と Michael Walzer, *Spheres of Justice: A Defence of Pluralism and Equality* (Oxford: Martin Robertson, 1983) がある．

3 この区別について Thomas W. Pogge, 'Cosmopolitanism and Sovereignty' と Charles R. Beitz, 'Cosmopolitan Liberalism and the States System' を参照のこと．これらは Brown, *Political Restructuring in Europe: Ethical Perspectives*, London, Routledge, 1994, の 89-122 と 123-36 にそれぞれ収録されている．また，境界と国際正義に関するロールズの扱いについて，ベイツの *Political Theory and International Relations*, (Princeton, N. J.: Princeton University Press, l979) における

初期の議論も参照されたい．1989–1990 年の革命以降，主にナショナリズムと多元主義の議論という形態で，アンチ・コスモポリタン的思考のきわめて大きな再興が生じている．

4 John Rawls, *A Theory of Justice* (Cambridge, Mass.: Harvard University Press, 1971), 8, 378–82. 国際的な分配的正義に関するロールズの初期の見解に関する議論として，Beitz, *Political Theory* と Pogge, *Realizing Rawls* (Ithaca, N. Y.: Cornell University Press, 1989) を見よ．国際正義に関するロールズの後期の説明として，John Rawls, *Collected Papers*, ed. Samuel Freeman (Cambridge, Mass.: Harvard University Press, 1999), 529–64 に再録された彼の *The Law of Peoples* を見よ．

5 Robert Nozick, *Anarchy, State and Utopia* (Oxford: Blackwell, 1974).

6 この場合も例外はある．かつてのパキスタンと小島嶼国である．

7 独立国家の地位と領域性の結びつき——そしてミッシングリンク（断絶）——に関する刺激的な探究として以下を参照されたい．Thomas Baldwin, 'Territoriality', in Hyman Gross and Ross Harrison, eds., *Jurisprudence: Cambridge Essays* (Cambridge: Cambridge University Press, 1992), 207–30.

8 Mark Sainsbury, *Concepts without Boundaries, Inaugural Lecture* (Philosophy Department, King's College London, 1990).

9 このテーマを深く探究したものとして Viktor Klemperer, *Ich will Zeugnis ablegen bis zum letzten*, ed. Walter Nowojski (2 vols., Berlin: Aufbau Verlag, 1996) を見よ．

10 アイデンティティに関する過去 30 年間のカナダの論争がよい実例である．ケベック分離主義者の利害関心や先住民の利害関心は，彼らのカナダ人としてのアイデンティティが十全に認められているということを指摘したところで，充たされえない．James Tully, *Strange Multiplicity: Constitutionalism in an Age of Diversity* (Cambridge: Cambridge University Press, 1995) と Monique Deveaux 'Conflicting Equalities? Cultural Group Rights and Sex Equality', *Political Studies* 48, 2000 を見よ．

11 Jean-Jacques Rousseau, *A Discourse on Inequality*, tr. Maurice Cranston (Harmondsworth: Penguin, 1984), dedication, 59.〔邦訳書 7 頁〕

12 Jean-Jacques Rousseau, *The Social Contract and Other Later Political Writings*, tr. Victor Gourevitch (Cambridge: Cambridge University Press, 1997), Book I, chapter vii.

13 Ibid., book II, chapters vii-x.

14 ネーションづくりには帰属およびアイデンティティの感覚への教育というポジティブな側面がありうるが，強制的でもありうる．もっとも重要なことは，ネーションづくりがつねに進化するプロセスだということである．一例として Oliver MacDonagh, *States of Mind: A Study of Anglo-Irish Conflict 1780–1980* (London, George Allen & Unwin, 1983) を検討されたい．この著作は，後年の多くのナショナリズムのモデルとなったアイリッシュ・ナショナリズムは偉大なる遺物ではないということを示している．また，旧チェコスロバキアにおいてかつて存在した社会主義のもとでのアイデンティティ感覚の変革の試みにあった，日常的で持続的なしかしながら強制的な側面を捉えた Vaclave Havel の論文 'The Power of the Powerless' も検討されたい．これは Havel の *Living in Truth*, ed. Jan Vadislav (London, Faber & Faber, 1986) に収録されている．

15 公民宗教について Rousseau, *The Social Contract* と Immanuel Kant, *Religion within the Boundaries of Mere Reason*, VI: 3–202, tr. George di Giovanni, in Immanuel Kant, *Religion and Rational Theology*, ed. Allen W. Wood and George di Giovanni (Cambridge, Cambridge University Press, 1996) の両方を参照

のこと．立憲的愛国主義とそれに関連するテーマについて，Jürgen Habermas, 'Ist der Herzschlag der Revolution zum Stillstand gekom-men?', in *Die Ideen von 1789 in der deutschen Rezeption*, ed. Forum für Philosophie Bad Homburg (Frankfurt-on-Main: Suhrkamp, 1989) とさらに Ulrich K. Preuß, *Revolution, Fortschritt und Verfassung: zu einem neuen Verfassungsverständnis* (Berlin: Wagenbach, 1990) も見よ．

16　「差し当たり他の社会から隔離された閉鎖システムとして思い描かれた社会の基礎構造のための理にかなった正義構想を定式化できるとすれば，それでよしとしよう」．Rawls, *A Theory of Justice*, 8．この前提がロールズの国際正義の説明に制約を課しているいくつかの仕方を考察したものとして Onora O'Neill, 'Political Liberalism and Public Reason: A Critical Notice of John Rawls, Political Liberalism', *Philosophical Review*, 106 (1997), 411-28 を参照のこと．

17　これらや関連する用語に関する省察として Philip Allot, *Eunomia: New Order for a New World* (New York: Oxford University Press, 1990) を見よ．

18　世界人権宣言の第 15 条には二つの項目がある．「第 1 項　誰にでもナショナリティへの権利がある」．「第 2 項　誰も恣意的にナショナリティを剝奪されたり，ナショナリティを変更する権利を否定されてはならない」．第 2 項が明らかにしているところでは，「ナショナリティ」が意図する意味は血統やエスニシティと無関係であるが，国家の成員資格（おそらくはシティズンシップ）には関係する．以下の注 19 を見よ．

19　ある国家で権利を享受している人びとを定義するには，「市民」という用語はむしろ狭すぎる．居留外国人（多くの権利を持っているがすべての権利は持っておらず，特に政治的権利は持っていない）や出稼ぎ外国人労働者（多くの権利を持ちうるが，永住権は持っていない），また市民の子ども（多くの権利を持っているが，完全な市民の権利はまだ持っていない）をカバーするために「メンバー」という用語を使用することができる．Walzer, *Spheres of Justice*, ch. 1 を参照のこと．

20　本章の注 7 を見よ．

21　Michael Doyle, 'Kant, Liberal Legacies, and Foreign Affairs', in two parts, in *Philosophy and Public Affairs*, 12 (1983), 205-35 & 323-53 は，自由民主主義諸国が比較的平和であることについて興味深い経験的資料を提示している．

第 10 章　遠くの見知らぬ人，道徳的地位，透過的な境界

1　本章は P. Koller and K. Puhl, eds., *Current Issues in Political Philosophy: Justice in Society and World Order* (Vienna: Holder-Pichler-Tempsky, 1997), 118-32 に収録された拙稿 "Distant Strangers, Moral Standing and State Boundaries" に修正を加えたものである．

2　ホスピタリティの義務は，「ヒューマニティの共同の義務」や「旅行者への義務」といった表題でも論じられていた．以下を参照のこと．Samuel Pufendorf, *On the Duty of Man and Citizen According to the Natural Law*, tr: Michael Silverthorn, ed. James Tully (Cambridge: Cambridge University Press, 1991), C. 8, section 4; 65; Immanuel Kant, *Toward Perpetual Peace*, VIII: 344-86, esp. 357-60, in Immanuel Kant, *Practical Philosophy*, tr. And ed. Mary J. Gregor (Cambridge: Cambridge University Press, 1996). カントの説明によれば，ホスピタリティが要求するのは見知らぬ人に敵意を示さないことであり，また彼らが危険に陥った場合に手段をとる（*Besuchsrecht*）権利

と亡命の権利を認めることである．援助の義務あるいは救助の義務には，伝統的なホスピタリティの義務との重なり合いがある．これらも見知らぬ人や他者に対して負われるものであるが，差し迫った危険の場合に限定される．

3 コミュニタリアンは一般的に，外国人には道徳的地位がないとか縮減された道徳的地位しかないとか考えているわけではないと思われる．彼らは単にこの見解と合致する結論を導きだしているに過ぎない．その背景では，外国人にはそれぞれの国家に対する平等で同様に実効的な要求があるだろうため，外国人の道徳的地位を受け入れることには実践的合意がないという強固な（しかし間違った）見解に依拠しているかもしれない．

4 コスモポリタンはこの返答をしないことが多い．たとえばリベラルで社会主義的な思考の多くは，抽象的にはコスモポリタンであるものの，行為と政治に関しては国家中心主義的である．

5 Brian Barry and Robert E. Goodin, eds., *Free Movement: Ethical Issues in the Transnational Migration of People and Money* (Pennsylvania: Pennsylvanis State University Press, 1992) および Warren F. Schwartz, ed., *Justice in Immigration* (Cambridge: Cambridge University Press, 1995) を参照されたい．

6 誰が対応責務を負うのかを示せていない，いわゆる「食糧への権利」や「開発への権利」の議論が，この失敗の鮮明な実例を示している．本書の第７章を見よ．

7 距離は違いを生じさせないという論証のうち，明確で，今なお多く引用されており，また議論されているものとして，Peter Singer, ‘Famine, Affluence and Morality’, *Philosophy and Public Affairs*, 1 (1972), 229–43 を見よ．この主題に関するより最近の議論として Garrett Cullity, ‘International Aid and the Scope of Kindness’, *Ethics*, 105 (1994), 99–127 を見よ．

8 David Miller, ‘The Ethical Significance of Nationality’, *Ethics*, 98 (1988), 647–62; Yeal Tamir, *Liberal Nationalism* (Princeton, N. J.: Princeton University Press, 1993). 対照的な見解が，Robert E. Robert, ‘What Is So Special about Our Fellow Countrymen?’, *Ethics*, 98 (1988), 663–86 と Thomas W Pogge, ‘The Bounds of Nationalism’, in Jocelyne Couture et al., eds., *Rethinking Nationalism; Canadian Journal of Philosophy*, supp. vol. 22 (1998), 463–504 に見いだしうる．Andrew Mason, ‘Special Obligations to Compatriots’, *Ethics*, 107 (1997), 427–47 も参照のこと．

9 店員は行為者でありまた主体であるという想定を（たとえば彼女がロボットであることを示すことによって）もし純粋に反証によって退けたならば，そのような理由には説得力があるかもしれないが，たとえばもし，店員が邪悪もしくは危険な行為者（たとえば指名手配中の犯罪者）であることを示したならば，そうではないだろう．後者の結論は異なる行為を保証するかもしれないが，道徳的配慮の範囲からの排除を保証することはないだろう．

10 そのような想定では前提とされていなかった，通常は行為者および主体として理解されている存在者に対して甚大な危害をもたらす行為は，ことによるとありうるだろうか？　たとえば化学的な戦争行為に従事している人びとは，犠牲者を行為者や主体としてではなく単なる害獣として（ゴキブリを毒殺する場合と同じように）見なしていると，主張しないだろうか？　苦痛を感じ，また他の情況であれば行為しえたものの，救済手段と実効的な同盟者にたまたま欠いている犠牲者を，彼らは想定しているかのようである．野蛮な行為をする人びとは通常，彼らの犠牲者が単なる害獣であるとは想定していない．このことは，彼らが講じる予防措置や，報復がありうると考えた場合や自らの野蛮な行為が知れ渡りそうだと考えた場合に講じるだろう予防措置から，明白である．

11　道徳的地位への実践的アプローチにとって，ターゲットを絞った野蛮さよりも難しい事例は，帰結が意図されたものはでなかった場合に生じるだろう．たとえば物が不足している時に買いだめし，それによって集合的かつ非意図的に価格をつり上げ，もっとも貧しい人びとを死なせてしまう人びとは，なぜ，死にゆく人びとを行為者や主体として見る必要があるのか？（こうした事例について Amartya Sen, *Poverty and Famines: An Essay on Entitlement and Deprivation* (Oxford: Clarendon Press, 1981) を参照のこと）．この場合の失敗は単に因果的つながりに対して無知であったことかもしれない．それは他者が行為者または主体であるとされている場合でさえ生じうる．行為者がおのれの行為の効果について誤った短絡的な見解をとらないという保証は何もない（たとえ人格の形而上学があったとしてもそうであり，たとえ他者の行為者性についての強固な想定がなされているとしてもそうである）．しかし誤った信念と短絡さは少なくとも矯正可能であり，それらを矯正しようとする強い圧力もしばしばある．

12　遠くの他者についての想定は制度的に媒介された行為においてのみ見いだされるということをこのリストは示唆しているが，同様の想定は日常生活においても生じうる．私たちはコーヒーを飲むとき，おいしい豆の供給者は複雑な能力を持つ行為者であると想定しており，またほぼ確実に，彼らが熱帯諸国に居住する貧しい見知らぬ他者であることを知っている．

13　道徳的配慮の下限の境界を確立するためにこのアプローチで十分であるかどうかは，別の問題である．おそらく他者の行為者性と主体性についての想定は，何らかの下限において突如として停止するものではないだろう．私たちは原始的な行為者性と初期状態の主体性の承認に何らかの行為を依拠させており，よってこうした下限が問題となる事例でも，おそらく完全なものではないにせよ，何らかの道徳的地位は認めるだろう．Onora O'Neill, *Towards Justice and Virtue: A Constructive Account of Practical Reasoning* (Cambridge, Cambridge University Press, 1996), ch. 4 を見よ．

14　Jean-Jacques Rousseau, *A Discourse on Inequality*, tr. Maurice Cranston (Harmondsworth: Penguin, 1984).

15　Kant, *Toward Perpetual Peace*, VIII: 358.

16　この種の国家中心主義は通常，正義のリベラルな見解やコスモポリタン的な見解と混成されている．有界化された国家は全員に対して正義を保障する実効的なやり方を提供するというリベラルな議論として Alan Gewirth, 'Ethical Universalism and Particularism', *Journal of Philosophy*, 85 (1988), 283-302 を，それへの批判的見解として Pogge, "The Bounds of Nationalism" を参照されたい．

17　本書の第 9 章を見よ．

18　本書の第 6 章と 7 章を見よ．

19　Henry Shue, *Basic Rights: Subsistence, Affluence and US. Foreign Policy* (Princeton, N. J.: Princeton University Press, 1980) を参照のこと．

20　実際には，国連の 1948 年の宣言が希求する権利が行使された事態である．本書の第 9 章を見よ．

著者略歴

(Onora O'Neill, 1941-)

ケンブリッジ大学名誉教授．英国貴族院議員．オックスフォード大学で哲学と心理学を学んだのち，ハーヴァード大学でジョン・ロールズの指導のもと博士号を取得．主な著作に *Constructions of Reason: Explorations of Kant's Practical Philosophy* (Cambridge University Press, 1989) *Towards Justice and Virtue: A Constructive Account of Practical Reasoning* (Cambridge University Press, 1996) *Acting on Principles: An Essay on Kantian Ethics, second edition* (Cambridge University Press, 2013) などがある．

訳者略歴

神島裕子〈かみしま・ゆうこ〉1971 年生まれ．東京大学大学院総合文化研究科国際社会科学専攻博士後期課程修了．現在，中央大学商学部准教授．専門は政治哲学・倫理学．著書に『マーサ・ヌスバウム——人間性涵養の哲学』(中公選書 2013)『ポスト・ロールズの正義論——ポッゲ・セン・ヌスバウム』(ミネルヴァ書房 2015)，訳書にロールズ『正義論 改訂版』(共訳 紀伊國屋書店 2010) ヌスバウム『正義のフロンティア——障碍者・外国人・動物という境界を越えて』(法政大学出版局 2012) などがある．

オノラ・オニール

正義の境界

神島裕子訳

2016年2月8日 印刷
2016年2月18日 発行

発行所 株式会社 みすず書房
〒113-0033 東京都文京区本郷5丁目32-21
電話 03-3814-0131(営業) 03-3815-9181(編集)
http://www.msz.co.jp

本文組版 キャップス
本文印刷所 平文社
扉・表紙・カバー印刷所 リヒトプランニング
製本所 松岳社

Printed in Japan
ISBN 978-4-622-07955-2
[せいぎのきょうかい]